凤凰三农

● 江苏省“十四五”时期重点出版物出版规划项目

新型农业社会化服务

江苏实践与路径创新

袁灿生　张　锋　张海珍　张　杰　等 著

江苏凤凰科学技术出版社 · 南京

图书在版编目(CIP)数据

新型农业社会化服务 ：江苏实践与路径创新 / 袁灿生等著. —南京 ：江苏凤凰科学技术出版社，2024. 10

ISBN 978 - 7 - 5713 - 4538 - 9

Ⅰ. F327. 53

中国国家版本馆 CIP 数据核字第 2024WL9810 号

新型农业社会化服务：江苏实践与路径创新

著　　者	袁灿生　张　锋　张海珍　张　杰 等
责任编辑	沈燕燕　王　天
责任校对	仲　敏
责任监制	刘文洋
责任设计	孙达铭
出版发行	江苏凤凰科学技术出版社
出版社地址	南京市湖南路 1 号 A 楼，邮编：210009
出版社网址	http://www. pspress. cn
照　　排	江苏凤凰制版有限公司
印　　刷	江苏苏中印刷有限公司
开　　本	718 mm×1000 mm　1/16
印　　张	16. 5
字　　数	260 000
版　　次	2024 年 10 月第 1 版
印　　次	2024 年 10 月第 1 次印刷
标准书号	ISBN 978 - 7 - 5713 - 4538 - 9
定　　价	68. 00 元

著者名单

主著

袁灿生　张　锋　张海珍　张　杰

参著人员

（以姓氏笔画为序）

于　琦　戈　阳　毛新宇　叶海跃　孙瑞玲　杨谊兴
李全鹏　李　磊　吴　娟　何彦超　汪　洋　张　乐
陈　杰　陈　星　易荣菲　周羡蕾　周　磊　孟晓宏
赵　岩　胡　燕　钟春华　段庆丽　姜昊晨　董　亚
韩天琪　管永祥　潘　力

前　言

20 世纪 80 年代以来，随着以家庭承包经营为基础、统分结合的双层经营体制形成与发展，我国同步推动农业社会化服务体系建设，逐步构建以小农户为基础、新型农业经营主体为重点、社会化服务为支撑的立体式复合型现代农业经营体系。农业社会化服务体系的基本内涵是，坚持党的领导，以人民为中心，巩固和完善农村基本经营制度，保障农民主体地位，充分整合社会力量，优化生产关系，对从事农业生产和服务的单位、个人和各类要素进行科学统筹、资源配置与利益分配，完善小农户与现代农业发展有机衔接机制，持续提升农业生产力与生产效率、提高农民收入与购买力、促进共同富裕的完备系统。这决定了体系根本属性为非营利性，同时应具备组织架构体系化、运行机制市场化、服务方式社会化、内部管理企业化等基本属性，牵头服务主体与服务体系基本属性应具有高度一致的特征。基于市场化机制的非营利性可获得最优的经济、社会、生态等综合效益，农业社会化服务体系不以营利为目标但并非过程不营利，而是通过体系的科学运行将效益转化为服务对象的直接或间接收益。上述属性特征的内化外行，一方面，能够有效处理好社会、市场、政府之间的关系，充分整合社会资源，切实维护农民主体地位，以规范化运行形成社会公信力，引导和动员各类生产经营者、为农服务者参与到体系建设中，并共享发展红利，同时，为承接政府职能转移、承担公共服务提供坚实保障；另一方面，能够充分发挥市场配置资源的机制优势，高效整合农业生产全程各类要素，让供给与需求精准对接，以更低的成本获得更高的效益，按市场法则更加精准地分配利益，从源头上解决小农户与现代农业发展有机衔接问题。

近年来，我国农业社会化服务呈现出服务主体向体系化演进、服务内容向综合化拓展、服务手段向数智化迈进、服务机制向精准化走深等趋势，各地涌现出一批适应国情实际的发展模式。江苏探索出“1个牵头主体+X个专业主体”系列发展模式，其中，由科学技术协会和农业农村部门共同创新的“团体化”服务模式，分区域或行业由专业（技术）协会等社会团体牵头，组织农民专业合作社、供销合作社等专业服务主体分工协作，实现资源共享、平台共建、队伍共融和业务共通，为农业生产经营者开展技术物化与综合性服务，培育了一批新型农业社会化服务组织，形成了一批行之有效、可复制、可推广的典型经验，在促进农业产业发展和新质生产力形成、提高农民组织化程度和科学素质等方面发挥了重要作用，为农业农村现代化作出了独特贡献。

基于江苏“团体化”服务模式的工作成效与机制创新，本书遴选10种类型、近60个新型农业社会化服务典型案例进行研究剖析，凝练出党建引领组织创新、平台建设赋能基层、科技创新驱动发展、集聚产业服务地方、综合服务生产全程、农技推广助农增收、农民培训振兴人才、科学普及促进民生、品牌打造帮农销售、数智助推业态更新等关键路径，综合文献研讨，分别从实践探索与成效、经验总结与启示、当前的研究进展、解决的关键问题、创新的主要方面、未来的研究展望等视域，以通俗易懂的语言和深入浅出的文风，阐述了新型农业社会化服务体系建设的基本架构、功能要素、运行机制、实现路径和发展趋势，以期为各地农业社会化服务高质量发展提供实证理论支撑与实践工作指导。本书可作为地方党委政府和有关部门单位、服务主体和服务对象、从业人员的专业参考书籍，也可作为一部科普书籍。

本书得到中央农办、农业农村部软科学课题“新阶段农业社会化服务体系建设研究”(rkx20220201)、江苏省科学技术协会调研课题“农业科技社会化服务体系创新支撑乡村振兴战略的实践研究”(JSKXKT2022045)等项目资助，撰写过程中有关部门、单位、个人给予了大力支持，使用的案例资料和数据得到了有关方面的授权许可，在此一并表示感谢。由于著者能力水平有限以及客观因素制约，书中难免有疏漏或欠缺之处，敬请广大读者予以批评指正。

著者

2024年6月11日

目　录

第一章

党建引领组织创新

党建引领为新型农业社会化服务组织培育与体系建设提供根本政治保障、切实组织保障和社会动员基础，是服务范围扩展、服务能力提升、服务机制创新的源动力。本章选取具有代表性自变量和关键性因变量的泰州市农村专业技术协会、泗洪县康源水产科技养殖协会、南京江宁横溪瓜果菜专业技术协会、淮安市淮阴区武梅蔬菜专业协会、常州市钟楼区农业专业技术协会、沭阳县花卉协会、高淳区养殖技术协会等典型案例，分别探讨其主要做法、取得成效和经验启示，经文献研究、归纳演绎与系统分析，阐明新型农业社会化服务体系建设中党建引领组织创新路径的研究进展、解决的关键问题、创新的主要方面和未来的研究展望。

第一节 实践与启示

一、行业党委引领，体系赋能“三农”

泰州市农村专业技术协会 成立于2013年10月，位于泰州市海陵区凤凰东路48号，同年，中共泰州市委成立了全国首家市级农技协联合会党委。截至2023年10月，泰州市共成立各级农技协组织312个，其中，建有农民专业合作社的农技协有245个，建有企业的农技协有170个，各级会员总数达12.85万人。协会实现了机构、人员、工作、财务等常态化独立运行，着力强化政治引领，完善新型农业社会化服务体系，扩大组织联系覆盖面，不断提升组织动员和服务能力，蹚出了新时代农技协服务乡村振兴的新路子，取得了显著的社会成效。先后在全国农技协党建工作研讨会、全国农技协理事会年会和省农技协负责人培训班上作典型发言。2017年，中国科学技术协会（以下简称“科协”）副主席徐延豪专题调研泰州市农技协发展，高度肯定了该协会的工作。

（一）主要做法

1. 立足强基固本，加强组织体系建设

在泰州市农技协联合会党委领导下，市农技协主动作为，推进各级农技协组织标准化、规范化建设，强化政治功能，提升组织力，进一步压实党建责任，构建了市、区（市）、乡镇（街道）三级上下贯通的运行机制，充分发挥党组织的战斗堡垒作用和党员的先锋模范作用，促进党务业务服务“三务”深度融合。按照“在发展中规范、实践中提高、探索中前进”的总思路，强化区（市）和乡镇两级农技协组织建设，指导和推动基层协会标准化建设、规范化运行，不断夯实组织体系。推进基层农技协秘书处实体化和秘书长专职化进程，建设与市场经济相适应的新型农业社会化服务组织。

2. 创新服务方式，强化科技支撑能力

发挥桥梁纽带作用，着重在加大农业科技与人才资源供给方面下功夫，着力搭建各类服务平台。一是组建农技服务专家库。成立了粮经种植、蔬菜种植、花木种植、水产养殖、畜禽养殖、电商销售 6 个专业委员会。二是推进多样化融合式服务。创新实施“农资＋农技”和“专业协会＋合作社＋家庭农场”服务新模式，初步形成了全程覆盖、区域集成、配套完备的新型农业社会化服务体系。三是搭建嫁接高端资源合作平台。积极为基层农技协搭建与大专院校、科研院所的联系平台，组织创建国家级科技小院、院士专家工作站、科普惠农服务站等服务平台。

3. 实施三项行动，增强产业服务效能

按照“因地制宜、分类指导、优先发展、创新提升”的工作原则，实施三大助力行动，探索形成具有泰州特色的模式和经验。一是实施品牌建设助力产业振兴行动。指导基层农技协针对本地特色农产品，强化标准化建设，规范工艺流程，打造一批“泰州精品”农业品牌。二是实施技能培训助力增收致富行动。强农先强农业带头人，富农业先富领路人。突出农技协领办人、家庭农场主、农民专业合作社带头人和村“两委”干部等群体作用，围绕现代农业全产业链，包括绿色生产、农产品加工、质量控制、包装贮运、电商营销等，通过观摩、培训等方式，着力培育综合素质高、生产经营能力强、主体作用发挥明显的乡村科技人才队伍。三是实施志愿服务助力幸福倍增行动。实施智汇泰州志愿服务行动，成立科普惠农志愿服务队，组建服务小组，推行科技志愿服务网格化管理，指定网格长，明确工作职能，创造性开展项目对接、志愿者招募、活动组织与实施等工作。

4. 推动共建共享，构建新型服务体系

充分发挥农技协组织和供销合作社的资源优势，开展深度合作实现叠加效应。一是共建新型农业社会化服务体系。创新“专业协会＋供销合作社”发展新模式，组织实施农业社会化服务主体培育工程，创新服务方式，大力拓展服务领域，建立健全覆盖全程、综合配套、便捷高效的新型农业社会化服务体系。二是共推服务体系融合发展。通过资本联结、业务合作、队伍共建、资源共享等方式，试点打造“蒲公英”科普惠农“工坊”，推动科协系统的基层农技协、科普示范基地、科普惠农服务站等与供销合作社系统的基层社、片区中心、涉农社等实现信息互联互通、资源共建共享、功能深度融合，实现为农富农兴农。指导各级农技协在供销合作社经营服务网点设立科普惠农产品销售专区。三是共育专业化科技服务队伍。依托泰州市家庭农场服务联盟分级分层开展农业社会化服务、农产品销售、农村科普、技术物化、成果转化等培训工作，为基层一线培育政治素质强、业务水平高、服务能力强的农业社会化服务人才队伍和乡村科技乡土人才。四是共织社会化服务网络。参与农业社会化服务体系建设，发展农村综合服务社，为农民提供单环节托管、多环节托管、关键环节综合托管和全程托管等多种技术托管服务，推动农业生产托管实现环节服务标准化和全程服务定制化。

（二）取得成效

1. 党建引领夯实组织体系

在全国首家市级农技协联合会党委引领下，实施党建强会行动，推动各级农技协建立党组织，强化政治功能，充分发挥党员先锋模范和示范引领作用，提升基层党组织组织力，推进全市农技协组织体系建设，基本实现了县、乡两级农技协组织全覆盖。组建一支由 200 余名农业科技专家组成的服务团队，其中党员近 100 名，将履职服务情况作为工作考核评价条件之一。建成兴化苏红大闸蟹科技小院、兴化梨科技小院和泰兴萝卜科技小院 3 个国家级科技小院。先后帮助姜堰海伦羊业协会、秋雪湖名贵鱼养殖协会、江苏好润特色水产养殖专业技术协会等成立了 32 家院士专家工作站。指导建设省、市级科普惠农服务站 80 多个。

2. 科技服务推动乡村振兴

实施“蒲公英”科普惠农助力乡村振兴试点工作，成立由 223 名科技服务专家和科普传播专家代表组成的服务团队，建立“一村一名责任农技员”联系机制，为群众办实事、解难题。引导金鹏鹅业养殖协会、丰汇河豚养殖协会等 40 多家协会与江苏省农业科学院、上海市水产研究所、江苏农牧科技职业学院等高校科研院所合作推广转化新品种、新技术成果 120 项，助力农业转型升级。指导基层农技协针对本地特色农产品，强化标准化建设，规范工艺流程，打造一批“泰州精品”农业品牌，形成了靖江“红芽”香沙芋、兴化“泓膏”大闸蟹、姜堰“河横”大米等一批知名农产品品牌。2022 年 5 月，早春西甜瓜上市时期受新冠疫情影响，销售困难重重，种植户亟需帮助和指导。粮经专委会西甜瓜服务团队得知消息后，及时深入田间地头开展服务，邀请鲜丰汇、苏宁小店等电商平台负责人考察西甜瓜种植示范基地，现场与基地签订销售合同，缓解了瓜农的燃眉之急。近年来，协会为会员提供机耕机收、育秧插秧、病虫防治、粮食烘干、技术培训、农资配供、电子商务等专业化和全程化服务，年社会化服务面积超过 300 万亩*。

3. 志愿服务办好基层实事

积极实施智汇泰州科技志愿服务行动，组建了 10 支科技志愿服务队，常年举办各类种养殖培训和技术指导服务。共有服务小组 200 多个，会员 5 000 多人，全市科技服务共划分 6 个片区 111 个网格，实现服务区域全覆盖。实行“工作时间单位管，下班时间社区管”的科技志愿服务管理模式，真正把群众身边的实事办好、好事办实，每年全市 4 500 多名科技志愿者回社区开展党史宣讲、扶老助残、关爱青少年等各类为民办实事活动，实现志愿服务常态化，助力幸福城市建设。

（三）经验启示

党建引领，是泰州市农技协在多年发展中积累的宝贵经验，为推动乡村全面振兴夯实基础。

1. 党建引领为社会化服务提供强大动能

泰州市农技协联合会党委的成立与作用发挥，强化了政治引领，推动了农技协组织振兴，完善了新型服务体系，扩大了服务覆盖面，为全面推进乡村振兴提供了坚实的政治保障。

2. 党建引领为社会化服务提供组织保障

通过党组织战斗堡垒和党员先锋模范带头作用的发挥，建立科技服务专家库、志愿服务队伍等公益性平台，为农民提供全天候、专业化的全程服务，有力促进了科技与产业的深度融合。

3. 党建引领为社会化服务提供动员基础

在党的统一领导下，通过创新“专业协会＋合作社”“专业协会＋家庭农场”等服务模式，农业社会化服务主体可以充分动员、整合全社会力量，为会员

---

* 亩为我国最常用的农业计量单位，1 亩≈667 平方米。

和农民提供高效服务，促进各类组织的融合发展，推动农业生产标准化进程，打造一批知名农产品品牌，提高市场竞争力，为乡村振兴注入新的活力。

二、坚持党的领导，分类服务会员

泗洪县康源水产科技养殖协会 成立于2018年，位于泗洪县临淮镇教育路1号，在党的领导下依照章程规范运行，坚持机构实体化、负责人专职化和工作人员职业化，拥有专职工作人员14名，其中，负责人6名、工作人员8名。服务范围包括科学普及、科技服务、培训指导、农业生产资料供应、生活资料供应、农产品加工销售、信贷金融、物流配送、保险等。协会成立了党支部、工会委员会、投入品管控部、技术服务部、质量监管部、市场营销部和内务部，财务制度健全，会费收缴率达100%。协会会员由以从事养殖生产的基础型会员为主，发展到科技服务、农资供应、产品销售、金融保险等领域的服务型会员与基础型会员同步吸纳，会员由2018年的34个发展到2024年的182个，涉及养殖面积3万余亩。2021年，协会全资投建宿迁市泓品农业发展有限公司，为会员提供投入品、农机等公共服务。年社会化服务总收入超900万元，主要由会员会费和农资供应、产品销售、泓品公司盈利等服务性收入构成，协会收入扣除运行成本、提留等后以多种形式分配给基础型会员。该协会获批中国百强农技协称号，入选《乡村产业振兴典型案例集2022》、2022年度长三角优秀科技志愿服务组织、2022年度江苏省优秀基层农技协、2022年度学雷锋助春耕行动优秀组织单位，获批2023年度江苏省示范农技协、国家级科技小院、全国十佳党建强会农技协、江苏省科普惠农服务站等，多次被中央电视台农业频道专题报道。

（一）主要做法

协会上下呈现积极向上的精神面貌和干事创业的氛围浓厚，有效创新了农业社会化服务模式，在乡村振兴中发挥了良好的示范作用，主要做法如下。

1. 加强党的领导，夯实全面保障

协会成立之初就建立了党支部，现有党员7名，分布在协会各重要岗位上，从事管理、营运等工作，是协会的排头兵和中流砥柱。支部各项组织建设、学习场所、规章制度和各类配置齐全，为发挥支部战斗堡垒和党员模范带头作用提供了有力保障。在党的领导下，协会上下认真贯彻落实党的有关理论、路线、方针、政策，通过整合资源实现红利共享，搭建水产科学养殖服务平台，将渔需物资零散式采购转变为集团式采购，制定并实施团体标准，组织开展全程科技服务，培训培育实用人才，实现会员技术能力与管理水平双提升，大幅降低生产成本、提升产品质量，促进会员利益最大化和共同富裕，取得显著的经济、社会与生态效益。

2. 强化公益属性，承担社会责任

始终坚持初心不改，在带动农民致富的同时，积极参与社会公益事业，开展一线帮促、关爱困境患儿、帮助留守儿童等工作实现常态化。每年春节、中秋节开展会员慰问活动各 1 次，为会员家庭重大疾病患者、火灾等捐款近 2 万元，帮助解决贫困家庭低保户 1 户，解决会员家庭孩子就学问题 2 次，为会员申请省妇联帮扶资金 2 万元，购买设备丰富会员业余文化生活，促进身心健康。协会党支部连续多年为贫困户、孤寡老人、敬老院等捐款捐物累计 100 余万元，先后开展了“一线抗击疫情有你　后勤保障工作有我”“文明先锋我先行”“结对共建　慰问义诊”等活动，主动担当起社会责任。

3. 两类会员互融，实现三方共赢

以拥有水面承包或经营权的养殖大户、农民专业合作社、家庭农场、企业等生产者为基础型会员，以科技服务、资料供应、产品加工、物流销售、金融保险等服务者为服务型会员，形成两类会员互融发展的服务新模式。协会通过组织服务型会员规范地为基础型会员提供服务而发挥明显作用；服务型会员通过优质服务获得基础型会员的订单和规模化、合理化效益；基础型会员直接与供应商、销售商对接，大幅减少中间环节、降低生产成本并提高收益；协会通过公共服务获得一定收入以保证运行，并将部分结余以福利等形式再返还给会员。通过服务模式创新，协会在基础型会员和服务型会员之间找到连接点和切入点，使得协会、基础型会员、服务型会员实现三方共赢，出现了排队申请入会的情形。

4. 分类精细服务，提升综合成效

建立一体化服务中心，控股成立宿迁泓品农业科技有限公司，分别承担会员公共服务和市场化服务职能。一体化服务中心主要负责技术服务、电商培训、水产品化验、成果展示与转化应用等，为会员提供“一站式”服务；中心围绕特色产业发展，整合科技特派员等科技资源，组建稳定的专家服务队伍，建立新品种、新技术示范基地，建立培训、科技信息发布等综合服务平台。宿迁泓品农业科技有限公司作为协会核心企业，主要负责为会员和广大养殖户提供农资供应、品牌创建、产品销售等职能，公司注册“泓品”商标，成为当地水产品销售的当红品牌，公司利润每年年底按贡献比例分配给会员。

（二）取得成效

目前，协会会员分布 4 省 9 县，采取“协会＋基地＋新型经营主体＋农户”等模式，发展大闸蟹健康生态养殖产业，闯出了一条“会员增智、农业增效、农民增收、农村增美”的助力乡村振兴之路。

1. 提高科技水平

依托国家级科技小院等创新平台，与省内外的 10 多家科研院所、高校和科技型企业深度合作，成立了专家技术服务团，定期对协会的养殖户进行培训和指导，为泗洪大闸蟹品质提供科技保障。制定《中华绒螯蟹生态养殖技术规程》《中华绒螯蟹一龄蟹种池塘养殖技术操作规程》《河蟹高效生态养殖技术规程》《河蟹饲料标准》和《中华绒螯蟹冬季暂养技术规程》等 5 个团体标准和《地理标志集体商标　泗洪大闸蟹生态养殖技术规程》等地方标准，开发了《水生动物饲养工(大闸蟹养殖工)》《水生动物饲养工(淡水鱼类养殖工)》2 个江苏省行业评价规范与对应题库。将标准、规范落实到生产实践，面向会员和周边农户，每年开展科技指导、产业论坛、现场观摩等服务活动 50 余场次，提升科技到位率与贡献率。

2. 促进会员增智

通过培训等措施，大幅提高会员的科技文化素质和经营管理能力。与宿迁市人力资源和社会保障局、农业农村局共同举办“宿迁市首期乡土人才(水产养殖类)培养评价高研班”，共有 108 人通过考核，其中 42 人获得水产助理工程师职称，66 人获得水产工程师职称；举办“水生动物饲养工等级技能考试”，共有 105 人通过考核，其中 40 人获得三级技工证书，65 人获得二级技工证书；与泗洪县人社局共同举办“乡村振兴技艺师等级培训”，16 人荣获乡村振兴技艺师资格证书，54 人荣获初级乡村振兴技艺师资格证书；组织会员到金湖、建湖、扬中、射阳等地现场考察学习，促进会员养殖技能提高；开展法律知识培训，邀请有关专家为会员讲解刑法、民法、渔业法、养殖法等知识，保证协会会员知法、守法，用法律知识保证自己的合法经营。目前，会员中拥有水产类助理工程师以上职称者达到 108 人，占比 51%，平均年龄为 39 岁。

3. 推动农业增效

以个性化、多样化、社会化服务为抓手，创新服务形式，丰富服务内容，拓宽服务领域，做到统一购销、统一苗种、统一养殖模式、统一管理等“四个统一”，为农业增产增效提供更全产业链服务。逐步建立了线上线下相结合的营销服务网络，基本形成以养殖基地为基础、电商营销为主导、物流配送为保障的营销一体化格局，将金融、保险、运输、冷藏加工等多渠道融合为一体，进一步巩固和提高泗洪大闸蟹的品牌价值，协会在市场中拥有话语权和定价权。积极发展订单农业，逐步配套完善河蟹暂存暂养、分拣包装、加工生产、冷链物流、物联网监测、互联网销售和生产资料服务。2023 年，全体会员总产值突破 3.5 亿元，其中出口 8 000 万元；亩效益由 1 000 元增长到8 000元以上，60%会员亩纯收入过万元；年社会化服务总收入超 300 万元，泓品公司销售额 600 万元，利润的 60%分配给基础型会员。协会直接服务养殖水面 4 万余亩，辐射带动 10 万余亩，有效促进了全县大闸蟹等特色水产业升级发展。

4. 实现农民增收

与农业银行、邮储银行、农商银行等建立战略合作关系，由协会负责会员的信贷资质审查，并为会员担保。银行针对协会会员需求，降低门槛，优化程序，开展绿色通道上门为会员统一办理业务，近 6 年来为会员协调生产资金 1.2 亿元。依托协会骨干会员泗洪县绿康洪泽湖大闸蟹有限公司这一出口企业，建立出口备案基地，帮助会员统一标准化养殖的螃蟹出口国外，单价比国内市场高出 40%，促进会员稳定增收。通过全程服务，基础型会员和周边农户年平均亩节本增效 3 000 元，每年增收总额达 9 000 多万元，累计为基础型会员协调生产资金 2 000 万元；提供近 500 个就业岗位，带动 9 600 名农户增收致富。

5. 打造响亮品牌

把“健康、生态”理念贯穿服务全程，充分运用先进科技，保护水体生物多样性与稳定性,合理利用资源,更好协同经济效益、社会效益与生态效益。实现产品的“三个转变”,即从大养蟹到养大蟹再到养健康生态蟹的转变,从贴牌到创牌的转变,从替身到正身的转变。推动产业的“三个转变”,即从单元化结构转变为多元化结构,从传统农业转变为现代农业,从“辛苦”行业转变为“幸福”行业。会员产品普遍符合出口标准,被中国质量认证中心认证为良好农业规范产品,获批有机产品证书,连年被宿迁市评为“宿迁精品”,养殖基地被海关总署认证为出境水生动物养殖场。

(三)经验启示

在泗洪县康源水产科技养殖协会的组织创新、内部管理、外部服务等工作中,党的领导发挥了至关重要的作用。

1. 提供坚强政治保障

协会成立之初就建立了党支部,由关键岗位的专职党员组成。健全党的领导有关机制,重大事项由党支部研究后再提交理事长工作会议、理事会议等讨论。党支部对秘书处工作进行把关和指导。党员积极参与协会运营、管理、服务等工作,成为了协会的排头兵和中流砥柱。党建引领为协会依章规范运行、会员分类服务、利益科学分配等提供了充分的政治保障,确保了工作的集体决策和党的要求“不走样”落实。

2. 整合资源推进共享

在党的领导下,协会整合各类社会资源,搭建信息化服务平台,实现农资集中采购,制定团体标准,为会员提供全程服务,降低生产成本,提高产量与质量,有力促进了资源的高效利用,同时为会员带来了综合效益。

3. 引导社会责任履行

在党建引领下,协会将社会责任融入发展理念中,既关注会员经济效益,也注重整体社会效益,在推动农业发展、带动农民增收等方面发挥重要作用的同时,还积极参与社会公益事业,开展捐款捐物等活动,帮助身处困境的患者和留守儿童,解决贫困家庭的问题,助力乡村善治。

4. 促进多方互利共赢

党的统一领导保障了协会的基础型会员和服务型会员在思想、行动上的统一,促进了互融发展,实现了协会、基础型会员和服务型会员三方共赢,形成服务新模式。这种模式不仅增强了协会的服务能力，而且促进了会员之间的协作，为新型农业社会化服务体系建设提供了可复制、可推广的典型路径。

三、构建“三位一体”模式，助力乡村产业振兴

南京江宁横溪瓜果菜专业技术协会 成立于2000年10月，位于南京市南郊农业旅游风光带28千米处的“瓜菜之乡”横溪街道。协会成立了党支部和工会，拥有完善的章程、组织机构及规章制度，实现了秘书处实体化和秘书长专职化，主要从事专业信息交流、咨询、技术培训和推广工作。协会拥有会员152个，其中市级农业龙头企业1个、农民专业合作社2个、家庭农场6个，率先形成农技协、农服中心、农民专业合作社“三位一体”工作模式，注册了“绿狗”集体商标，制定了商标使用管理规则，免费供会员使用。协会成立以来，先后获得全国农技协先进集体、江苏省龙头协会、江苏省兴农富民工程优秀示范项目等荣誉。

（一）主要做法

1. “三位一体”服务会员

街道科协作为主管单位，委托协会承担科协涉农有关工作，协会围绕当地主导产业做好技术提升、成果转化应用、观摩培训、品牌培育、全程服务等工作。街道农服中心负责人兼任农技协负责人，通过项目支持、服务购买等方式，委托农技协开展农技推广，为会员提供农业绿色生产、农产品质量检测、农资供应等服务。农民专业合作社作为农技协骨干会员，在农技协指导下规范承担重点服务工作，推动科学技术与农业生产经营、农民生活紧密结合，示范推广新品种、新技术，促进农民增产增收。农技协在承接科协、农服中心公益性服务等工作中不断吸收新会员，扩大服务范围，持续壮大实力。

2. “上联下达”解决难题

为了更好地满足会员和农户的需求，解决农业生产中各种技术难题，农技协采用“走出去、请进来”等办法，与江苏省农业科学院、南京市蔬菜研究所等科研院所以及南京农业大学、金陵科技学院等高校签订科技服务合同，建立紧密的合作关系并共同制订科技服务计划。通过定期举办技术交流会、研讨会

和培训班等形式，将专家请到生产一线，将先进实用的农业技术送到田间地头，面对面、手把手地向会员和农户传授指导，帮助他们解决在实际生产中遇到的各种技术难题。

3. “技物结合”提质增效

在新品种、新技术、新模式、新装备的推广上，注重“技物结合”，提高可操作性。协会建立了 200 亩试验示范推广基地，遴选、验证和展示适用性强的“四新”成果，分批组织会员和农户到现场观摩并开展培训，以实物形式提高他们对技术的接受度，同时可与专家和技术人员进行互动交流，从而获得实践经验和解决问题的方法。为促进会员和农户持续增产增收、稳产稳收，农技协每年要引种瓜果蔬菜新品种 20 个以上，使用新技术 3 项以上，储备新品种 1 个以上。

4. “会企联动”全程服务

在服务过程中，仅仅推广应用“四新”是远远不够的，如果会员和农户的农产品无法销售或获取合理的价格，服务则难以持续。因此，农技协按照企业化运行模式，提供从产前到产中再到产后的全程服务，与台湾农友种苗公司、安徽丰乐种苗公司、江苏省农村科技服务超市等单位开展合作，签订农产品供应合同，实现订单生产和部分统一加工，将市场引入，提高会员和当地农户的农产品销售额和市场占有率，确保他们的收入能够持续增长。

（二）取得成效

1. 促进产业发展与农民增收

为促进当地瓜果蔬菜等产业可持续发展和农民收入不断增长，农技协以“绿色、优质、健康”为目标，以“七统一”为手段，实行了会员标准化生产与管理。多年来，共引进瓜果蔬菜新品种 600 多个，推广使用新技术 23 项，储备新品种 9 个，开展技术培训 61 期，培训会员和农户 8 500 人次，现场指导、解惑答疑 20 000 多次。组织成立农民经纪人队伍和导购员队伍，设立马路市场，每年指导和帮助会员销售瓜果蔬菜 4 万吨以上、销售额过 1 亿元。通过农技协多年不懈努力，横溪街道西瓜播种面积由原来的 2 000 多亩发展到现在的 5 万多亩，农民收入由原来的平均每亩 500 元增长到现在的 1 万多元，辐射带动周边农民 6.8 万户种植瓜果蔬菜 13 万亩。

2. 提升特色农产品知名度

自 2001 年起，农技协创办并组织了第 1 至 3 届“横溪西瓜节”，在得到良好反响后，协助地方政府连续成功举办了第 4 至 22 届“横溪西瓜节”。这项节日活动成为推广当地农产品的重要平台，吸引了众多游客和消费者，不断提高了横溪西瓜等特色农产品的知名度和美誉度。农技协充分利用各种媒体进行宣传，在周边十几个大中城市建立了多种形式的瓜果蔬菜营销服务网络，建立了电商平台，有力促进了当地农村经济高质量发展。

3. 对口帮扶成效显著

从 2019 年开始，农技协组建一支对口支援陕西省洛南县的专家团队，打造答疑解惑科技服务咨询驿站，将先进的西瓜品种、科学技术送到支援地区，帮助当地农民提高西瓜种植技术，实现增收目标。一期所建 170 余亩的西瓜种植示范基地已产出 30 余万千克、总产值 180 万元，吸纳周边贫困户就业 100 余人，户均增收 6 000 元以上，2020 年度全部脱贫，西瓜种植已经成为当地主导产业，并辐射带动周边地区。

（三）经验启示

在为“三农”服务过程中，横溪农技协充分体现了以党建为核心的领导力，形成了独特的“三位一体”服务模式，成效显著。

1. 党的领导是关键

农技协党支部在服务中始终发挥关键领导作用，使得协会能够深入贯彻党的“三农”政策，确保了服务的政治性、先进性和群众性。

2. 全程服务是支撑

农技协不仅提供技术支持，还实现了从产前到产中再到产后的全程服务，确保了农民生产出的农产品能够销售并获取合理价格，增加了农民参与社会化服务的信心和积极性。

3. 凝聚合作是手段

通过与科研院所和高校建立紧密合作关系，使得最新农业科技成果能够顺利送到基层一线，有力提高了农业生产效率和经济效益，推动了产业发展和农民增收。

4. 社会担当是保障

坚持公益属性，组建专家团队，传授先进的农业技术，帮助当地农民增加收入，对口支援贫困地区，这是新型农业社会化服务体系的应有之义。

四、贯穿生产全过程，推动农业农村现代化

淮安市淮阴区武梅蔬菜专业协会 成立于2015年7月，位于淮安市淮阴区棉花庄镇军田村，有单位会员8个、个人会员50个，专职工作人员5名。协会成立了党组织，坚持以市场需求为导向、科技创新为手段、质量效益为目标，实行"基地+示范园+农户"的新型运作模式，实行产前、产中、产后"一条龙"服务方式，在普及推广新品种、新技术方面狠下功夫，带领广大农户开拓创新，不断发展壮大，为淮阴区棉花庄镇高效农业、生态农业、旅游农业发展和农民增收作出了较大贡献，促进了传统农业向现代农业转变。

（一）主要做法

1. 以技术提升生产能力

协会始终坚持"技术是第一竞争力"发展理念，创新"外请内联"方式，常年聘请专家和农技人员为农户提供技术指导、咨询和培训服务。一方面，专家和农技人员通过现场指导，帮助农户解决实际问题并提供实用技术建议；另一方面，定期组织技术交流与观摩活动，积极开展技术培训，提升农户科学生产能力。从而达到增产、提质、降本等目标。

2. 以服务推动产业发展

为了提高当地瓜果蔬菜等产业的发展水平，协会采取了"四统一"服务模式。一是统一建设标准化示范应用基地，开发、引进、示范和推广新品种、新技术、新设备等；二是统一制定并组织农户实施瓜果蔬菜生产与质量标准，推动标准化生产，提高产品质量和市场竞争力；三是统一组织供销，协会供应农户需要的种苗、肥料、农药、箱套、专用工具和机械等农业投入品，开展运输、贮藏、加工、包装、保鲜等服务，统一组织农产品销售；四是统一创建农产品品牌，统一注册商标，统一申报绿色食品、有机食品、著名商标、地方名牌等，推动当地农产品特色化和品牌化，为市场开拓和价值提升夯实基础。

3. 以标准化保障农产品质量安全

为了推动农业绿色发展，协会推行标准化生产系列措施，为农户建立从品种选育、种植管理、采摘分选，到冷链物流和营销网络的全产业链服务模式，制定生产标准、作业规范和责任到人的质量管控体系。通过该体系，详细记录从田间到餐桌的全程信息，促进每个环节都严格遵循操作规范和质量要求。利用标准化生产和全程可追溯系统，为农产品提供更高的品质保证。同时，鼓励农户采用环保的种植管理方法，减少农药和化肥的使用，推广绿色种植技术。与物流企业合作，积极推进冷链物流和营销网络的建设。

4. 以个性化促进农产品销售

通过品质创新和营销创新的实施，挖掘农产品的附加值，提升产品的品质和形象，满足消费者对高品质、独特的农产品的需求。采用个性化的包装设计，使会员产品在市场上脱颖而出。以恰到好处的定价策略和差异化营销方式，为消费者提供独特的购买体验。在多个市场设置以瓜果蔬菜为主的特色产品供销点，为会员和农户提供丰富的销售渠道，带动他们持续增收。

（二）取得成效

1. 提高会员和农民科技水平

近年来，协会共组织开展技术培训班和科普讲座 264 场次，培训农户和农村青少年 1 500 余人次，发放各类技术宣传资料 3 000 余份，为农户和种植大户开展咨询服务 500 余次，提供各类信息服务 100 余次。通过各类培训和服务，有效提升了会员和农户的种植与管理水平，提高了生产积极性和接受农业社会化服务的主动性，为当地瓜果蔬菜产业规模扩大与效益增长作出了显著贡献。

2. 带动产业融合和就业增收

推动当地产业从原来单纯的一产，转变成以西瓜为主导产业，集瓜果修剪、采摘、包装、贮藏、运输、销售等为一体的一二三产融合的产业链，协会在产业结构调整中发挥了重要的桥梁和纽带作用。依托能人效应，发挥大户会员的示范辐射作用，实现协会、会员、农户的共同发展，拓展了劳动力就业面，辐射带动附近农户 260 户，解决了 100 余人的就业问题。

3. 扩大线下和线上市场规模

与陶氏果业、大熊果业、苏果超市等开展深入合作，为会员和农户提供更多销售渠道。2020 年，与百斯特中央厨房、美团、盒马鲜生合作发展订单农业，统一收购农产品 120 吨，互联网订单果蔬礼盒 5 000 份，百斯特中央厨房日需求量达到 2 吨，美团、盒马鲜生每日需求量达到 3 吨以上，与其他农户相比，协会会员年销售额增加 12%。

4. 推动物质和精神两个文明建设

一方面，通过培训、推广等方式，为农户提供产前、产中和产后的全程科技服务，提高生产效率与水平；通过有效地组织农户，将分散的农民整合起来，引导他们走向市场，实现农民与市场的有机联结，切实提升农民的市场竞争力从而增加收入，夯实物质文明基础。另一方面，通过协会带会员、会员带农户，开展科学普及和文化活动，为农民打开了学习和进步的大门，提升了他们的科学素养和文化水平，从而推动精神文明建设。

（三）经验启示

淮安市淮阴区武梅蔬菜专业协会在党的领导下，开展统一化服务、标准化生产、品牌化销售等工作，成效显著。

1. 政治引领是根本

党组织领导协会始终保持正确的政治方向，将党的路线、方针、政策融入协会日常工作中，社会化服务始终围绕“国之大者”“民之需者”来展开。

2. 服务初心最重要

坚持人民至上，将这一初心贯穿工作全过程，以需求和问题为导向，通过组织创新和统一服务，帮助农民提高种植与管理水平，推动持续增收。

3. 组织优势要发挥

通过党建引领，协会得以更好地组织协调技术专家、农业投入品、销售渠道等资源，形成全产业链服务模式，提高综合效益。

4. 社会担当显价值

积极推动农业生产绿色转型，通过标准化生产、全程可追溯系统等，确保农产品质量和安全，为环保事业贡献力量，使协会获得良好的社会反响。

五、多组织融合发展，新模式服务农民

常州市钟楼区农业专业技术协会 成立于2017年，位于邹区镇琵琶墩村，是由从事农林牧副渔和农村专业技术研究、普及推广事业及相关行业的社团组织、教育机构、科研机构、企事业单位、个人等自愿组成的依法登记成立的非营利性社会团体。协会成立了党支部，在党的领导下，实行“专业协会＋农民专业合作社＋企业”多组织融合发展模式，根据会员需求，一站式提供科学普及、技术培训指导、土地托管、优质农资统配统供、机械化作业、订单生产、农产品统一品牌销售、电子商务等多元化服务，实现了与服务对象利益的有效连接。协会获评常州市钟楼区“十佳优秀社会组织”等荣誉，2家会员被评为江苏省高素质农民学校。

（一）主要做法

1. 发挥骨干会员作用

充分发挥常州市惠民农业服务专业合作社等骨干会员的示范带领作用，对会员和新型经营主体、周边农户开展社会化服务。一是承接政府职能，落实惠民政策。将区农业农村局每年下拨的粮食“一喷三防”物化补贴的农药认真发放到村，落实到田块，推进种植业病虫草害统防统治全覆盖；协助统计做好农业三项补贴信息纠错核实打卡发放工作，结合土地确权重新登记造册，完善档案资料，认真审核上报，及时准确把补贴资金打卡发放到农户。二是深入田间地头，开展技术服务。面向会员和农户，开展作物栽培、测土配方施肥、绿色防控、后期管理等技术培训与咨询指导服务，为提高农业生产效率与科技水平夯实基础。

2. 发挥企业会员作用

借助会员江苏临溪农业发展有限公司成熟的现代企业管理经验，有效示范引进新品种、新技术，在推广台湾红心火龙果的过程中，首先由临溪公司引种试种，采用“基地引进＋联合农户生产＋龙头企业销售”和“五统一分”模式，既降低了种植成本，又保证了农产品质量与效益。借助会员诺亚方舟农业科技有限公司的科技合作优势，以中国水产科学研究院淡水渔业研究中心、南京

农业大学等多家科研单位为依托，建立会员自己的研发队伍，走科技创新和低碳生态相结合的发展道路，为养殖户提供优质蟹苗和技术支持，为常州地区扣蟹产业高质量发展提供支撑。

3. 发挥社区承载作用

坚持以社区为承载单元，通过倡导绿色生态理念与生活方式，帮助和鼓励居民在家门口体验有机田园生活，培养一批“社区农夫”，联动打造“口袋有机阳台”“校园绿色有机课堂”“社区绿色有机集市”等一系列参与性强、互动性好、成效明显的城乡融合绿色治理典范。组织开展“弘扬院士精神 助力乡村振兴”等科普活动，依托社区开办首届“农业时令科普市集”，既推广了会员产品，又让市民得到了实惠。

4. 科技赋能产业发展

组织专家开展科技服务，全力帮助协会会员知识更新和产业转型升级。与镇农技部门一起订阅农技资料并送到农企、农民专业合作社及家庭农场，坚持与百姓面对面的接触，冒着严寒酷暑，深入农户家里和田间地头，把技术讲给农民听、示范给农民看，力求做到坚持勤学习提能、勤入户指导、勤试验示范、勤总结。以市场为导向，带领周边农民一起发展种养产业，构建形成辐射带动新模式，为周边的家庭农场及种植户义务检测农产品，促进农产品质量提升。

（二）取得成效

经过几年的摸索，协会把千家万户的小生产与千变万化的大市场联结起来，提高了农民的组织化程度；把单一农户的分散经营与产前、产中、产后的统一服务结合起来，提高了农业社会化服务水平；把传统生产方式与现代科学技术结合起来，提升了科技到位率与贡献率；把生产生活服务和基层治理结合起来，在促进农民和市民科技文化素质提高的同时，使得绿色社区治理更加有效。

（三）经验启示

1. 社会动员是关键

充分发挥基层党组织作用，有效引导、鼓励、动员社会力量参与，为农业企业、农民专业合作社、家庭农场、种养大户等会员以及广大农民、市民提供农资供应、农技推广、农机服务、农产品流通等“一站式”农业社会化服务，深受基层欢迎。

2. 联结机制是动力

由党组织健全、运行规范的社会组织牵头，以合作组织为骨干、企业及其他组织共同参与的新型服务体系，完善服务主体与服务对象的利益联结机制，形成良性发展机制，以更低的市场成本获得更高的经济与社会效益，为从源头上解决小农户与现代农业发展有机衔接问题提供了强大动力。

六、党建引领促进步，志愿服务践初心

沭阳县花卉协会 于2002年8月成立，由颜集镇、新河镇、庙头镇等花木种植、经营户(企业)和相关花木经纪人自愿组成，拥有单位会员和个人会员450余个，年社会化服务收入7万元。2020年2月15日，花卉协会在新冠疫情一线成立了临时党支部。2021年8月10日，协会成立党支部。近年来，紧紧围绕花卉产业发展农业社会化服务，坚持“稳面、提质、增效”总体方向，充分发挥桥梁纽带作用，扎扎实实开展各项工作，为沭阳县花卉特色产业发展作出了明显贡献。2013年，协会成为“全国主要花卉产区联席会议”发起成员单位，2021年成为江苏省企业联合会花木园林行业促进会理事单位，2021年成为中国花卉协会单位会员，先后获得省、市、县“四好”(商)协会和县“三八红旗手”荣誉集体等荣誉。

（一）主要做法

1. 党建引领志愿服务

以党员为骨干成立协会志愿服务中心，在新冠疫情防控最关键时间，志愿者们购买洗手液、口罩等防疫物资，先后到沭阳县农业农村局、沭城一品小区、府苑小区、沭城街道府苑社区看望一线值班人员，到新河、颜集等村庄地头为坚守护村一线的人员送心意，在新河镇双荡村举办“共建爱心书屋　关爱留守儿童”活动，为21名留守儿童提供帮助。新冠疫情解除后，到颜集镇举办“粽情端午”等活动，慰问一线环卫工人和城管队员，和一线工人们一起包粽子。2021年7月，沂河泄洪给两岸造成水患压力，全县城乡干群在沂河岸边值班守堤，志愿服务队用半天时间筹集爱心善款近万元，购买方便面、牛奶等物资，看

望、慰问抗洪一线人员。

2. 联盟创建服务品牌

为了倡导花卉苗木行业守法生产、诚信经营，协会倡导成立了绿化花卉服务联盟。绿盟致力于全面贯彻诚信经营理念，优化花卉苗木行业生产经营活动，净化花卉电商经营环境。面向“绿盟”成员开展“三统一”服务，即统一进行业务培训、统一推广宣传、统一售后服务，打造“花乡沭阳”服务品牌。为帮助花农扩大销售渠道，以“互联网＋”模式，引导会员和农户发展网上销售，摸索出一条花卉电商新路子，目前全县拥有各类活跃网商 4.5 万余家、“中国淘宝镇”12 个、“中国淘宝村”86 个，有力地带动了花农持续增收。

3. 平台保障产业发展

协会专门成立花卉苗木服务中心，主要承担会员和花农的投诉处理、信息服务、产销对接等工作，搭建了一个具有影响力的区域服务交流平台，有效推动沭阳花卉更加便捷对接全国客户；为解决花卉行业劳务用工难、用工贵等问题，成立园林绿化劳务中心，搭建了园林用工单位和劳务者之间的桥梁纽带；联合沭阳大众职业技术培训学校等单位，为会员和花农免费举办了多场技术培训，让他们及时学到先进栽培管理技术，促进了全县花卉种植管理水平的整体提升。

（二）取得成效

针对沭阳县花卉产业进入深度转型期、产业升级进入关键阶段的需求，发挥党建引领和党员示范岗等作用，以绿化花卉联盟建设为契机，搭建诚信平台，带领全体会员共同发展，做大做强颜色经济，带动全县花农共同致富。通过协会全体会员和有关单位共同努力，服务沭阳县推动花木产业转型发展，培育以“沭派盆景”为主的精品花木体系，目前全县拥有各类盆景 1 000 余万盆，年成交额达 40 亿元；拥有花木匠师 5 000 余人，吸引了淘宝、京东 60％的花木类卖家；2023 年 1 月至 8 月，网络销售零售额约为 225 亿元，花卉直播销售额占全国三分之一；吸纳 9.1 万农民就业，农民收入 90％以上来源于花木产业，人均可支配收入比全县平均值高 96.73％；

（三）经验启示

1. 牵头主体应该坚持公益属性

沭阳县花卉协会在党的领导下，始终坚持公益属性，以全县花木产业发展为己任，团结带领全体会员加强理论和业务知识学习，凝聚思想共识，通过提高生产经营组织化程度，强化服务基层效能发挥，带动广大花农参与到“花乡沭阳”这一县域品牌建设事业中。

2. 服务主体应该坚持需求导向

在协会公益属性总领下，以农技推广单位、培训机构、农民专业合作社、家庭农场、企业等服务型会员为农业社会化服务主体，以生产经营型会员和花农等服务对象的实际需求为导向组织开展产业链各项服务，有力促进了沭阳县花木“产、供、销”良性循环。

七、协会牵头分层协同保障会员发展

高淳区养殖技术协会 成立于2005年4月，由南京帅丰饲料有限公司和多名专家、技术人员及养殖户组成，实现了会企分设和协会工作人员职业化，主要职能是组织专家对会员培训、引进生态养殖技术，以及开展新品种、新技术、新模式的示范推广等。帅丰公司是一家集特种饲料以及优质水产苗种研发、生产和销售为一体的科技型企业，是协会的骨干会员。协会以服务会员为宗旨，立足高淳河蟹产业特色，带领会员调整养殖结构，开展立体综合养殖，为会员和周边养殖户增收致富起到了积极推动作用。

（一）主要做法

1. 构建创新链推进产业链升级

在协会协调下，由帅丰公司、南京市高淳区现代农业产业园管委会、中国水产科学研究院淡水渔业研究中心、南京市水产科学研究所共建江苏苏渔水产种业研究院，中国水产科学研究院淡水渔业研究中心徐钢春副主任、强俊副研究员领衔组建人才团队，通过建设种质评价与良种选育实验室、工厂化苗种繁育和绿色养殖示范基地，推动河蟹、大口黑鲈等新品种选育、制种与养殖等领域科研成果落地转化。积极孵化本地农业龙头企业和合作经济组织等，壮大村集体经济，以阳江、砖墙两镇为重点，辐射带动全区，推动河蟹等水产养殖产业进一步提档升级、转型发展。

2. 创新供销链促进增收链延伸

创新“协会＋公司＋养殖户”服务模式，在党的领导下，协会负责组织统筹，骨干会员帅丰公司出资垫付苗种、饲料等投入，生产型会员和养殖户负责具体生产，协会提供免费的技术支撑与服务，按照统一标准产出合格产品后，再由帅丰公司负责统一销售，销售款支付苗种、饲料等垫付款后返还给生产型会员和养殖户。在此模式下，生产型会员和养殖户增收链得以延伸、收入持续增加，生产经营风险几乎为零，参与积极性高涨。相对于自建生产基地，骨干会员帅丰公司减轻了地租、人工、管理等方面的压力，从而真正实现了务实“双赢”。

（二）取得成效

1. 科技创新支撑特色产业发展

拥有国家级水产新品种大口黑鲈‘优鲈 3 号’‘香鲈全雌 1 号’，反季节早苗技术，“河蟹＋鲈鱼”和“鲈鱼＋河蚬”混养技术这五大核心技术优势，获得国家授权发明专利 12 项。立足于河蟹、鲈鱼等产业生态发展，以苗种为核心，打造从新品种苗种培育、环保型饲料研发、千亩生态养殖到冷链加工的鲈鱼全产业链体系。

2. 成果转化促进产业链条形成

以鲈鱼产业为例，依托帅丰公司投资 8 000 多万元，建设 2 个鲈鱼省级良种场和 1 800 亩养殖基地，建设“香鲈”品牌，开发“臭鲈鱼”“酸菜鲈鱼片”“藤椒鲈鱼片”“三去鲈鱼”“烤鲈鱼”等深加工产品，拓展了鲈鱼的销售渠道，推动鲈鱼产业链条加快形成。

3. 科学普及提升农民综合素质

定期安排技术培训与现场咨询活动，内容包括法律法规、生产经营、新农资和新技术等的推广；借助“双百工程”平台，积极响应会员需求，组织专家开展各种类型的技术指导，及时解决生态养殖中的具体问题；累计开展 530 余次服务，服务养殖产业 370 多人次，发布水产信息 500 多条，制作科普知识展板 10 多块，常态化开展科普宣传教育，帮助会员和养殖户提升专业技能和综合素质。

4. 金融服务带动会员共同致富

与高淳区生产力促进中心合作，为符合要求的养殖户提供科技金融服务；

为低收入养殖户创业提供银行反担保措施，确保他们有启动资金；协会会员可优先享受这些政策，从而大大提高了养殖户入会的积极性。通过上述措施，辐射带动养殖户 20 余户、养殖水面 1 000 多亩，亩均增收 5 000 元以上。

（三）经验启示

1. 牵头主体发挥作用是加强党的领导之关键

在农业社会化服务体系中，加强党的领导首先要求体系牵头主体能够全面落实党的要求。高淳区养殖技术协会以“协会＋公司＋养殖户”为主要服务模式，协会充分发挥资源统筹配置、工作组织协调等牵头作用，由骨干会员负责生产资料投入与产品统一销售，生产型会员和养殖户只需要在协会指导与服务下开展“订单生产”，这使得体系在巩固农村基本经营制度的基础上，运行朝着整体成本最低化、综合效益最大化、保障养殖户主体地位等方向健康发展。

2. 促进会员共同富裕是加强党的领导之重要保障

高淳区养殖技术协会通过政治属性和非营利属性的不断强化，充分整合内、外和“软”“硬”资源，通过组织帅丰公司、科研院所、专家团队、政府部门单位、金融机构等服务型会员为生产型会员和养殖户提供供销、科技物化、金融等不以营利为目标的服务，使得各类会员均能获得合理利益，从而促进了共同富裕，明显提高了周边养殖户加入协会的主观能动性，这有利于党的领导在高淳水产行业中的深入实施。

第二节 路径与分析

一、当前的研究进展

现有研究主要探讨了党建与乡村组织振兴、乡村治理等社会化服务要素的关系。

蔡文成(2018)对农村基层党组织在实现乡村治理现代化中的作用做了深入分析，认为党组织治理能力决定乡村治理的成效，实施乡村振兴战略，党组织必须树立先进治理理念、优化治理体系、提升治理能力、创新治理方法、营造治理环境。蔡文成和朱荣康(2022)认为,农村基层党组织的整合治理是实现乡村治理现代化的保障,是全面推进乡村振兴的关键,是实现农民共同富裕的前提;面对治理主体多元化、多元文化对村民价值观的影响、农村利益分化和治理制度不健全等难题,农村基层党组织必须不断完善党建领导机制、健全核心价值引领机制、优化利益协调机制、形成制度治理机制,提升自身的整合治理能力。季乃礼和许晓(2020)认为,后乡土时代,乡村出现组织断裂、文化断裂和精英断裂三大问题,社会整合的难度增大;农村基层党组织作为乡村振兴的政治保证,为实现乡村治理有效目的,党的领导需以重整乡村社会为着力点,强化村级党组织的引领作用,重建互惠共生的公共文化,再造公益导向的村庄精英。政治性与非营利性的基本属性,使得农业社会化服务体系在党的坚强领导下,可以在乡村治理体系与治理能力现代化中发挥重要的基础性作用。

贺雪峰和郑晓园(2021)认为,随着越来越多的国家资源进入乡村,基层治理不得不通过高强度的动员来应对上级任务,这对于实现乡村振兴和保障农民利益弊大于利;在我国基本实现现代化之前,乡村治理应以常规治理方式为主,以维持农民基本生产生活秩序为基本目标,现在的高强度动员治理方式既没必要也不可持续。刘祖云和张诚(2018)认为,中国乡村自古以来就是一个共同体社会。新时代,实现乡村振兴,需要重构乡村共同体。“新型乡村共同体以合作共同体为追求目标,以多元合作为构建模式”,建设路径包括完善乡村服务体系、重塑乡村权威、增强乡村凝聚力、构建新型乡村信任关系。王露璐(2021)认为,中国式现代化为乡村伦理的现代化转型提供了基本指向,“以中国乡村伦理的现代重建实现乡村伦理的现代转型,方能为乡村振兴战略的实施提供价值引领和精神动力。”农业社会化服务体系独有的民主管理组织体系和社会化服务方式,决定其在乡村善治与乡村伦理转型中将大有可为。

基层干部是实施乡村振兴战略的具体执行者,童成帅和周向军(2021)从乡村振兴视角,对乡村振兴战略对基层干部的能力要求、基层干部的能力欠缺以及如何提升基层干部治理能力做了研究。尤琳和魏日盛(2021)从“结构—功能—组织力”视角,研究了乡村振兴中党组织如何提升政治领导力、内部管理力和外部功能力,从而为全面推进乡村振兴战略提供坚强的政治和组织保障。卢青青(2021)对乡村振兴背景下资源下乡中出现的资源被资本俘获、私人争利、村级组织边缘化等，造成的村级治理脱嵌，提出“项目资源下乡应立足村庄与村民本位，通过激活基层治理实现下乡资源的发展目标，以治理促发展，在实现乡村振兴的同时推动城乡有机融合与一体化发展。”通过农业社会化服务体系的健全，不断提升乡村干部、农业从业人员、农村居民等群体的综合素质，以人才振兴促进各类资源、要素的合理化配置，从而推动乡村产业、组织、生态、文化全面振兴。

二、解决的关键问题

首先，在农业社会化服务促进乡村产业发展方面，党的建设起到了积极作用。各地的乡村产业呈现分散、规模小等特点，制约了农民的收入增长。以党建为引领，通过“专业协会＋合作社”等组织形式，可成功地将乡村产业进行整合和优化。例如，常州市钟楼区农业专业技术协会以“专业协会＋合作社＋企业”的模式，覆盖科普、培训、生产、销售等全程服务，有力地提升了农产品的附加值，解决了农民产销难等问题。

其次，对于农业科技创新与服务的问题，上述案例在党的引领下，创新推广先进的种植、养殖技术，取得明显成效。例如，高淳区养殖技术协会通过建设种业研究院，整合优质资源，开展科研活动，成功培育了适应本地生态的鱼种，为水产养殖业的健康发展提供了科技支撑。同时，各类技术培训、信息服务等，加深了农民对现代化农业技术的了解和应用，有力地提升了农业技术应用水平。

再次，面对农业生产组织化程度不高的问题，上述案例以党建为引领，通过农业社会化服务牵头主体、骨干主体、参与主体等分层构建和小农户与现代农业发展有机衔接机制创新，有效保障农民顺利、安全进入并参与市场竞争。尤其是通过各级各类党组织作用的发挥，增强了各类服务主体和服务对象的凝聚力，提升了农民对农业社会化服务体系的组织认同感，有力有效推动了现代农业发展、和美乡村建设和农民持续增收。

三、创新的主要方面

在党建引领下，上述案例在组织模式、科技推广、产业链供给等多个方面积极创新，充分展示了农业社会化服务的多样化和富有成效的举措。

（一）党建与服务体系有机结合

案例中的农业社会化服务体系均与党的建设工作有机结合，各牵头主体均成立了党组织并发挥领导统筹等至关重要的作用，形成了党建与业务相互促进的良好局面。在党的坚强领导下，服务体系得以充分发挥组织架构、运行机制、社会动员等优势，纵深凝聚各类会员的共识与合力，在服务中全程贯彻落实党的理论、路线、方针、政策，从而有力有效地推动乡村全面振兴。

（二）分层协同构建组织体系

以党组织为中心，以专业（技术）协会等为牵头主体，以供销合作社、农民专业合作社（联合社、联合体、联盟）、集体经济组织等为骨干主体，以家庭农场、涉农企业、种养大户、高校院所、金融保险机构等为参与主体，形成为小农户等生产者开展社会化服务的分层协同组织构架。上述案例中农业社会化服务体系的共性特征，也是重要的发展与服务路径创新。

（三）创新链与产业链深度融合

坚持党的领导，在牵头服务主体的组织统筹与资源配置下，以“牵头主体＋市场主体＋农民”为主要运行方式，精准对接体系成员（会员）生产实际需求，通过自建机构或联合高校院所、科技型企业等方式组织开展科技创新，研发先进适用的新品种、新技术、新模式、新装备，通过培训、咨询、观摩、指导等手段开展示范、推广及应用，推动创新链与产业链的深度融合，使得成果转化为实际生产力、产业质量效益和农民收入持续增长。

四、未来的研究展望

新阶段农业社会化服务体系建设中，应围绕在党建引领服务体系健全、党的领导立体工作体系建立健全、服务主体党组织作用发挥路径创新、党建推动产业绿色转型与科技社会化服务、农业社会化服务体系协同基层党组织参与乡村治理等方向展开进一步研究。

参考文献

蔡文成，2018. 基层党组织与乡村治理现代化：基于乡村振兴战略的分析[J]. 理论与改革，(03)：62－71.

蔡文成，朱荣康，2022. 农村基层党组织整合治理：优势、内涵与路径[J]. 求实，(03)：4 - 13 + 109.

季乃礼，许晓，2020. 村级党建、社会整合与乡村振兴[J]. 西南民族大学学报(人文社科版)，41(03)：192 - 198.

贺雪峰，郑晓园，2021. 农村基层高强度动员与常规治理[J]. 中南民族大学学报(人文社会科学版)，41(05)：75 - 81.

刘祖云，张诚，2018. 重构乡村共同体：乡村振兴的现实路径[J]. 甘肃社会科学，(04)：42 - 48.

王露璐，2021. 中国式现代化进程中的乡村振兴与伦理重建[J]. 中国社会科学，(12)：89 - 109 + 201.

童成帅，周向军，2021. 提升农村基层干部治理能力的实现理路——基于乡村振兴战略的分析视角[J]. 西南民族大学学报(人文社会科学版)，42(09)：185 - 193.

尤琳，魏日盛，2022. 乡村振兴战略背景下提升村级党组织组织力研究[J]. 社会主义研究，(01)：122 - 129.

卢青青，2021. 经营村庄：项目资源下乡的实践与困境[J]. 西北农林科技大学学报(社会科学版)，21(06)：10 - 19.

第二章

平台建设赋能基层

农业社会化服务的体系性，要求上层牵头主体通过线上、线下各类服务平台载体建设，为基层牵头主体与服务主体提供可选择、可复制、可推广的手段与项目，从而推进资源高效集聚、供需精准对接、多方利益共赢和服务质效提升。本章选取具有代表性自变量和关键性因变量的江苏省农村专业技术协会、常州市农村专业技术协会、句容市白兔镇葡萄协会、泰州市姜堰区鸿程食用菌协会、南通市农业新技术推广协会、淮安市农村专业技术协会等典型案例，分别探讨其主要做法、取得成效和经验启示，经文献研究、归纳演绎与系统分析，阐明新型农业社会化服务体系建设中平台建设赋能基层路径的研究进展、解决的关键问题、创新的主要方面和未来的研究展望。

第一节 实践与启示

一、"三化四服一合作"服务江苏现代农业发展

江苏省农村专业技术协会 成立于2014年10月，由江苏省从事农、林、牧、渔、副、服务业和农业农村科学技术研究、普及推广事业及相关行业的社会团体、教育机构、科研机构、企事业单位、个人等自愿组成，协会成立伊始即实现秘书处实体化、秘书长专职化，拥有职业化工作人员4名。协会年社会化服务收入100多万元，主要来源于会员会费、承担项目和委托服务费等。先后获得中国科协全国科普日特色活动优秀单位、全国科技助力精准扶贫工作先进团队、江苏省第八届农业技术推广奖三等奖、省民政厅AAAA级社会组织，以及省科协所属社团综合评价A级、综合示范学会二等奖、综合示范学会三等奖、科技服务特色学会、全国农民科学素质网络知识竞赛优秀组织奖、公民科学素养大赛优秀组织单位、青年会员双创大赛优秀组织单位、先进党支部等荣誉。

（一）主要做法

紧紧围绕新型农业社会化服务体系建设和乡村振兴战略实施，形成并持续推进"三化四服一合作"工作模式。以"互联网＋"思维为指导，聚焦农业生产关键技术需求，统筹全省农技协体系专家与组织资源，为服务江苏现代农业发展、推进乡村全面振兴持续贡献力量。

1. 工作平台信息化

围绕农业农村现代化与信息化融合，以"互联网＋"思维打造农技协工作信息化服务平台。一是建设门户网站和微信公众号。建设多功能门户网站和微信公众号，持续优化功能，健全农村科普与科技成果数据库，实现线上线下相结合推广运用，为各级农技协会和农业从业人员、农村居民提供服务，年访问量达10万人次以上。二是试点建设"全程服务e站"平台。联合省科协农

村技术服务中心、南京绿色科技研究院等单位，研发并推广应用“科普农服通”综合信息化服务平台，解决农村科普信息资源整合共享难题和信息进村入户难题。三是组织各级农技协入驻中国农村专业技术协会智慧农技协平台。保证入驻平台农技协的质量，创新“先优选、后入驻”的工作模式，对已入驻、拟入驻的基层优秀农技协负责人进行培训与指导服务。

2. 组织建设规范化

坚持以推进农技协组织建设带动各项工作，强化自身建设，走规范化发展之路。一是为全省农技协组织建设服务。连续承接农技协组织建设项目，对全省农技协基本情况与发展状况进行调查研究，主动为各级农技协组织建设提供咨询、指导等服务。二是加强自身建设与内控管理。完善内部治理体制，强化理事会与分支机构建设。面向社会公开招聘秘书处专职人员 3 名，实现秘书长专职化、秘书处实体化；建成一支稳定的专业化、规范化秘书处工作人员队伍。强化党的建设，成立理事会党的工作小组，定期召开小组会议，对协会重大事项进行决策。建立健全会费管理、社会捐赠资助管理、财务管理、资产管理等各项规章制度 16 套，制定年度工作目标责任制考核与绩效工资分配办法，确保目标任务落实到位、取得实效。

3. 职能承接公信化

把承接政府职能和参与公共服务购买项目作为协会发展源泉，初步实现六大“承能”项目全覆盖，不断提升社会公信力。一是通过培训提升公信力。承接中国科协、省科协职能或接受社会委托，参与承办全国（江苏）农村妇女致富带头人科学素质提升、“科普文化惠农家”、银会合作、农用无人机操作、农产品电商等一系列培训 8 000 余人次，取得良好成效。二是通过评比竞赛提升公信力。承接中国科协、省科协职能，参与承办全国农民科学素质网络竞赛江苏赛区活动，5 年来，全省累计参赛总人次达 364 万。三是通过评价规划提升公信力。开展“农作物秸秆肥料化利用技术集成与推广”“设施蔬菜高效栽培低碳技术集成研究与推广”等科技成果评价 5 项，多个成果获得江苏省农业技术推广奖；受淮安市淮阴区凌桥乡人民政府等基层政府、部门委托，制定农业产业规划 7 项。四是通过标准制定等提升公信力。被省市场监督管理局纳入首批团体标准试点单位，先后制定团体标准 6 个。

4. 服务乡村振兴战略实施

省农技协始终把服务“三农”作为宗旨，不断提升服务效率，助力乡村振兴战略的实施。一是服务科技助力脱贫致富奔小康工程。协助省科协农村技术服务中心，为全省科技助力脱贫致富奔小康工程开展服务，重点做好淮安市淮阴区凌桥乡三堡村、沭阳县塘沟镇胡塘桥村等经济薄弱村帮扶工作，组织专家指导制定农业产业发展规划并推进落实。二是开展阵地建设与科技服务。创建科技服务平台57个，包括首席专家29名、科技服务站7个、创新创业服务示范基地14个、特色平台7个，通过上述阵地，为地方经济社会发展提供服务。三是服务地方产业发展。组织开展江苏农业电子商务发展论坛，建设并指导运营“江苏农产品馆”，作为全国省级农产品地方馆建设的先行者与实践者，推动了农技协与农业经营主体合作，服务地方现代农业发展。

5. 服务农村创新创业

充分发挥农技协的组织、科技与人才优势，引导和促进农村大众创业万众创新。一是建设双创示范基地。联合省科协农村技术服务中心等单位，建成农产品电商、农用无人机、观赏园艺等14个创新创业服务示范基地，其中，观赏园艺和农业电子商务等5个基地获得江苏省科协认定。二是组建创业导师队伍。优化集科技专家、农技推广人员、乡土人才、创业实践人才的农业科技服务队伍，组建一支由602名专家组成的创业导师队伍，其中，高校院所专家207人、乡土人才238人、创业实战人才55人，组织开展电子商务、茶业创业等一系列专项技能(创业)培训。三是培育人才促进转化。培育进入孵化平台的创新创业人才764名，组织22个项目参加第二届全国创新科技成果交易会。联合省科技人才服务中心等单位为“菜用甘薯产业化发展”“南农易农APP”“句容无花果产业发展”等双创项目开展投融资对接服务。

6. 服务农民科学素质提升

参与江苏省全民科学素质提升“十四五”规划中“农民科学素质提升工程”的编制，并在科普工作中落实。一是组建科技传播专家服务团队。先后成立江苏省农产品安全科技传播专家服务团、省农技协生态文明科技传播专家服务团等科技传播专家服务团队，获省科协认定并按要求开展专业科普工作。二是参与承办全国农民科学素质网络知识竞赛江苏赛区活动。在省科协科普部、农村技术服务中心指导下，连续5年承办全国农民科学素质网络知识竞赛江苏赛区活动，有力促进了全省农业从业人员、农村居民的科学素质提升。三是组织会员参加各项科普活动。认真组织，精心制定实施方案，组织全省农技协员参加全国科技活动周、全国科技工作者日、全国科普日、江苏科普周等江苏主场活动，以实物展出、科普展板、短信推送、有奖参与等方式开展60余项科普活动，累计参与公众3万余人次，发放科普宣传资料2万余册。

7. 服务涉农科技工作者

坚持为广大涉农科技工作者服务，取得良好成效。一是形成科技工作者建议报告。针对农业电子商务面临新形势新问题，形成《关于促进江苏省农产品电子商务发展的对策建议》，并获省领导批示，为全省农产品电子商务发展提供了有效的理论与实践支撑。二是开展国际国内科技访问交流。近年来多次派员参加省科协访问团赴俄罗斯、以色列、我国台湾省等国家和地区开展工作访问交流。三是组织申报人才与科技奖励。积极组织会员申报中国工程院院士、国家技术发明奖、全国优秀科技工作者、全国创新争先奖、青年女科学家奖、江苏省优秀科技工作者、江苏省青年科技奖、江苏省青年人才托举工程等国家与省级人才与科技奖励19项。设立省农技协乡村振兴贡献奖，面向生产一线，重点表彰在农村科学普及、创新创业、农业社会化服务等助力乡村振兴方面作出突出贡献的单位和个人。联合农业农村部南京农业机械化研究所等单位，申报并获得江苏省农业科技推广奖三等奖。

8. 推进海峡两岸农业科技交流合作

一是举办苏台现代农业与生物科技论坛。2018年开始，在江苏省科协和江苏省台办指导下，联合省科协农村中心、台湾生物资源暨农业经贸交流协会等，成功举办3届苏台现代农业与生物科技论坛，2 700余人(次)参与，有效地提升了海峡两岸青年科学家的学术能力和服务创新发展的能力，有力地助推了江苏台湾两省涉农科技与经济融合发展。二是组织赴台湾农村科技服务培训交流。加强同台湾社会组织联系与合作，连年组织开展苏台农村科技服务交流活动。通过培训交流，参加人员直接感受台湾农会等社会组织在台湾农业农村发展和农民科学素质提高中发挥的重要作用，把学习到的台湾模式经验应用到“四服务”工作实践中，谋良方、出良策，为推动江苏省科协组织服务乡村振兴战略实施作出积极贡献。

（二）取得成效

1. 依托科技创新打造一流品牌

组织开展农业产前的新技术、新品种、新模式、新装备，产中的新产品、新工艺、标准化、智能化，产后的收贮、保鲜、加工、物流、销售以及农产品质量与业态提升等社会化服务，促进农业农村科技水平提升与产业化发展。组织各级农技协通过科技创新、品牌化运营，在“二品一标”认证方面取得了显著成效。南京、无锡、泰州、徐州、扬州、常州、镇江、淮安、连云港、南通等10个设区市获得有机农产品认证的农技协数量为139家，占农技协总数的16.05%；获得绿色食品认证的农技协数量为353家，占农技协总数的40.76%；获得农产品地理标志认证的农技协数量为60家，占农技协总数的6.93%。

2. 依托省级服务平台打通农民致富路

2015年，江苏省农业委员会（以下简称“省农委”）支持协会同中国宿迁电商产业园管委会、京东商城合作，建成“江苏农产品馆”惠农益民服务平台，累计培育406家农技协员从事电子商务新业态，辐射带动4 000多个种养大户会员创新发展。南京、无锡、泰州、徐州、扬州、常州、镇江、淮安、连云港、南通等10个设区市各级农技协利用电商开展农产品销售服务的农技协数量为277家，帮助农民打通生产与市场的“致富路”。

3. 壮大科技志愿服务力量助力乡村振兴

南京、无锡、泰州、徐州、扬州、常州、镇江、淮安、连云港、南通等10个设区市各级农技协会员加入科技志愿服务组织的人数为7 257人，加入的科技志愿服务组织数量为454个，为推动农业生产、农民生活、农村建设现代化发挥了重要的技术支撑作用。例如，南通市农技协以“荷仁豆/黑塌菜—豇豆—西兰花”标准化技术、“高品质蔬菜速冻加工技术”等自主知识产权成果促进科技服务和科技普及工作的开展，研发、普及、转化的19项成果，累计应用面积439.96万亩，实现新增社会经济效益约42亿元，带动100多万农户脱贫摘帽、增收致富。

（三）经验启示

1. 社会组织动员是关键

协会通过组织动员全省各级各类农村专业技术协会、农民专业合作组织、供销合作组织以及科研教育机构、科技型企业、科技工作者、家庭农场、种养大户、科技致富带头人、农民，投身乡村振兴战略实施，为现代农业发展、和美乡村建设、农民持续增收作出了实实在在的贡献。

2. 科学技术是抓手

协会通过广泛组织开展农业产前、产中、产后的科技创新与推广应用，促进农业农村科技水平提升与产业化发展。同时，推进基层农村专业技术协会发展，为会员和农民依靠科技致富服务，为提高农民科学文化素质服务，充分发挥各级协会在建设新时代鱼米之乡中的作用，助力乡村全面振兴。

二、"桥梁纽带"让农业插上科技的翅膀

常州市农村专业技术协会 成立于2015年10月，位于常州市广化街20号丰臣海悦广场1611—1613室，有单位会员91个、个人会员101个，服务范围包括科学普及、科技服务、培训指导等。协会以推进乡村振兴为己任，努力为全市广大农技工作者搭建服务平台，年社会化服务收入约16万元，主要来源于委托服务费。

（一）主要做法

1. 加强自身建设，促进服务创新

作为介于政府、市场之间依法自治的社会组织，协会在代表会员共同利益、发挥政府与会员之间的桥梁纽带作用、积极履行担当有为的服务职责、当好政府参谋助手的同时，始终坚持创新发展方向，着力加强自身建设，规范内部管理，不断提高专业能力和服务水平，从而赢得会员的满意与信赖。先后举办新时代农技协发展路径研讨会、常州市农技协高质量发展研讨会等活动，围绕提升农民科学素质、促进农民增收致富、推动农业产业绿色发展、服务党和政府科学决策、助力乡村振兴等方面，为农技协发展规划了路径、制定了方案、提出了举措。

2. 搭建服务平台，充分发挥桥梁作用

始终牢记服务宗旨与责任，搭建服务社会、市场、政府的有效公共平台，在政府职能转移中获得更多资源支持，让会员享受更多的公共资源，尽可能为会

员创造、提供相应的机会和途径,增强获益感。为贯彻落实省政府关于大力发展电子商务加快培育经济新动力的实施意见,推动常州市农村电子商务发展,以电商形式体现科普惠农及农业生产全程科技服务,促进现代农业发展、农民增收致富和美丽乡村建设,协会积极响应省农技协号召,学习了解入驻政策、入驻条件和入驻程序。经申报,常州市天水渔业等多家公司入驻京东江苏农产品馆,入驻"休闲农业 O2O 供应商"网络电商板块的有 6 家。为会员与银行之间搭建平台,帮助解决融资难、贷款难等实际问题。利用微信公众号、QQ 工作群,及时传递国家和省、市有关"三农"工作政策以及农业创新创业成果、农业项目申报、现代农业科普知识等相关信息达千余条,向会员提供信息服务超 1 200 次。

3. 坚持学习取经,借助外力推动发展

为不断促进理念创新,拓宽视野,借鉴先进经验,理事会秉承"走出去请进来"的原则,积极创造学习交流机会,帮助会员企业提升创新能力,推动品牌建设。近年来,协会组织多场次、多批次开展学习交流与推介工作。在各地考察学习中,现代农业的创新理念、先进的种植方式、灵活的营销模式、农技服务的信息化手段,以及紧跟时代发展、履行社会责任、积极投入农业扶贫主战场、带动一方百姓脱贫致富的经验和做法等都给会员们留下了深刻印象,搭建了现代农业合作、协作的交流平台。

4. 立足会员需求,精准开展科技服务

为进一步推动实施农业专业技术人才知识更新工程,受人力资源和社会保障局委托,连续 4 年成功举办了由市及辖市、区科协分管农技协工作的领导、部门负责人,各级各类农技协团体会员领头人和骨干会员,涉农科技工作者近百人参加的农业种植养殖高级研修班。每年都从各个领域、各个技术专业邀请专家教授为广大农业工作者开展培训授课,取得了很好效果。以走访、座谈等方式,深入了解会员在科学技术、人才培养、资金支持、发展模式等方面的需求及困难,提出解决问题的思路和方法,组织专家团队到田间地头开展有效服务,受到了会员们一致好评。

5. 评先进树标杆,调动各方面积极性

培养一批勇于创新、善于创业的农村人才与农技协组织,组织开展省级龙头协会与优秀乡土人才评选工作。组织申报省"双创"项目 16 项,获评省级龙头协会12家、优秀乡土人才16名。大力实施“科普惠农兴村计划”，培育创新典型、树立学习标杆，经申报审核、实地考察、综合评价，确定6家单位为市级优秀农技协。上述评选表彰活动对于调动各级各类农技协探索运作模式、创新服务方式、打造工作品牌起到了积极的促进作用。

（二）取得成效

在获取市场信息、组织农产品销售、推广科技成果、增加农民收入方面发挥了不可替代的重要作用，有力促进了全市农业结构战略性调整的顺利推进。

1. 推进小生产与大市场有效衔接

把分散的农户统一组织起来，提高了农业生产组织化程度，缓解了小生产与大市场的矛盾，降低了交易成本，增强了抗御市场风险的能力，保障了农民的利益。作为农业农村经营体系的媒介组织，协会在小农户和大市场之间架起了桥梁，形成了“协会＋市场＋农户”“协会＋基地＋农户”“协会＋龙头企业＋农户”等运作形式，会员和农户根据协会提供的信息，有计划地安排生产的品种和数量，避免了生产经营的盲目性，较好地实现了小生产与大市场的有效衔接。

2. 带动乡村产业结构调整优化

为当地主导产品和产业发展提供产前、产中、产后系列服务，推动专业特色基地的形成，促进了主导产业的壮大，带动了乡村产业结构的调整优化，使一批名牌产品和支柱产业迅速崛起。

3. 加强农业科技服务

以提供优质服务为宗旨，把服务渗透到生产经营的各个环节，解决了农村集体经济组织统不起来、国家经济技术部门包不下来、农民单家独户办不了的事的问题，形成了优势互补、功能齐全的服务网络，已成为农业社会化服务体系的一支重要力量。

（三）经验启示

1. 加强自身建设是开展社会化服务的基础

协会自成立以来，严格依照章程运行，实现了秘书处实体化和工作人员专职化，强化理事会决策、秘书处执行、会员共同参与的工作机制，广泛汇聚社会优质资源，创新性地开展好各项服务工作。

2. 发挥桥梁纽带作用是开展社会化服务的关键

协会着力在科技兴农、科普惠农、政策助农等方面下功夫，全力搭建服务平台，坚持学习取经，借助外力促发展，立足会员开展精准科技服务，充分调动社会各界参与积极性，有力带动了乡村产业结构调整优化，为常州农业强市赋能助力。

三、“抱团作战”推进农民生产组织化

句容市白兔镇葡萄协会 成立于2011年8月，位于句容市白兔镇倪塘村，拥有会员52个，涉及葡萄生产面积5 500亩，其中，‘夏黑’1 300亩、‘美人指’1 200亩、‘阳光玫瑰’1 200亩、‘白罗莎’700亩。服务范围包括科学普及、培训指导、生产作业等，年社会化服务总收入120万元，主要来源于产品供销服务。镇江市句容市白兔镇农业产业特色鲜明，是全国美人指葡萄国家级标准化示范区，先后被授予中国鲜果小镇、江苏省级特色农业镇和江苏省应时鲜果产业基地等荣誉称号。近年来，协会坚持绿色发展理念，依托江苏省农业科学院、镇江市农业科学院等科研院所，全面推广全程绿色防控技术，葡萄品质不断提升，助力地方产业发展，葡萄种植核心区唐庄村获评全国“一村一品”示范村。

（一）主要做法

1. 充分发挥党建引领作用

加强党的领导，以葡萄产业为基础，坚持镇、村、农户三级联动协同，探索“五个一”工作法，即一个党组织、一个带头人、一帮“土专家”服务一个村庄，规范推进一个产业高质量发展。协会将党组织的引领作用发挥到神经末梢，努力使每一位农民党员都能成为致富路上的标兵，实现了以点带面、以面串片，然后带动整个产业的发展，扎实推进共同富裕。

2. 深入推进葡萄标准化生产

强化葡萄标准化生产管理，在有效控制农药和化肥的使用等方面进行规范。全面应用葡萄标准化栽培技术，重点落实定穗疏果、施肥标准、供药用药和品牌包装的生产过程统一，提高应时鲜果生产水平和质量水平。以协会为

载体,制定完善葡萄种植标准体系,统一做好种植生产、技术指导、经营管理、销售服务等工作,积极争取政策、开展合作、承接项目,带领果农以较高的组织化程度、高效的组织方式、适度的组织规模进入市场。

3. 全程采用绿色防控技术

绿色防控综合利用生物防治、物理防治等多种技术组合来防控作物病虫害,可以有效减少农药使用、提高农产品品质,还有利于保护生态环境和生物多样性。近年来,协会依托镇江市农业科学院、江苏省农业科学院等科研院所,全面推广全程绿色防控生产技术,精细的栽培和良好的风味,使得“白兔葡萄”深受省内外客户的青睐,葡萄产业成为白兔镇的农业支柱产业之一。

4. 组织开展多层次宽领域培训

在葡萄生长关键时期,举办不同层次、不同规模的培训,使葡萄进一步提升品质,提高品牌的力量。依托省、市科研院所,研究、试验农业新技术和新品种,开展技术推广和农民素质、田管技术、绿色防控技术等多层次、宽领域培训,并组织葡农外出参观学习,进行科学生产示范,打造农民看得见、摸得着的科普阵地。让全镇的“土专家”“田秀才”等农村致富带头人以身示范,亲传口授,使农民学有榜样、赶有目标。

(二)取得成效

在协会多年努力下,“白兔葡萄”在设施技术、标准化生产、绿色防控方面成效显著,取得了显著的经济社会效益,推动了农业绿色转型发展,带动了农民增收致富。

1. 经济社会效益良好

通过绿色安全标准化生产,先后引进筛选出‘阳光玫瑰’‘甜蜜蓝宝石’等 6 个适宜当地栽培的品种,种植的葡萄 10 多次获得全国、省级和市级行业评比金奖。实现亩效益 3 万多元,高于周边效益 50%以上,年销售 2 万多箱,利润 100 多万元。

2. 带动农民增收致富

组织农技推广员为葡萄种植户讲解葡萄的施肥培土、修剪、绿色防控等种植技术,提升种植户的科学种植水平和增收致富能力。近年来,白兔镇葡萄种植户在协会引领下转变种植理念和种植方式,坚持以高标准打造葡萄示范园,走绿色生态发展之路，用高品质葡萄占领线上线下销售市场，亩均增加效益3 000多元，带动就业 280 多人。

3. 推动农业绿色发展

从取得的实效看，在葡萄生产中使用全程绿色防控技术，能有效降低生产成本，促进葡萄品质提升，促使葡萄成熟期提前 10 天左右，更重要的是解决了果品生产中的农药残留顽症，让消费者能放心食用，葡萄产业得到了绿色化发展。

（三）经验启示

1. 坚持绿色发展理念

以绿色发展理念引领协会全部工作和会员生产全程，全面推广应用葡萄绿色防控技术，有效减少化肥、农药等的使用，拓展培训频次和领域，进一步提升产品质量，推动“白兔葡萄”产业的绿色转型发展，达到了经济、社会、生态效益的统一。

2. 坚持聚集产业提供综合性服务

协会以服务葡萄种植为主，深入实施葡萄标准化生产，不断提高鲜果生产和质量水平，以点带面、以面串片，从而带动整个“白兔葡萄”产业发展，持续带动农民增收致富。

四、“组织订单”促进农民增收致富

泰州市姜堰区鸿程食用菌协会 成立于2010年11月，现有专兼职理事会成员5人、协会技术骨干15人、会员127个。服务范围包括科学普及、科技服务、培训指导、农业生产资料供应等。年社会化服务收入40多万元，主要由承担相关项目和产品供销等服务性收入构成。经过多年发展，协会3个主栽香菇品种取得绿色食品证书，所在村获评农业农村部“一村一品”特色村镇，骨干会员江苏鸿程食用菌科技有限公司先后获得科技部“星创天地”、省著名商标、省级重点龙头企业、省农业科技型企业、省民营科技企业、省农产品品牌目录、省农产品“创牌立信”示范单位、首届江苏“好鲜菇”品鉴金奖等荣誉，被列为科技部国家食用菌工程技术研究中心江苏香菇标准化生产示范基地、省级园艺作物标准园、省高素质农民培育示范实训基地(田间学校)、江苏特色优势种苗中心、江苏味美菜园,获得省农业技术推广三等奖、市科技进步三等奖和区科技进步二等奖各1项,国家专利11项,发表论文5篇等成果,协会获得省农村科普先进单位等荣誉。

(一)主要做法

坚持党建引领,推广现代设施栽培,发展食用菌特色品种,培育壮大龙头企业,打造知名品牌,积极拓展市场,推进生产组织化运作,实现了食用菌产业的科学发展、跨越发展。

1. 发展订单农业,实现生产组织化运作

采用"协会+公司+合作社+农户"的生产经营模式进行运作,实行产前、产中、产后的一条龙服务。产前为成员提供优质新品种、推广科学栽培技术,开展技术培训、采购并提供香菇栽培所需原料及辅助材料;产中定期或不定期地组织社员和菇农到展示基地观摩考察新品种、新技术、新设备,邀请专家教授开展技术培训或专题讲座,印发栽培管理技术资料到栽培棚进行现场解剖和技术指导等;产后对成员和菇农所产香菇统一收购、分拣包装、品牌销售。

通过流转土地,投入资金搭建钢架栽培大棚和完善水电沟路等基础设施建设,提供养菌成熟的香菇菌棒和技术指导,让部分想发展香菇种植但缺资金、无技术、没土地的农户到协会基地创业。协会先将栽培大棚、菌棒等无偿地提供给农户种植并负责技术指导,出菇后再与公司结账,如遇特殊情况出现亏本,由公司补偿成本价,确保农户种植不亏本、零风险,切实保护农户利益。

2. 坚持回馈会员,推动技术培训有实效

积极发挥协会党支部战斗堡垒作用,围绕食用菌种植特色产业,组织动员本支部香菇种植大户和种植能手对有种植意向的党员群众无偿开展食用菌种植技术、发展模式、种植成本、产业效益、销售渠道等专业知识授课培训。协会还积极配合上级科协和农业科技部门开展食用菌培训,推广农业新技术。先后举办桥头镇农艺工(香菇种植)、阳光工程专项技术(香菇)、智慧农业、实用农业技术、高产优质香菇标准化生产技术、优质香菇工厂化生产新模式等培

训。年培训和技术观摩均在10多场次，发放宣传资料近万份，让菇农看得懂、记得住、会使用，使香菇标准化生产有据可依、有规可循。组织成员现场观摩实施运用标准化的正反面典型现场教学，调动成员实施香菇标准化生产的积极性。

3. 强化科技创新，加大生产基础设施投入

依托江苏省农业科学院蔬菜研究所、江苏省食用菌协会，加大对生产工艺改进和生产技术创新升级的研发投入，每年科技研发资金都在200万元以上，使生产工艺进一步完善，生产技术取得长足进步，菌棒成活率达到90%以上，为企业和农户增加收益奠定了基础。同时协会加大生产基础设施的投入，先后投入近3 000万元，建成研发办公场所1 300平方米、香菇交易中心3 000平方米、生产车间3 000平方米、料场1 700平方米，连栋保温养菌棚6 000平方米、标准钢架栽培大棚80 000平方米、冷藏库3个600立方米，购置木屑粉碎、拌料装袋、高压锅炉、智能灭菌箱、养菌调控、菌棒传送等现代化机械设备20多台套。

4. 大力招商引资，延伸产业发展链条

江苏省泰州市姜堰区桥头镇(2019年10月，撤销三水街道、桥头镇，设立新的三水街道)是省内香菇栽培面积最大的地区，面积达1 500亩。2019年5月15日，马井荣带领他的创业团队到鸿程香菇农技协进行考察，经过多次洽谈，6月10日签订合同，8月20日创建“江苏君知未食品有限公司”，注册资本1 000万元，主要生产香菇脆片、秋葵等休闲食品。2019年产值实现500万元，利润80多万元，安排农村富余劳动力30多人。为拉长香菇产业链，打破香菇产业僵局带来了曙光。香菇深加工，把原本普通的香菇变成了形式各样的商品，实现了传统农业与现代科技的完美结合，从此协会企业产品产量、效益稳步增长。

5. 发挥平台效能，解决生产中技术难题

为了解决会员在种植过程中遇到的难题，协会先后聘请江苏省农业科学院食用菌研究所、泰州市姜堰区农业技术推广中心专家为协会成员传授种植食用菌的方法，讲解栽培技术，引导会员种菇致富，带领协会成员多次参加外出考察、实地交流、典型示范等活动。

（二）取得成效

经过多年的发展，目前协会香菇种植基地 1 500 多亩，年产香菇 1 万多吨，产值 1 亿多元，香茹已成为当地农民增收致富的特色产业。增强了当地经济发展后劲，实现了菇农增收致富、企业降本增效。

1. 组织化运作引领菇农增收致富

通过产前、产中、产后的一条龙服务，实现生产组织化运作，解除创业者因缺少资金的烦恼，并且派专人进行技术跟踪指导。协会打造的“苏福”品牌影响力和市场占有率不断扩大，“苏福”牌香菇产品已进入上海、南京、合肥、苏州、无锡、盐城、泰州等省内外大中城市农贸市场，并被广大市民认可、供不应求。据统计，协会辐射带动了姜堰及周边地区 3 000 多农户从事香菇产业，亩均纯收益超过 2 万元，户均年收入 10 多万元、人均年收入 3 万元以上，香茹已成为当地农民增收致富的特色产业。

2. 项目成果转化形成发展后劲

先后承担部省、市、区级科技项目 10 多项，开展技术开发、成果引进、试验示范推广等工作，累计引进‘申香 215’‘申香 18’‘申香 16’‘808’‘浙香 6 号’等新品种 14 个，示范香菇芋头轮作栽培技术、香菇新品种引进及周年栽培技术集成示范、智能化蒸汽灭菌技术、基质搅拌输送装袋一体化技术、开放式接种技术、香菇栽培水帘式通风降温装置技术、香菇栽培通风降温系统等技术和模式 15 项，申请国家专利 11 项，取得省区市科技成果奖各 1 项。这些成果为发展香菇食用菌产业提供了强劲动力，提升了产业竞争力，为当地经济发展增添了活力。

3. 依托科技创新促进企业降本增效

依托科技创新力量，不断加大生产基础设施投入，每年可为香菇栽培户提供木屑粉碎和栽培基质原料 0.8 万吨、年制作香菇菌棒 800 万袋。通过积极打造“苏福”品牌，对产品进行商标注册和认证，提高了苏福牌香菇的知名度和市场占有率。获得国家专利授权证书 11 项、受理通知书 4 项，降低了生产成本，提高了菇农生产效益。每年通过科技创新促进企业和农户收入都在 600 万元以上。

（三）经验启示

1. 组织订单响应农业社会化服务基本属性

农业社会化服务牵头主体与服务体系对内坚持非营利性、以维护成员（会员）

权益为宗旨,对外面向市场争取最大的效益。协会创新“协会+企业+农民专业合作社+农户”服务方式,以组织化“订单农业”为统领,为会员提供产前、产中、产后全程服务,实现香菇统一收购、分拣包装、品牌销售,达到共同增收等目标。

2. 科技支撑是农业社会化服务重要手段

围绕食用菌种植特色产业发展,协会组织动员香菇种植大户和种植能手对有种植意向的党员群众无偿开展食用菌种植技术、发展模式、种植成本、产业效益、销售渠道等专业知识授课培训,对种植散户统一供种、统一运输销售,保证质量和产量,提升产业竞争力;推广现代设施栽培,培育壮大龙头企业,打造知名品牌,积极拓展市场,经过多年努力,实现了当地食用菌产业的科学跨越发展。

五、特色平台助力现代农业发展

南通市农业新技术推广协会 成立于2017年9月,位于江苏省南通市崇川区人民西路88号,由南通地区从事农业新技术、涉农产品研发以及与农技推广相关工作者组成,现有会员单位16个、个人会员62个。服务范围包括培训指导、科技服务、科学普及、农业生产资料供应等。年社会化服务收入20多万元,主要来自会员会费、承担项目、委托服务等。2021年通过社会组织4A等级评定,先后获得综合示范协会、市科协先进集体、2022年科普宣传周省级优秀组织单位等荣誉。

(一)主要做法

近年来,农用无人机的普及有效填补了传统地面农机应用的短板与空白,对提升我国农业薄弱环节、薄弱地区机械化水平有着重要意义。植保无人机具有高效环保、智能化、操作方便等特点,能节省大型机械和大量人工成本,全国各地不少地区都已使用植保无人机进行植保作业,未来农用植保无人机市场前景广阔。

为进一步推动南通地区植保无人机的发展,助力南通地区农业向现代化迈进,实现高质量发展,南通市农业新技术推广协会自成立之初就把植保无人机服务体系构建工作放在首位。成立伊始即成立“南通市无人机飞防协作组”,依托省农机新装备新技术研发与推广项目等支撑，多方位开展为农服务工作。

1. 成立功能型党支部，发挥党建引领作用

社会组织功能型党支部的设置具有特殊性，是对社会组织党建工作的有益探索，旨在发挥党组织在社会组织工作中的政治核心作用、党建引领作用，把握政治方向。协会开展党建工作以来，着力实施“四个到位”，即明确分工确保组织到位、认真学习确保思想建设到位、把握方向确保工作监督到位、创新工作确保党建成效到位。建立“六个基地”，即通州大利农场、如东苏新农场、通州万顷良田、如皋华日农场、通州湾盐碱滩涂和海安雅周农业园。引进“三个项目”，即农业科普培训、畜禽粪污资源化利用和农用无人机应用。

2. 创新推介方式，安全有效推广植保无人机应用

为在南通地区安全、有效地推广应用农用无人机，成立了“南通植保无人机应用技术创新联盟”，集聚了南通市辖区内农技、农机、农药、气象、飞手、种植专业户等行业专家和能手，围绕不同的植保无人机机型开展应用技术的攻关研究，切实解决应用过程中的实际问题。在推广应用过程中，综合协会优势资源，协会联合南通科技职业学院、南通市农机化技术推广中心组织成立植保无人机联盟，创新推介方式，以专家团队为中心，以基层农业主管为依托，以家庭农场为重点示范，带动种植大户、家庭农场采用植保无人机技术，在稻麦上推广应用30多万亩。

3. 创新服务模式，确保植保无人机服务体系良好运作

协会成立的植保无人机创新联盟是一个整合多方资源的服务型组织，植保无人机服务体系的良好运作是联盟的重要工作之一。该体系主要是由各县市农机推广服务中心（站）、植保站、农药（械）生产企业、植保无人机代理企业、种植大户（家庭农场）、高校科研院所专家、媒体等部分组成。

（1）农机推广服务中心（站）、植保站主要承担农作物病虫害预测预报、防治技术指导、技术服务推广的任务，其发布的信息具有权威性和高效性。

（2）农药（械）生产企业主要承担农药（械）的生产和供应任务，同时配备专业的技术指导人员开展终端服务和培训。

（3）植保无人机代理企业提供植保无人机租赁、培训专业的飞手，同时根据需求，提供培训上岗、飞防打药等不同形式的服务。

（4）种植大户（家庭农场）是开展试验示范的基础，也是新技术新产品的推广对象，通过样板打造、典型带头人培育，带动辐射周边联动发展。

（5）高校科研院所专家团队从专业视角出发，为推广植保新技术提供种植技术方案和解决方案，解决农业生产过程中的痛点、难点，为安全高效生产全过程保驾护航。

（6）媒体支持主要是指传播植保技术、农药信息、服务动态等相关内容，通过《南通日报》《江海发布》《南通市科学与公众网》以及南通市农业新技术推广公众号、农化市场十日讯公众号等媒介发布相关活动。借力当地媒体资源，对植保新技术、新产品的传播和推广具有重要作用。

在服务模式上基本采用“六部联动组合服务”的形式，结合当地的作物生长情况，参照植保部门发布的预测预报和指导意见，联合农药（械）企业和植保无人机飞防落实专家制定的科学实施方案与种植大户对接，开展防治工作。媒体做好相应的宣传报道。

（二）取得成效

1. 经济效益显著

积极培育优质大户、种植合作社和家庭农场，配备专业的技术指导人员下到田间地头，运用生态综合技术，帮助农民解决种植问题，减少损失。组织行业专家深入基层，以农民培训为中心，以需求为导向，以田间为课堂，以实践为手段，通过以农民主动学习为特征的参与式推广和参与式培训，以及技术指导、观摩研讨、测产实收、农机产品推介多管齐下的方式，达到了农业新技术推广的事半功倍，真正帮助农民实现致富增收的目标。植保无人机的直接作业效益显著提升，用工成本显著下降，植伤损失降低，挽回损失逐年提升。

2. 生态效益明显

无人机施药采用低容量喷雾技术替代粗放的大容量喷雾技术，结合高精度 GPS 的农用无人机的自动导航技术，实现精准喷雾，极大地提高了航空植保作业质量，提高了农药的有效利用率，同时实现了减药节水，降低环境污染，提高防效，提升农产品品质。为建立资源节约型和环境友好型可持续农业发展提供了技术支撑，促进了农业可持续发展，具有明显的生态效益。

3. 社会效益斐然

一是提升了装备水平。植保无人机兼具智能化、精准化、高效化，加速了传统喷雾器械的更新换代，提升了施药装备的技术水平，推动了我国从传统农业向现代农业的发展。二是缓解了劳动力紧缺矛盾。随着城市化进程加快，农业劳动力短缺严重，用工成本不断攀升，使用植保无人机作业用工少，效率高，可以有效缓解劳动力少与农业生产需求大的矛盾。

（三）经验启示

1. 充分整合社会资源

协会充分吸收高校和科研院所的专家教授，南通市及周边各县市乡镇植保站、作栽站、耕保站等农业技术专家，以江苏碧护双创农业科技有限公司、南通神雨绿色药业有限公司等孵化、推广高新农业技术的农化企业为骨干会员，面向南通地区具有一定规模和较大影响力的农业产业化基地和家庭农场，大力开展农业新技术、新产品、新装备、新方法的研究与试验示范工作，引导和鼓励农业科技人员深入农村一线从事农业科技推广服务，积极开展创新创业，做给农民看，带着农民干，帮助农民富。

2. 积极创新服务方式

协会以植保无人机创新联盟为平台，协同各县市农机推广服务中心（站）和植保站、农药（械）生产企业、植保无人机代理企业、种植大户（家庭农场）、高校科研院所专家、媒体等“六部”，创新形成了“联动组合服务”模式，提升了植保无人机服务与保障水平。

六、综合平台下沉资源服务产业提质增效

淮安市农村专业技术协会　成立于 2017 年 9 月，位于淮安市清江浦区淮海北路 104 号，会员涵盖全市各涉农科研院所和企事业单位，现有正式注册会员 124 名。下设粮食产业社会化服务、食用菌、油菜、绿色种养循环农业、设施蔬菜、植保、生态环境 7 个专业委员会和组织、青年、规划、科普与教育培训、财务与金融 5 个工作委员会。服务范围包括科学普及、科技服务、培训指导等。年社会化服务收入 10 多万元，主要来源于会员会费和委托服务。

（一）主要做法

近年来，协会通过打造新型农业社会化服务组织，把更多的科技资源下基层，努力为农业增效提供科技支撑、为农民增收提供科技服务，助力农业“产业兴旺”和农民“生活富裕”，积极推广在全国、全省有重要影响的科技成果，扎根服务全市乡村农业一线，将农业科技送下乡、送到田、送进门，为农业农村现代化赋能助力。

1. 整合社会资源，加强体系建设

将农技协组织建设作为重要工作指标，整合各方有效资源，推动发展整体合力，根据新时期乡村振兴战略实施的要求，分析农业发展的新趋势与新特点，明确农技协发展的方向与目标，科学制定发展规划与具体措施并支持农技协发展的相关措施，加大对乡镇农技协的扶持力度。汇集淮安市本地多家高校、科研院所、农业主管部门、新型农业企业，组建了一支有情怀、有技能、专业性强的农技协科技服务团队，专业涉及农学、畜牧、兽医、微生物、食用菌、农经等农业领域，积极开展现代农业社会化服务。

2. 打造服务平台，引领资源下沉

打造了专家服务平台，在政策咨询、市场信息、成果推荐、技术培训、人才培养、项目支持等方面提供帮助与服务，充分发挥桥梁纽带作用，实现资源共享与科技传播，促进协会之间、会员之间的交流与协作。帮助农业科技专家在全市各县区设立专家工作站，打造“1＋7＋N”的科技服务模式，即设立1个科技专家项目，在全市7个县区内打造科技专家示范基地，进而辐射带动全市农业产业发展，建立特色农业产业基地。此外，加强政府农业管理部门与农技协、会员单位间的联系和沟通，既能深入贯彻党和政府的有关“三农”的方针与政策，又能充分反映农技协与广大会员的意愿和要求，引领资源下沉，促进农业产业发展。

3. 创新服务机制，扩大服务范围

立足科技人才优势，通过科技入户、现场指导、技术讲座等各种科技服务形式开展社会化服务，不断创新服务机制，培育农技能手500余人。打造示范基地，建成优质稻米、绿色蔬菜、生态养猪、观光农业、循环农业五类特色基地56个，挂牌服务农业基地总面积达4.7万亩，服务种类和范围不断扩大。

4. 加强科技合作，打造服务品牌

加强与淮安市农业科学院合作，借助江苏省现代农业（食用菌）产业技术体系盱眙示范推广基地项目，建立食用菌基地1个、示范点5个，辐射带动种植户10户，推广示范羊肚菌134亩，利用冬闲蔬菜大棚种植羊肚菌；借助江苏省现代农业（肉羊）产业技术体系涟水示范推广基地，举办肉羊培训7场，培训农户348人次，推广示范养殖新技术3项，规划建设新型规模养殖场1个，服务地方养殖户，打造服务品牌。

（二）取得成效

通过打造服务平台、加强组织领导和建设，不断创新服务机制，加强科技合作，打造服务品牌，促进了农业提质增效、农民增产增收，助推当地农业产业高质量发展。

1. 促进农业提质增效

通过加强组织建设，不断提升自身建设成效，秉承“将科技论文写在大地上”，年均举办技术培训12场，累计培训10万余人，推广设施蔬菜高效栽培技术、冬闲蔬菜大棚高效栽培羊肚菌技术、“羊肚菌—西瓜”轮作栽培技术等农业技术80余项，帮助农业产业提质增效。同时，通过创新服务机制、不断扩大服务范围，在全市范围内引进推广蔬果新品种260多个，示范优质高效种植技术6 000多亩，服务20户新型经营主体，重点培育科技示范户46家，农业效益提升10%以上。

2. 带动农民增产增收

抓好典型带动，因地制宜，创建多样化科技推广服务路径，围绕农业科技需求，加强全产业链技术集成，建立特色典型产业。发展珍稀食用菌产业，推广冬闲蔬菜大棚高效栽培羊肚菌技术，每亩每年可增收8 000元以上；发展肉羊养殖产业，推广同期发情、人工授精技术，可提高肉羊单胎数、存活率，每头羊可增产1 500元左右；推广西瓜和羊肚菌轮作模式，生产的西瓜售价是市面上普通西瓜的2～3倍，羊肚菌效益每亩增收5 000余元左右。

3. 助推产业高质量发展

新冠疫情期间，为企业、农户解决生产实际问题20多次，答疑164人次，召集协会科技人员编写农业生产指导课件9个；微信指导农民专业合作社、农资经营户70多户，视频指导涟水、盱眙羊肚菌生产12次，指导涟水肉羊企业5个；在6个示范点、3个试验点发放田间管理技术明白纸1套。帮扶淮安区车桥镇展风蛋鸡养殖场销售鸡蛋2 500多千克，泗洪蟹农销售河蟹4万余元，帮助扶贫基地销售香菇等食用菌产品，推动了新冠疫情期间当地产业发展。

（三）经验启示

1. 社会动员是基本功

协会由从事农村专业技术研究、科学普及、技术推广的科技工作者、科技致富带头人自愿组成，是党和政府联系农业、农村专业技术研究、科学普及、技术推广的科技工作者、科技致富带头人的桥梁和纽带，社会动员是农业社会化服务体系的重要优势，在协会构建综合性、服务性平台过程发挥了关键作用。

2. 资源下沉是主抓手

协会通过加强组织体系建设，整合各方有效资源向基层下沉，形成发展合力，不断创新服务机制，拓展服务范围，加强与科研院所合作，围绕一线生产、生活与生态需求，将农业科技送下乡、送到田、送进门，打造了服务品牌，为淮安市现代农业高质量发展、农民持续增收作出了积极贡献。

第二节 路径与分析

一、当前的研究进展

国外农业合作组织的发展历史较长，对社会结构和经济的发展产生了积极影响（吴娟，2017）。在20世纪初，欧美等国家和地区出现了以农民为主导的各种互助团体。日本和我国台湾地区也在政府的支持下组建了农协和农会。从合作社的成因来看，经济活动主体为了获得准确的市场信息而与合作方开展谈判、签订契约等活动，必须支付一定的费用（Coase R. H.，1960），农民专业合作社可以有效降低这些交易费用（John M.，1983）。从合作社的发展历史来看，在20世纪初期，为了联合农场主，通过集体谈判方式争取更多利益空间，并促使政府出台有利于合作社的法律法规，美国率先成立了最早的一批正式的农业合作组织。这些组织最终变为现代商业协会（朱鹏华 等，

2019)，并得到了《联邦信用合作社法案》的支持。自此，美国的合作社走上蓬勃发展的阶段。日本、我国台湾地区的农业合作组织(农协、农会)也相继走上探索发展的道路，学者们对其概况、特征、组织运营、发展演变及发展方向等方面进行了深入研究(坂下明彦，2000；田杰 等，2020)。

农村专业(技术)协会作为农业合作组织，是在改革开放建立家庭联产承包责任制以后发展起来的。国内学者将农技协的发展划分为孕育萌芽(1979年)、快速发展(1987年)、演化变革(2000年)、政策转折(2007年)4个阶段(万江红 等，2013)。学者们认为，“农技协”在我国农村经济社会发展中具有强大的生命力(王彦雨 等，2011)，在农业创新技术的推广中，实用性更强，费用更低，影响更大，更为农民所乐于接受，从而实际效果也更为显著(国鲁来，2003)。但目前仍然存在无明确的法律地位(黄永伟，2010)、多头管理(李长江，2012)、缺乏民主参与(陈诗波，2010)、技术支撑能力不足、缺乏运转资金(张晓军，2010)等问题，往往不具备真正可持续的自我造血能力和发展活力(叶敬忠 等，2021)。

总的来说，作为农业社会化服务供给主体，农技协受到政府和学术界的密切关注。国外研究主要关注本国农业推广组织体系并介绍相关经验，国内学术界则侧重于农技协的发展历史、作用功能、现状描述、存在问题和经验做法等方面的研究。然而，针对农技协开展农业社会化服务具体案例的研究较少，同时尚未深入分析农技协在新型社会化服务体系中的作用途径。基于此，本节以江苏省农技协有关典型案例为研究对象，探索其在平台建设赋能基层方面的路径创新与优化方向，为新型农业社会化服务体系的建设发展提供参考。

二、解决的关键问题

我国许多地区在小农户的农业经营中仍然面临着户均耕地面积小、规模化程度低、机械化作业条件差、劳动力短缺等问题。党的二十大报告指出，“发展新型农业经营主体和社会化服务，发展农业适度规模经营”，深刻阐明了发展农业经营主体和社会化服务、发展农业适度规模经营的丰富内涵和内在联系。我国农业社会化服务体系经过多年建设已取得较大成效，但仍存在信息不对称导致总体服务水平较低、农业科技成果转化率低、服务内容单一等问题(苏孝永 等，2011；弓秀琴 等，2014；王瑞，2022)。

一是供给与需求对接不精准，导致农业社会化服务水平总体不高。由于农民对农业社会化服务的需求和服务提供者的服务内容存在信息不对称、供给针对性或不能满足需求等问题，使得农业社会化服务组织无法掌握和提供满足农民需求的高质量服务。

二是农业技术推广机构不够健全，农业科技成果转化率低。农业科技成果的转化过程是一项复杂的系统工程，加之当前农业技术推广机构不够健全，多年来农业教育、科研与科技推广问题一直没有得到很好地解决，以致成果转化率低，诸多农业科研成果被束之高阁。

三是农业社会化服务内容单一，难以满足现代农民多样化的需求。农业社会化服务要求为农民提供产前、产中、产后的系列服务，但目前大部分农业社会化服务组织主要以提供生产技术指导等产中服务为主。为农业生产提供产前良种服务、产后的信息服务和营销服务等的难以找到真正的平台、路径，农民只能根据以往经验和滞后的市场需求信息来安排生产，导致农产品产销关系长期波动不定，农民丰产不丰收现象依然比较突出。

建设新型农业社会化综合服务平台，融入新时代“三农”需求，将分散的小农户组织起来，以平台化、综合性、全产业链服务推进规模化经营，利用大数据、区块链、物联网技术，对传统农业社会化服务进行升级改造，能够深入推进新型农业社会化服务体系建设。

三、创新的主要方面

随着农业供给侧结构性改革的深入，传统的小农生产方式需要从根本上转变。建立完善的农业社会化服务体系，是将广大小农户引入现代农业发展体系的重要途径。当前，我国以科技信息、金融保险、仓储物流、疾病防治等为内容的农业生产性服务业发展滞后，贯穿于农业生产全过程的服务体系还不健全，亟需构建由政府、农民专业合作社和龙头企业、其他社会力量共同参与的多主体、多形式的农业社会化服务体系（魏后凯，2018）。如何借力“互联网+”战略，打破传统农业发展模式的禁锢，建设形成多方共享的农业社会化服务平台，成为推动农业创新发展的关键。分析上述案例的实践路径，主要可归纳为以下几个方面的创新。

（一）加强组织体系建设，努力夯实服务基础

组织体系建设是新型农业社会化服务建设和完善的重要保障，也是夯实服务基础的关键。例如，淮安市农村专业技术协会在加强组织建设方面，将农技协组织建设作为重要工作指标，整合各方有效资源，推动发展整体合力，根据新时期乡村振兴战略实施的要求，分析农业发展的新趋势与新特点，明确农技协发展的方向与目标，科学制定发展规划与具体措施并支持农技协发展的相关措施，加大对乡村农技协的扶持力度，提升农技协自身建设成效。各级农技协要不断加强组织建设，提高组织建设水平，为协会、联合会发挥社会化服务作用奠定坚实基础。

（二）完善平台载体建设，不断提升服务效能

随着现代农业的发展，传统单一的推广服务手段、模式和机制已很难适应农业发展需要。新型农业社会化服务体系建设中，充分发挥农技协的桥梁和纽带作用，不断扩展农技推广、科学普及、科技服务、培训指导等服务种类和范围，为乡村振兴搭建服务平台。为不断提升服务效能，需要持续完善服务平台建设，深入推进互联网、大数据、人工智能等信息化技术与新型农业社会化服务深度融合，科学调配农资、农机等农业生产资料，提供农技信息、金融保险、无人机飞防植保等方面的匹配供需服务，提供远程诊断、智慧生产等精细化智能化的农技服务；持续优化服务机制，提升服务效能，构建"更有广度、更有速度、更有温度"的农业社会化服务体系，助推农业农村高质量发展。

（三）创新服务机制模式，持续提升服务能力

不断创新服务机制与模式，通过各类形式和途径实施农业社会化服务，可以不断提升为农服务能力。例如，江苏省农技协创新形成"三化四服一合作"服务机制，有效服务江苏现代农业发展；淮安市农技协立足科协的科技人才优势，通过科技入户、现场指导、技术讲座等各种科技服务形式进行社会化服务，不断创新服务机制，培育农技能手500余人。创新服务机制，必须坚持问题导向，突出创新驱动，以解决小农户、新型农业经营主体最集中、最迫切的服务领域和环节作为攻坚重点，精准服务，着力构建覆盖全程、综合配套、灵活高效的农业社会化服务体系（赵然芬 等，2018）。

（四）注重产学研结合，推动科技成果转化

科技创新是企业发展的原动力，也是现代农业发展的根本动力。农业科技成果的转化过程是一项复杂的系统工程，多年来农业教育、科研与科技推广问题一直没有得到很好地解决，以致农业科技成果转化率低。农业产业化要求农业增长方式由传统的粗放型向现代的集约型转变，使农业的增长由依靠土地、资本、劳力等生产要素投入为主，转变为依靠科技进步为主，实现农业增长方式质的飞跃（王亚鹏，2003）。新型农业社会化服务体系建设应注重产学研结合，以科技创新成果作为解决农业、农村、农民问题的重要途径，把更多的农业科技成果借助农业社会化服务平台转化为现实生产力，为农业农村高质量发展注入强大动能。

四、未来的研究展望

本章选取了 6 个典型案例，虽然案例中协会的组织级别、服务种类和服务范围各有不同，但其共同点均是通过建设服务平台，建立起小农户与现代农业有机衔接的桥梁和纽带。在新阶段农业社会化服务体系健全中如何进一步通过平台建设赋能基层发展，未来可从如何因地制宜地搭建和完善区域性农业社会化综合服务平台、如何加强信息共享和交流、如何推进需求与供给的精准响应、如何提升平台服务成效等方面深入探究。

参考文献

吴娟，2017. 江苏“农技协”农业社会化服务现状及对策研究[D]. 南京：南京农业大学.

Coase R. H.，1960. The Problem of Social Cost [J]. Journal of Law & Economics，3：1-44.

John M. Staatz.，1983. The Cooperative as a Coalition：A Game-Theoretic Approach[J]. American Journal of Agricultural Economics，65(5)：1084-1089.

朱鹏华，刘学侠，2019. 乡村振兴背景下的农民合作组织发展：现实价值与策略选择[J]. 改革，(10)：108-118.

坂下明彦，2000. 日本农协的组织、机能及其运营[J]. 农业经济问题，(09)：57-61.

田杰，李佩哲，刘勇，2020. 中国台湾农会信用合作治理成效分析——基于剩余控制权的理论解释[J]. 世界农业，(07)：90-100.

万江红，管珊，2013. 农村专业技术协会的实践形态与发展定位——基于与农民专业合作社的比较[J]. 华中农业大学学报（社会科学版），(04)：7-12.

王彦雨，徐善衍，2011. 农技协在农村科学技术社会化过程中的作用及新模式研究——以四川省农村专业技术协会为例[J]. 科技进步与对策，28(20)：24-28.

国鲁来，2003. 农业技术创新诱致的组织制度创新——农民专业协会在农业公共技术创新体系建设中的作用[J]. 中国农村观察，(05)：24-31+45-80.

黄永伟，2010. 农技协在新农村建设中的作用与面临的挑战及对策[J]. 安徽农学通报（上半月刊），16(17)：24-25.

李长江，2012. 关于贵州省农村专业技术协会发展的一些思考[J]. 学会，(02)：27-29.

陈诗波，2010. 提升我国农村专业技术协会服务能力的政策思考[J]. 华中农业大学学报（社会科学版），(02)：64-68.

张晓军，2010. 加强农技协工作，推进新农村建设[J]. 学会，(01)：17-22+62.

叶敬忠，蒋燕，许惠娇，2021. 乡村振兴背景下基层科协与农技协的现实困境和发展思考[J]. 农业经济问题，(02)：75-83.

苏孝永，张呈念，陈国胜，等，2011. 浙江创建新型农业社会化服务平台的实证分析[J]. 安徽农业科学，39(18)：11 263-11 264+11 267.

弓秀琴，郭银兰，2014. 浅析寿阳县农业社会化服务的平台建设[J]. 基层农技推广，2(08)：39-41.

王瑞，2022. 江都区农业社会化服务综合体发展现状与对策研究[D]. 扬州：扬州大学.

魏后凯，2018：乡村振兴需提高农业工业化水平，从根本上改变传统小农生产方式[EB/OL]. https://mp.weixin.qq.com/s?__biz=MzA4MzYxNTcyNQ==&mid=2650264475&idx=1&sn=fc4c2bc4d8f232b5fea508d8f60bc890&chksm=87f0b919b087300fa96041b5452388da625923069c3cbb4b70d25ef84cb81a5dd5ff9e0a88c0&scene=27.

赵然芬，王晓伟，刘书越，2018. 健全农业社会化服务体系 促进乡村振兴战略落地生根[J]. 共产党员（河北），(12)：25-26.

王亚鹏，2003. 农业技术经济学[M]. 北京：高等教育出版社.

第 三 章

科技创新驱动发展

科学技术是农业社会化服务的关键要素之一，科技创新及其推广应用是服务的重要内容和发展的关键驱动，通过服务体系有效整合资源，以智库、智力支撑决策，以“技术换人”“装备换人”，推进新品种、新技术、新模式、新装备等“进村入户”，为以小农户为基础、新型农业经营主体为重点、社会化服务为支撑的现代农业经营体系构建夯实基础。本章选取具有代表性自变量和关键性因变量的扬州大学科学技术协会、江苏大学科学技术协会、南京市高淳区和丰园水产养殖技术协会、常州市金坛区建昌红香芋协会、泰兴市绿色经典蔬菜专业协会等典型案例，分别探讨其主要做法、取得成效和经验启示，经文献研究、归纳演绎与系统分析，阐明新型农业社会化服务体系建设中科技创新驱动发展路径的研究进展、解决的关键问题、创新的主要方面和未来的研究展望。

第一节 实践与启示

一、产学研合作促进成果转化生产力

扬州大学科学技术协会（以下简称“扬大科协”）成立于2016年，是由扬州大学广大教师和科技工作者组成的群众团体，是学校管理层联系教师、科技工作者的桥梁和纽带，是促进教学和科研事业的参谋和助手，拥有单位会员3个、个人会员5 800名。学校对协会工作高度重视，设专职秘书长1名、副秘书长1名，并成立秘书处办公室，挂靠学校科技处。年社会化服务总收入1 160万元，其中，承担各类科研项目经费共计800万元，签订委托服务收入360万元。此外，学校给予一定数额的学术交流活动经费，确保校科协及学术交流活动的正常开展。扬大科协为江苏省高校科协副理事长单位，被评为2016年度、2017年度江苏省先进高校科协，2018年度江苏省示范高校科协，被省科协认定为2021年、2022年江苏省四星级高校科协，2022年被认定为江苏省科技创新智库基地，连续6年（2016年度、2017年度、2018年度、2019年度、2020年度、2021年度）获得扬州市科协学会工作综合先进单位和扬州市科技创新智库特色高校科协。

（一）主要做法

1. 开展校企科技洽谈，丰富产学研对接活动

扬大科协开展的产学研活动主要包括校企对接、科技洽谈、成果转化等，发布学校科技成果，收集和掌握地方产业和企业技术需求；根据产业和企业的需求，组织专家精准对接；邀请相关龙头企业技术人员到学校部省级科研平台交流，将学校高水平平台向地方产业研发开放和延伸。近年来，与兴化市政府建立了良好的产学研合作关系。每年派青年博士专人在兴化组织开展科技对接活动，主动组织专家参与市委市政府乡村振兴重大决策调研与咨询活动。与著名房地产企业万科集团农业相关公司合作，在兴化开展作物精准化种植技术托管服务。

2. 依托科技联合攻关，解决地方产业技术难题

针对兴化市等地方相关产业的重大共性技术难点，组织首席科学家和相关科技创新团队以项目形式积极支持地方乡村产业振兴，并鼓励相关企业参与研发，提升企业自主研发能力，还与地方联合培养了一批专业学位研究生。与相关单位已经开展各类科研项目20多项，涉及农业与村庄规划、乡村治理、农产品物流、农产品加工、农村环境保护等多个方面。

3. 联合智库成果，带动产业技术示范推广

中国工程院院士、兴化乡村振兴研究院名誉院长、首席科学家张洪程教授团队在兴化市钓鱼镇建设基地，开展国家粮食丰产工程示范，示范推广水稻机械化高产技术、水稻精确定量栽培技术、湿地稻鱼共作技术等。张瑞宏教授团队在兴化开展新型作物"无人"栽培、精准种植技术应用示范与技术服务，解决了农业生产上节本增效的关键问题。

（二）取得成效

主动突破农业科技服务方式，探索以高校为主体、积极发挥市场作用的新型农业科技社会化服务方式，适应市场经济发展和农业科技需求多样化的趋势，为市场和社会力量广泛参与农业科技服务提供了样本。

1. 社会化服务促进产业发展

水产养殖、蔬菜、水果、花卉等领域均有专家教授团队在基层开展技术服务与示范工作，促进了相关产业的振兴发展。江苏省兴野食品有限公司与扬州大学食品加工相关专家教授团队合作，成为江苏省蔬菜健康种植与绿色加工产业技术创新联盟的盟主单位(理事长单位)；江苏省田缘基质农业科技有限公司与学校环境工程专家教授团队合作，目前成长为苏中、苏北地区最大的有机肥生产基地。

2. 社会化服务带动县域增收

通过国家和江苏省农业产业技术体系专家领衔，服务规模养殖农业企业；与著名房地产企业万科集团农业相关公司合作，在兴化开展作物精准化种植技术托管服务，以2 500亩核心种植田为示范，服务带动周边种粮大户开展精准化种植，使产量比传统种植提高10%以上，节约成本、节省肥料农药等消耗10%以上，社会经济增效明显，每年开展技术服务的收入达80余万元。

3. 社会化服务提升政府政务服务满意度

每年参与10多次兴化市政府组织的校企合作、产学研对接和科技成果发布等活动。主动组织专家参与市委市政府乡村振兴重大决策调研与咨询活动，主动掌握地方产业技术需求，以便提供更精准服务。开展各类科研项目20多项，吸引政府和企业投入研究经费600多万元。已为兴化市农业现代园区发展规划、特色乡村产业发展、圩田经济发展等提供决策咨询、园区规划与调研报告10多份；通过国家和江苏省农业产业技术体系专家领衔，精细化服务规模养殖农业企业。

（三）经验启示

科技创新离不开成果转化，成果转化为生产力进步带来从实验室到“田间地头”工艺改良的后续试验。试验结果如何实现“准确、反复、可靠”，最终靠的还是社会化服务这枚中间催化剂。扬大科协创新社会化服务模式，培养专业人才，促进产业发展、县域增收，形成一条可复制、可推广的社会化服务之路。

1. 开展乡村振兴智库共建共享

秉承“学必期于用，用必适于地”的办学理念，发挥农业学科特色优势，与地方科协、乡镇一级政府积极开展乡村振兴智库共建共享活动，输入青年博士在县区开展科技对接活动。几年来，围绕乡村产业发展，积极开展科技服务、平台共建、项目联合申报、技术咨询等活动，取得了很好的成效，累计获得省级科技项目8项，开展专家乡镇行、三进三促、“1对1”等技术咨询活动，服务对象近100人次。

2. 提供地方重大决策与规划服务

主动出击，组织专家参与地方政府乡村振兴重大决策调研与咨询活动，主动掌握地方产业技术需求，以便提供更精准服务。联合学校地方研究院根据当地农业园区发展的要求组织专家团队进行规划服务，主动参与兴化美丽乡村建设规划、村镇产业发展规划。为当地特色乡村产业发展、圩田经济发展等提供决策咨询。

3. 培养带动专业人才

以队伍培训为抓手支持乡村人才振兴。依托学校优质教学资源，在兴化市开展村镇干部培训、新型农业经营主体培训、乡土人才培训等工作，目前已累计培训300余人，提升了一线基层人员服务乡村振兴的能力。鼓励相关企业参与研发，提升企业自主研发能力。协会与地方联合培养了一批专业学位研究生，相关企业技术难点迅速得到解决，技术水平明显提升。

二、社会化服务推动县域高质量发展

江苏大学科学技术协会 （以下简称“江大科协”）成立于2014年，有单位会员34个、个人会员2 982名。拥有专职工作人员11名，其中，负责人2名、工作人员9名。服务范围包括科学普及、科技服务、培训指导、农业生产资料供应、生产作业等。年社会化服务收入3 597万元，其中主要收入来自地方的横向协议委托服务费用。下设大学生科协、老年科协等。2014年、2015年连续获得江苏省优秀高校科协荣誉称号。

（一）主要做法

1. 开展国际交流智库建设

协助学校相关部门定期举办“耒耜国际会议”“乡村振兴与农业农村现代化”“中国农业装备产业发展研究院发展研讨会”，邀请国内农业装备领域知名院士、学会专家、龙头企业高管等专家为我国乡村振兴发展把脉。主动参与筹建江苏乡村振兴研究院、江苏大学新时代“三农”问题研究中心茅山研究基地、江苏省农业农村厅“江苏省智能农机装备产业联盟”等。每两年发布有关行业报告，指导江苏大学留学生调研尼日利亚、加纳等国的农机产业等。

2. 参与竞赛培养新时代“新农人”

为引领和激励学校科技人才弘扬创新创业文化，培养和提高创新、创意、创造、创业的意识和能力，组织和鼓励在校师生参加江苏省科协、江苏省农学会等举办的科技竞赛。协助学校科研团队培养农业装备工程人才，并鼓励推荐人才前往乡村基层就业创业，主动投身服务“一带一路”农业发展。

3. 推进学校科技成果转移转化，促进产学研相结合

联合江苏大学技术转移中心，积极推动江苏大学与涉农企业、科研院所共同推动农机产业装备的升级换代。一方面为地方小产业量体裁衣改良小型农机装备，另一方面领衔科研团队为大型农机企业解决大田作物农机装备整机

智能化水平低等瓶颈问题。推动科研技术成果直接落户到地方，为农民带来了直接的经济效益。

（二）取得成效

1. 丰富产业前瞻性智库

为促进农机产业发展，组织江苏大学相关专家全力开展智库建设工作。例如，每两年发布一次《中国农机产业发展报告》白皮书；完成了农业农村部国际司《中国农机产业国际竞争力分析》报告，江苏省农业农村厅《智能农机装备发展现状及发展对策分析》《江苏省“十四五”智能农业装备产业发展规划》；指导江苏大学留学生调研尼日利亚、加纳等国的农业机械化水平，协助其撰写了“一带一路”农业农村现代化需求调研报告等。

2. 解决产业卡脖子技术难题

协助学校科研团队，破解了我国农机行业多个卡脖子技术难题。例如，李耀明、徐立章科研团队创制了轮式和履带式系列稻麦油高效能联合收获机械，整机对比国际先进机型形成了明显优势，填补了国内空白，部分关键技术达国际领先水平。整机装备产业化推广创造了巨大经济社会效益，打破国外垄断，提升了国产品牌市场份额，推动了收获机行业进步，成果获国家技术发明奖。

3. 带动地方经济发展

组织建立江苏大学再生稻收获服务团队，服务江苏省句容市戴庄基地赵亚夫合作社农户，为其量身打造了两种新型的再生稻联合收获机，为农民带来直接的经济效益。促进江苏大学与润禾（镇江）农业装备有限公司共同推动全自动蔬菜移栽机，该项目在《中国科学报》上进行了相关报道。推动科研团队与句容市深度对接，解决了句容市戴庄越光再生稻基地“一次种植、两次收获”的难题。在此研究基础上，协会推动学校与句容市、宜兴市合作共同申报全国农业科技现代化先行县，均获得农业农村部批准。

（三）经验启示

1. 聚焦特色领域，发挥自身优势

江大科协瞄准农业机械改良和科技创新，近年来在促进学科发展、开展学术交流、承接政府职能转移、服务科技创新方面取得了非常丰硕的成绩，得到地方政府、合作企业的认可与好评。

2. 遵循市场规律,强化社会服务

江大科协社会化服务收入的80%来自社会委托服务。

江苏大学李耀明、徐立章科研团队创制了轮式和履带式系列稻麦油高效能联合收获机械,整机对比国际先进机型形成了明显优势,填补了国内空白,部分关键技术达到国际领先水平。成果获国家技术发明奖二等奖1项、中国专利金奖1项、教育部科学技术奖一等奖1项、中国机械工业等行业一等奖3项,培养国家级人才2人次、授权美国专利2件、中国发明专利50件。

句容市戴庄基地有100多亩越光再生稻,到收割季节却一直使用普通水稻收割机收割,稻子碾压率高达40%～50%,稻子糟蹋得厉害,严重影响再生季产量。

为了解决这一难题,上述科研团队量身打造了两种新型的再生稻联合收获机,在创新设计使用40厘米更窄履带的基础上,增加割幅至2.8米,实现了再生稻的宽幅低碾压率收获,机械碾压率为25%左右,较普通收割机降了近一半,可实现再生季产量提高20%～25%。该机型在作业过程中仅收获再生稻穗头,并通过下层割刀保证所需留茬高度,经过粉碎后的短茎秆直接排出到履带下方,保证了再生季水稻出苗率,并降低了整机功耗。同时,该机型的割台留茬高度、前进速度、损失率监测等方面还配备了智能化测控系统,减轻了驾驶操纵强度,提高了收获效率和性能指标。整机装备产业化推广创造了巨大经济社会效益,打破国外垄断,提升了国产品牌市场份额,推动了收获机行业进步。

三、特色科技小院驱动创新发展

南京市高淳区和丰园水产养殖技术协会 成立于2015年8月,是一家面向高淳区生态大闸蟹养殖行业的集技术调研指导、经验交流、技术服务、人才培训为一体的科技社团,拥有单位会员28个、个人会员200名。协会坚持开展农业社会化服务,开拓创新工作方法、引领生态水产养殖行业新发展。拥有专职工作人员5名、负责人2名。年社会化服务收入6万元,主要来自委托服务和产品供销。2021年,经中国农村专业技术协会审核通过,南京市高淳区和丰园生态水产养殖技术协会建成“中国农技协江苏高淳虾蟹共作科技小院”,成为江苏省首批被命名的国家级“科技小院”。获评2022年全国百强农技协等荣誉。

（一）主要做法

1. 加强自身建设，发挥行业技术引领作用

依托省、市科协和国家级科技小院的平台加强自身建设，协会组织架构进一步完善，把懂技术的会员吸收到协会的技术服务团队，从而优化了以养殖技术特长为主体的会员管理层，有力地推动了协会以技术应用推动当地水产业的健康发展。以农业科技为引领，带动广大会员和周边农户增收致富，实现区域产业优质高效发展。

2. 以基地建设示范为依托，推动水产业标准化生产

以科学健康养殖示范为目标，通过与高校、科研院所开展紧密产学研合作，集成和示范应用 5.0 版生态养殖大闸蟹技术模式、SPF 小龙虾种苗培育技术等新技术，建立健康立体水产养殖示范基地 4 000 亩，辐射面积超 6 万亩，新养殖模式在会员中得到推广，为会员带来了可观的经济效益。同时，指导会员按照家庭农场的建设要求，进行家庭农场创建和打造实现水产业标准化生产。

3. 秉承服务会员的宗旨，为会员办实事办好事

围绕为会员服务，提供技术支持，为水产养殖户提供增收服务，努力实现水产养殖科技化、便民化、服务化是协会的工作目标。协会以科普宣传和技术指导为服务内容，指导养殖户做好养殖管理，重点加强水产健康用药的宣传，确保水产品质量安全。每年定期举办水产技术宣讲班，邀请专家深入养殖场地现场指导，免费为养殖户提供水质、病害检测和发放科普资料，提供技术指导，与养殖户讨论养殖新模式、新品种，提升养殖效益及发展出路等问题，更好地服务养殖户，促进新技术与新理念在水产养殖业的推广。

（二）取得成效

1. 提升科技小院服务水平

2021 年，经中国农村专业技术协会审核通过，协会建成“中国农技协江苏高淳虾蟹共作科技小院”，成为江苏省首批被命名的国家级“科技小院”。合作高校师生常驻科技小院，把食宿和工作搬到田间地头为养殖户提供零距离、零时差、零门槛、零费用的科技服务。在实际生产中去发现问题、研究问题，并拿出解决方案。

2. 发展三产融合共同体

指导会员按照家庭农场的建设要求，进行家庭农场创建和打造实现水产业标准化生产，会员的家庭农场已经有 15 家，其中市级示范家庭农场 3 家。为进一步推动协会中养殖户会员增产增收，鼓励会员以会员的身份加入和丰园专业合作社，协会在发展中摸索出“党支部＋合作社＋农户＋基地＋营销体系”运作模式，形成强强联合，打造一二三产融合发展共同体，形成了抵御市场风险命运共同体。

3. 培训农民增强技能

以科普宣传和技术指导为服务内容，指导养殖户做好养殖管理，重点加强水产健康用药的宣传，确保水产品质量安全。每年举办 10 期以上水产技术培训班，邀请省、市、区的专家为会员进行专业技术讲课。同时，邀请江苏省淡水水产研究所的国家级虾蟹体系岗位专家深入会员的养殖场地进行技术指导，邀请相关专家团队针对水产养殖管理要点深入养殖户池塘边，根据不同情况印发技术辅导资料指导会员和周边养殖户进行科学养殖。

（三）经验启示

1. 打造品牌，突出特色

协会以成功创建“中国农技协江苏高淳虾蟹共作科技小院”为契机，坚持科技引领乡村振兴工作，通过组建高淳区虾蟹共作科技小院科技志愿服务队，紧密与高校、科研院所的产学研合作。志愿服务队师生常驻科技小院，将食宿与工作都搬在生产一线，开展各类以培藻养菌科技服务、水产品检测和技术培训为主的服务活动。从而形成了“水产养殖科技化、便民化、服务化”的显著特色。

2. 科技助力，技术升级

定期结合工作实际举办科普日活动，科技小院志愿服务队是科普宣传和技术指导的主力军。科普重点是围绕水产行业用药安全、水产品质量安全等农户和市民、社会关注的热点问题。协会、农民专业合作社和农户把解决技术难题、提升技术水平放在生产养殖工作的前头，共同出资采购专业水产培养及检测仪器，把检测发酵工厂搬到了塘边，这样除了能及时营造适宜养殖品种的生态环境，同时也长期降低了养殖成本。

3. 志愿服务，富农增收

协会科技小院志愿服务队每周2次对周边养殖基地进行集中会诊养殖过程中遇到的各类问题，并对之前接诊的疑问进行定期线下或者线上回访。志愿服务队针对农户关注的养殖环节的热点问题，免费提供水质检测服务。在协会与科技小院志愿服务队的共同努力下，高淳区和丰园水产养殖技术协会建立了健康立体水产养殖示范基地4 000亩，辐射面积超6万亩，实现了区域产业优质高效发展，带动了广大会员和周边农户增收致富。

四、合作研发推动产业高质量发展

常州市金坛区建昌红香芋协会 成立于2009年5月，不仅是一个合法的独立社会团体，而且是地方特色产业的农民合作经济组织，有单位会员9个、个人会员112名。拥有专职工作人员19人，其中负责人5名，服务范围包括科学普及、科技服务、培训指导、生产托管、农产品加工销售、物流配送等方面。年社会化服务收入7 600多万元，主要来自产品供销。近年来，协会坚持以科技为先导，以科普基地和科技园建设为载体，为全市培育红香芋专技人才，提高农民科技素质，为促进金坛红香芋产业持续健康发展作出积极贡献。2010年，协会被评定为金坛区科普惠农服务站。2011年通过ISO9001质量管理体系认证，同年被认定为常州市科普教育基地。2012年10月被认定为江苏省科普惠农服务站。协会所属常州市昌玉红香芋专业合作社2010年7月获江苏省民营科技企业；同年被江苏省科技厅授予"江苏省科技型专业合作社"；2011年获绿色食品认证；2011年获地理标志证明商标；2011年12月"健倡"牌红香芋被认定为常州知名商标；2013年被评为常州市名牌产品；2013年5月被评为常州市民族团结进步模范集体；2014年2月被授予2013年度农业农村现代化建设先进集体，同年被评定为全国农民合作社示范社，2016年入选"全国百个合作社百个农产品品牌""江苏省十家农民合作社十个畅销产品品牌"。2017年获评金坛区农产品创牌立信示范单位，入选了"江苏十大人气地理标志品牌"。

（一）主要做法

1. 合作共建研发中心

协会依托会长单位常州市昌玉红香芋专业合作社与省农科院共建研发中心，围绕红香芋产业高质量发展需要，开展针对性创新技术研发，促进红香芋产业提质增效。一是引进早熟芋头品种‘苏芋 10 号’‘苏芋 11 号’。通过测产，‘苏芋 10 号’的产量明显高于“建昌红香芋”的老品种。二是筛选了 136 个“建昌红香芋”传统品种的优良单株，为“建昌红香芋”标准品种的选育奠定了基础。三是制定了《金坛红香芋种芋脱毒更新工作计划》，计划用 5 年时间（2020—2025 年），将会员农户的生产种芋全部更换 1 次，并进行周而复始的脱毒工作，推动红香芋生产用种芋的脱毒更新，有效解决产品口感劣化和储存难的问题。四是协会加强与加工企业的合作，研发生产红香芋母芋全粉，依托母芋粉为原料，额外研制风味香芋菜团等深加工技术，解决废弃母芋利用问题。

2. 建设科技队伍

特邀江苏省农业科学院经济作物研究所殷剑美博士、王立博士，常州市金坛区园艺站张洪海站长等为科技特派员。建立科技特派员工作室，定期前往基地指导，关注农户的需求和红香芋生产、加工环节出现的问题。购置科技服务流动车，定期发送芋头种植技术以及病虫害防治资料，将科技服务的理念送至田头，解决科技人员与农户“最后一公里”问题。

3. 定期考察交流

定期组织考察交流活动。一是加强与全省芋头行业协会、农民专业合作社的横向联系，组织举办全省芋头品鉴大会，邀请全省芋头产业专家进行经验交流。二是加强与外省芋头种植企业的交流。2021 年 4 月，协会组织人员、物资到陕西安康进行红香芋的试种，当年 11 月测产，商品芋产量达到 1 500 千克以上，为当地特色农产品的品种的拓展以及农民增收又增加了渠道。三是年均接待来自宁陕、苏州、滨海、石泉等外地交流、考察的产业同仁 2 000 人次以上。

（二）取得成效

协会主动创新基层组织服务模式，通过与科研单位共建研发中心，不断增强创新内生动力，为市场和社会力量广泛参与农业科技服务提供了样本。

1. 促进产业发展

2021年，协会建立红香芋提纯复壮和扩繁基地10亩，扩繁优质原种芋2.2万千克。现有示范基地50亩，集成示范金坛红香芋提纯复壮良种、起垄覆黑膜机械化高效种植技术、芋头专用高效有机肥、病虫害绿色防控技术等，平均单产达到2 449千克，推动红香芋生产机械化、防控绿色化、施肥有机化，促进红香芋优质高效绿色种植技术的集成应用。同时，依托会员单位开展新技术应用，推广带动周边农户1 292户，应用金坛红香芋起垄覆黑机械化优质高效安全种植技术3 500亩。与农业机械设备公司合作，为会员统一提供芋头播种机、芋头收获机、田间运输机等农机装备，为社员农户开展专业化机械作业服务1 200亩次，全程机械化率达85%。

2. 带动农民增收

积极加强社会、市场与会员单位之间的沟通，会员单位为带动地方经济，造福地方百姓作出了积极的贡献，签订红香芋生产订单，按订单收购会员户红香芋产品2 310吨，亩效益在12 000元左右。会员单位与当地经济薄弱村——井庄村签订《消费扶贫协议》，长期扶持困难家庭子女6名，给予每人每年2 000元助学金，长期参加社会公益，取得良好的社会影响。会员单位还为少数民族种植户提供技术及物资服务，使他们更快融入当地生活。会长单位以高于市场价0.4元/千克的价格收储少数民族种植户种植的红香芋，提供社会关怀。

3. 培养专业人才

组织开展室内讲解培训、现场观摩、“1对1”指导等3种培训模式和科普大课堂。例如，2021年共开展6场次现场职业技术培训，培训总人数500人次。开展机械化观摩1次，观摩总人数300人次。现场技术指导120余人次。开展4场次科普活动，共计1 000多人次参加。

（三）经验启示

协会成立以来，将小产业打造成地标性特色产业，不断推进红香芋规模化、机械化、品牌化、产业化生产，让协会会员及周边农户分享到乡村振兴的成果，走出一条集高效农业、农业观光、休闲旅游、科普教育于一体的发展之路。

1. 增加科技含量

协会在成立初期，只有16户农户愿意加入。为了吸引大家共同建设红香芋产业，协会主动、免费为周边种植大户提供纯正的苗种，还把收购价格提升到8元每千克，农户种植的每亩效益由原来的3 000元增加到1万元，户均增收5万元。芋农们尝到了甜头，纷纷要求加入。规模化提升后，协会先后投入70多万元，大力发展设施农业进行规模化种植。指导农户科技种植，免费给农民进行技术培训，制作科技手册发到农户手中。

2. 开拓供销渠道

协会对会员采取统购统销，不仅使农户的效益得到了保证，还免去了外出销售的艰辛。协会对少数民族会员提供优先收购、优先培训、优先小额贷款担保的服务，每千克收购价提高0.4元。在亩效益达到了10 000元的基础上，每亩还可额外享受500～600元的补贴。此外，协会主动与当地经济薄弱村开展“挂钩帮扶”活动，以每千克收购价高于市场1元的方式鼓励农民种植红香芋，确保芋农每亩多增收1 500元。

3. 打造特色品牌

加强与会员单位在服务与品牌上的网络宣传与投入。协会利用微信公众号、小程序，录制相关短视频进行品牌宣传，在2020年12月份以来，中央电视台17套、中央电视台2套、常州市及金坛区电视台、报纸、学习强国等对协会与会员单位进行了相关报道，对协会在产业上的引领和对产业的贡献予以认可。

五、科技小院整合资源服务区域发展

泰兴市绿色经典蔬菜专业协会 成立于2006年，有个人会员80名，专职工作人员9名。服务范围包括科技服务、培训指导、农业生产资料供应、物流配送等方面。年社会化服务总收入为6.85万元，收入来源主要是产品供销。协会通过建设中国农技协“江苏泰兴萝卜科技小院”等措施，先后引进近千个新品种，注册“绿色经典”商标，成功申报4个无污染产品、4个绿色食品，有效促进了高效农业健康可持续发展，对全镇及周边农业经济发展起到了示范带动作用。

（一）主要做法

1. 开展市场调研

协会一直保持对消费者需求的灵敏度，持续开展市场调研。通过与种植户代表进行市场调研发现，随着近几年高效农业的发展，2021年新街镇农业科技园区萝卜种植面积已经达到1.5万亩，年产量达到15万吨。然而园区所种植的萝卜品种一直未变，不能适应市场需求，更换萝卜新品种已经刻不容缓。

2. 与高校共建平台

为解决生产实际问题，经协会多方争取，建立了南京农业大学研究生工作站和中国农技协"江苏泰兴萝卜科技小院"，致力于选育、推广适合泰兴乃至全省种植的萝卜新品种，发挥平台优势，共引进各类萝卜品种900多个。整合各方优质资源，共同培养具有创新精神的实践型高层次乡村人才，打造行业人才培养示范平台，持续开展以产业化为目标的高新技术研发，促进人才培养供给侧和产业需求侧结构要素全方位融合，努力提高研究生培养质量，更好地服务地方高质量发展走在前列。

3. 提供科技服务

面向周边与全省有关农户，组织开展技术咨询以及新品种、新农药、新技术、新农机具服务，引进国内外名特优蔬菜新品种9个、新技术2项，进行试验示范和推广，加快品种更新，促进技术提高，辐射带动农户25户，增加综合效益560万元。组织专家开展技术培训5次，培训种植户230人次；吸引科技特派员开展服务活动6场22人次。依托骨干会员企业经销种子15 000亩、农药8.6吨、薄膜55吨、育苗基质60吨、生物有机肥1 100吨、钢架12万组、种苗620万株，农业投入品统供比例达70%以上，有力推动了设施蔬果产业的发展。

（二）取得成效

1. 带动农业增效

2021年9月，从南京农业大学引进萝卜新品种'南春白6号'。该品种植株田间生长势较强，一致性好，从种植到采收约需64天。株型半直立，叶片数18～20枚，花叶、深绿色。肉质根圆柱形，根长26～27厘米，直径6～7厘米，肉质根、白色光洁，耐糠心，肉质脆甜口感好。同时邀请南京农业大学柳李旺教授来协会从播种期确定、整地作畦、播种、田间管理和采收5个生产环节举办技术培训，11—12月该品种萝卜陆续上市，价格较去年同期高0.5元/千克，亩纯效益增加2 500元。

2. 带动农民增收

在协会示范带动下，高效设施农业辐射周边乡镇带动800多户农民吸收转移剩余劳动力，实现农民离土不离乡，安排就业岗位，增加农民收入。高效农业对农民增收贡献76.9%，有效促进高效农业健康可持续发展，对镇及周边农业经济发展起到了示范带动作用。

3. 创新服务模式

经多年探索，创新形成了“七个统一”服务模式，即，统一主要原辅材料采购价格，统一产品销售价格，统一运输价格，统一劳动力和土地租赁价格，统一生产标准，统一注册商标，统一包装标志。

（三）经验启示

1. 科技培训提升会员技能

通过发挥科技小院等平台资源优势，以线上线下相结合方式，定期组织会员与农户开展专业技术培训和产业技术对接活动。协会中的专业技术人员不断学习新知识、接受新观念、掌握新技术，进一步提升了他们对蔬菜新品种、种植新技术、电子商务和物流理论知识的学习和实际应用能力，为协会生产环节、销售环节提供了坚强保障和有力支撑。

2. 产学研合作促进生产转型

基于地方产业发展需求与问题导向，争取并建立了江苏省首批国家级科技小院，与南京农业大学等高校院所签订合作协议，协同推进科技创新与示范推广，改良萝卜等蔬菜新品种，帮助协会会员及周边农户解决技术难题，带动当地特色产业发展与农户增收致富。

第二节 路径与分析

一、当前的研究进展

农业科技创新是实现农业农村现代化的重要途径。党的二十大报告指出，要“加快实施创新驱动发展战略”“深入实施种业振兴行动，强化农业科技和装备支撑”。为了推进农业农村现代化，提升农业综合生产能力，我们必须把农业科技创新作为重中之重，坚持以科技提高产量、效益和竞争力，以农业科技创新推动农业高质量发展（周其森，2023）。近年来，在党中央的坚强领导下，我国深入实施创新驱动发展战略和乡村振兴战略，广大农业科技工作者聚焦农业科技的要害短板，团结奋斗、锐意进取。我国农业科技不断创新、硕果累累，农业科技国际竞争力显著提高，整体水平从世界第二方阵跃升至第一方阵，处于发展中国家领先地位。农业科技已成为保障粮食安全和重要农产品供给、突破资源环境约束、引领农业农村现代化的强劲引擎、根本动力和战略支撑（霍然，2022）。

（一）作物种业科技跃上新台阶，有力保障了国家粮食安全

种子是农业的“芯片”，是农业生产的基础。为了实现种业科技自立自强、种源自主可控，我们应当建设现代种业体系，促进农业农村现代化。近年来，我国加大了现代种业建设的力度，实施了种业振兴行动，取得了一系列积极成果。第三次全国农作物种质资源普查基本完成，国家农作物种质资源库和海洋渔业种质资源库已建成运行，国家级良种繁育体系进一步完善，优质绿色品种加快推广，更好地保障了人民对美好生活的需要（常钦 等，2023）。现代种业发展，不仅要在传统环节取得突破，还应进一步涉足农技培训、订单农业、绿色农业等产业化进程，打造农产品销售闭环，全面推进乡村产业融合发展（张亮亮 等，2023）。目前，我们正处在“打基础”的阶段，要抓住关键环节，重点开展种源关键核心技术攻关，尽快弥补豆类、蔬菜、水果、畜禽等品类的种源短板，为种质资源的发现和保护建立起长效机制（杨欣 等，2023）。

（二）机械化装备长足发展，农业生产方式发生深刻变革

农业机械化是实现农业农村现代化的重要标志，也是提高农业劳动生产率的主要手段（张建中 等，2023）。近年来，我国农业生产已经普遍实施了全程机械化作业，但从各个层面来看，我国的农业机械化水平还呈现“整体水平较高、发展不均衡”的状况（赵梅，2023）。具体来说，耕、种、浇、施、收等农业生产主要环节的机械化程度较高，而产前、产后机械化程度则相对较低。为了进一步提升我国农业机械化水平，应根据我国农业生产的实际需求，适应小农户

多、丘陵地多等农业国情，在智能装备、农产品初加工装备、丘陵山地小型机械等产品上加大研发力度，以技术创新促进农机产业提质增效（杜书瑶，2022）。在农机推广上，可以鼓励探索农机合作等农业社会化服务新模式，拓宽中小经营主体农机使用渠道，通过机制创新帮助他们降低使用成本（辜其斌，2022）。

（三）突破农业污染防治技术瓶颈，形成绿色兴农新格局

为了推进农业农村现代化，我们必须遵循新发展理念，摒弃过去粗放式的农业生产模式，坚持绿色、可持续发展。这一目标的实现，依靠于绿色农业科技的支撑。绿色农业科技涉及优良品种选育、节水节肥节药技术、绿色防控、农业废弃物处理等领域。为了增加绿色农业技术供给，我们需要尽快完善绿色技术创新体系，健全农业领域绿色技术标准，为技术成果转化、实践成果推广搭建平台，进一步夯实绿色农业技术发展的制度基础（谭腾蛟，2017）。针对我国农业的绿色发展需求，我们尤其要加快突破农业污染防治技术瓶颈，形成绿色兴农新格局（丁声俊，2019）。要加强耕地健康保护，推进化肥农药减量化，深入实施秸秆综合利用行动，规范畜禽养殖污染治理，建立农业面源污染防治技术库。

（四）壮大农业科技人才队伍，涵养农业科技创新的源头活水

人才是农业科技创新的关键所在，必须充分发挥科技工作者和农民在人才队伍建设中的双重作用。一方面，我们要加强对科技工作者的政策引导和鼓励扶持，让他们能够聚焦农业生产实际，解决农业科技的要害短板，引领创新方向（吴骏泽 等，2022）。另一方面，我们要深入挖掘农民的乡土智慧，让他们能够应用农业科技成果，提高农业生产效率和质量。我们要让农村隐藏着的“土专家”“田秀才”“活字典”等乡土创新人才真正获得施展才华的舞台，成为农业科技创新的生力军（刘灏萱，2021）。我们要建立健全乡村人才培养、引进、使用、激励等制度机制，形成各类人才支持服务乡村的格局，进一步壮大我国的农业科技人才队伍（李佳佳，2023）。

由农技协、涉农高校科协等科技类团体牵头的新型农业社会化服务在科技创新与服务、人才培养、产业推进等领域具有独特的优势，探索这些牵头主体在响应基层需求、解决实际问题、提供有效供给等方面的创新路径，对于新阶段农业社会化服务体系健全具有十分重要的意义。

二、解决的关键问题

本章遴选的5家主体分别从科技创新源头、技术孵化服务、平台建设运用等角度，构建起自己独特的服务模式，解决了基层急需解决的关键共性问题，以新型农业社会化服务方式驱动地方创新发展，有力有效推动了农业农村发展和农民增收，形成了良好的社会影响力。

（一）提升服务水平丰富内涵

科技创新带来最直观的影响就是技术进步。技术落后会引发服务能力不足、服务重复、服务漏洞等一系列问题。有的农技协得到政府或高校的支持，发展较快，有些农技协受地域限制、资金短缺等要素的影响服务模式单一，服务内容简单，运行困难。典型案例中的各家农技协主动与高校院所开展产学研合作，通过强化科技力量带动服务水平的提升，丰富服务内涵。

（二）促进乡村产业提质增效

以建好创新驱动平台，做强科技创新载体为抓手，促进乡村产业提质增效。典型案例中，几家农技协单位都承担建设了国家、省级科技小院，或联合高校和地方建设研究生工作站等科技平台载体，推动农业科技走进田间地头，强化科技成果转化应用，助力地方特色产业发展。

（三）提升乡村环境变美增绿

科技创新带来新技术、新工艺、新产品的质量提升。通过科技提高水土资源利用、农业废弃物综合利用、减少化肥农药的使用，节水灌溉技术、高效农机和固碳减排技术的推广示范，美丽乡村建设和农村人居环境改善，提升农村颜值，使乡村环境变美增绿。

（四）带动农民多渠道增收致富

新型经营主体自身引入科技资源的能力有限，部分农民专业合作社、家庭农场的服务和经营内容大多停留在农产品联合生产销售阶段。农技协组织建设三产融合共同体，进一步延长产业链，提升价值链，打造供应链，逐步形成生产、加工、服务一体化的发展格局。此外，农技协着力塑造地标产品，将品牌打造和文化旅游相结合，多渠道带动农民增收致富。

三、创新的主要方面

（一）探索农业科技社会化服务新模式

在根据农业农村科技发展趋势、新型经营主体、社会组织等对科技的需求基础上，江苏省相继出台科技创新“40条政策”和“科技改革30条”等保障性政策文件，进一步完善和提高省内高校院所科技人员科技成果转化收益，不断强化参与农业技术创新和推广应用中的主动性和能动性。推动涉农科技服务机构与高校院所、农技推广机构、科技型企业、涉农科技人才协同联动，共同推进农业农村科技服务，从而全面实施创新驱动战略，支撑乡村振兴战略的贯彻落实。

（二）构建农业社会化科技服务支撑新体系

坚持市场化、社会化原则，充分发挥财政资金引导作用，省级层面有关部门形成协同合作机制，对市场化农业科技服务主体开展市场活动予以政策支持和财政后补助。在探索江苏农业科技社会化服务体系构建过程中，强化市场化运作，突出农技协、农业企业和科技服务超市的市场主体地位。加快科技成果、科技信息、科技人才、科技产品在市场主体间的相互流动，探索建立有效的市场化农业科技社会服务新机制。

（三）创新科技创新与科技志愿服务方式

一方面强化了科技特派员队伍建设。进一步推进科技特派员服务农业农村，培育创新驱动乡村振兴发展的先锋队。同时推动科技特派员制度向纵深方向发展，培育壮大农业企业、供销合作社、科技服务超市等市场化科技服务主体。另一方面培养了一批“土专家”。通过新型职业农民培训，打造“农民技术职称”品牌，培育一批有文化、懂技术、会经营、善管理的高素质新型职业农民。

四、未来的研究展望

基于需求与问题导向，新阶段构建以农技协等科技社团为牵头主体、合作经济组织等为骨干、社会广泛参与的新型农业科技社会化服务体系，应该从如何强化政策支持培养各类主体、如何优化服务体系构建机制强化有效供给、如何探索激励机制营造良好工作氛围等方面进行进一步的深入研究。

参考文献

周其森，2023.以农业科技创新引领农业高质量发展[J].河南农业，(20)：13.

霍然，2022."第一动力"：势能更强，支撑更稳——我国农业科技创新发展综述[J].农村工作通讯，(18)：27.

常钦，李梅英，2023.种业振兴取得积极进展[N].人民日报，05-25(7).

张亮亮，苏法，2023.乡村振兴背景下现代种业发展研究[J].园艺与种苗，(06)：86.

杨欣，颜伟，周慧，等，2023.新形势下江苏农业种质资源监管模式创新研究[J].农业科技管理，(3)：21.

张建中，许洪峰，2023.加快发展特色农业机械化，助推乡村振兴与农业农村现代化建设[J].当代农机，(1)：5.

赵梅，2023.因地制宜提高农业机械化水平[N].经济日报，05-02(5).

杜书瑶，2022.关于智能制造提升农业机械化水平的思考[J].南方农机(10)：67.

辜其斌，2023.大力发展农机专业合作组织的实践与思考[J].农业开发与装备，(6)：78.

谭腾蛟，2017.我国绿色农业科技创新的现状与困境[J].科技风，(6)：216.

丁声俊，2019.绿色兴农"大格局"的思考[J].绿叶，(Z1)：6.

吴骏泽，孙红艳，郭静如，2022.乡村振兴战略背景下农业科技人才培养机制构建研究[J].河南农业，(36)：43.

刘灏萱，2021.新时期培育新型职业农民的几点思考[J].环渤海经济瞭望，(08)：141.

李佳佳，2023.乡村振兴战略下农村实用人才队伍建设探究[J].山西农经，(12)：139.

第四章

集聚产业服务地方

围绕和集聚区域主导产业、特色产业、新兴产业，服务地方经济社会发展和乡村全面振兴，是农业社会化服务的主要目标。通过服务体系有效运行，组织产业链各主体分别“干自己擅长的事”，拧成一股绳，可大幅度地节约要素资源，增强产业活力与综合竞争力，促进产业节本增效、农民持续增收和地方高质量发展。本章选取具有代表性自变量和关键性因变量的灌云县杨集镇豆丹养殖协会、盱眙龙虾协会、溧阳市天目湖白茶协会、东海县农村专业技术协会、兴化市香葱协会、丰县羊业技术协会等典型案例，分别探讨其主要做法、取得成效和经验启示，经文献研究、归纳演绎与系统分析，阐明新型农业社会化服务体系建设中集聚产业服务地方路径的研究进展、解决的关键问题、创新的主要方面和未来的研究展望。

第一节 实践与启示

一、“一镇一品”推动特色产业发展

灌云县杨集镇豆丹养殖协会 成立于2015年，位于杨集镇孙跳村，是以推广豆丹养殖技术交流、豆丹开发研讨、人工室内育种及大豆高产栽培管理为一体的新型现代农业科技协会。与江苏省农业科学院、江苏海洋大学、灌云县科协、灌云县农业技术推广中心、灌云县大豆原种场、5个乡镇推广站、9家新型主体联合组建了跨单位示范团队。协会发展与服务成效得到中央电视台7套《每日农经》《科技苑》《致富经》《“三农”群英汇》等栏目组关注，多次进行采访拍摄宣传报道，获得农业农村部农产品地理标志证书(核准名称为“灌云豆丹”)，协会注册了“灌杨”牌豆丹集体商标，供全体会员使用。

（一）主要做法

1. 示范引领，推动豆丹产业集聚式发展

协会深入田间地头、各示范点、产业核心区进行试验示范，做给农民看，带着农民干，在实际种养实践中让农民了解技术。专家团队以科技小院为平台，以新品种展示与推广、套袋保苗技术、病害防治等为主题，举行大田示范、新品种新技术观摩展示、现场解答等活动20余次，推动灌云“大豆＋豆丹”产业做大做强。截至目前，“大豆＋豆丹”综合种养模式不仅在灌云落地生根，还辐射周边地区，带动更多的农民通过科学种田实现增收致富。

2. 广泛培训，打通技术落地“最后一公里”

邀请专家在关键农时到田间地头开展技术培训，并进行现场指导。养殖大户李祥光、陆庆伟等依靠养殖豆丹增加收入10万多元。协会负责人刘恒亮充分利用冬春空闲大棚开展了“芦蒿—大豆＋豆丹”模式的示范，进一步提高了种植效益。

3. 联农带农,助力乡村全面振兴

协会流转土地 600 亩,开展大豆豆丹养殖示范,为加入农民专业合作社的农户统一购买豆丹卵、统一大豆品种,在销售环节,由协会统一收购、统一定价、统一销售,通过这种服务形式,形成一种利益共同体,让群众共享产业扶贫红利,同时带动周边农户持续增收。

(二)取得成效

1. 带动周边农户增加经济效益

在技术服务、产业发展、带动农民增收致富方面取得了一定的成效,积极发挥杨集豆丹协会的主体职能,全县应用大豆豆丹种养模式达 1.5 万亩,亩增加效益 1 600 元以上,该模式已成为本地区乃至周边地区产业富民的重要途径,促进了农业增效、农民增收。

2. 注重绿水青山,兼顾生态效益

通过严格执行绿色食品等有关规定,杜绝禁限用农药流入。豆丹是一种绿色昆虫食品,对农药等污染源极为敏感,豆丹养殖能够大幅降低田间用药量。同时,豆丹取食大豆叶,有利于叶片的降解和土壤的增肥。其粪便能够起到改良土壤、降低化肥使用量的效果。通过环境改造,维护环境生态平衡,减少有毒有害物质产生,降低环境污染,促进了当地生态环境的改善。

3. 打造质量与特色品牌,把产业优势转变为市场优势

“大豆+豆丹”具有明显的地理优势和区位优势,关键是要有品牌质量,这是提高市场竞争力的核心。近年来,在豆丹产业发展中,灌云“大豆+豆丹”始终以市场为导向,以绿色生态和质量安全为基础,重点打造灌云“豆丹”品牌,组织参加省、市举办的农产品展销会 4 次,宣传扩大豆丹地理标志影响力,在产业发展中不断打造特色与质量品牌,把产业优势转变成市场优势。

(三)经验启示

协会从服务乡镇特色产业入手,以技术引进、创新、推广和应用为核心抓手,统筹兼顾豆丹产业发展力量和核心节点,聚焦产品质量提升和把控。一方面,提升产品质量。完善大豆和豆丹综合种养模式,开展反季节及夏大豆、豆丹养殖模式示范。开展了适宜豆丹养殖的大豆播种技术、田间管理技术、豆丹最佳放养时间的研究，开展反季节大豆、豆丹养殖与草莓种植、芦蒿种植等高效种植模式示范。与夏大豆、豆丹养殖模式的示范研究，推广应用套袋保苗技术，该技术显著提高豆丹幼虫的存活率。另一方面，重视产品质量监督。为了控制和保持灌云豆丹品质，协会组织相关专家制定豆丹质量控制体系，并对豆丹养殖户开展生产技术培训；通过发放简明技术规程、发放明白纸、培训、现场指导等形式，积极引导各豆丹生产主体都能做到按标生产；对豆丹产品、生产环境、产品安全性、特色品质进行检测，推动身份标识化和全程数字化，开展包装标签推广使用；通过建立产品管理制度、产品名录、培育建立主体目录和生产档案、建立追溯平台，确保灌云豆丹产品可溯源，提升灌云豆丹的市场认知度和美誉度，实现了豆丹产业口碑和产值双丰收。

二、全球品牌促进县域主导产业发展

江苏省盱眙龙虾协会 于2004年6月成立，拥有“盱眙龙虾”和“盱眙龙虾香米”地理标志证明商标专用权。拥有1 000余个团体会员，会员及加盟单位覆盖全国20多个省（自治区、直辖市）。美国、澳大利亚、瑞典、马来西亚等20多个国家和地区也有本会会员经营的盱眙龙虾餐饮企业。协会以实施乡村振兴战略为总抓手，围绕建好“三个中心”，为盱眙县龙虾全产业链发展提供多方面支撑。

（一）主要做法

1. 持续完善品牌服务平台

在盱眙龙虾品牌服务方面，持续完善中国盱眙龙虾网。2021年初，协会全新改版了中国盱眙龙虾网，网站设立了行业发展、节庆文化、会员风采、研究培训、价格监测、技术标准等多项专栏，运用更加科学先进的方法服务盱眙龙虾产业相关企业和个人，全面提升了盱眙龙虾品牌形象。

2. 建强盱眙龙虾养殖中心

围绕“虾稻共生”标准化示范区建设及相关技术标准制定开展工作。2020年，成功申报了“国家级虾稻共生标准化示范区”，提升盱眙龙虾产业整体形象，促进盱眙龙虾产业科学规范发展。联合县科协、农业农村局、市场监管局等部门组成技术指导组，跟踪服务虾稻共生标准化示范区创建。示范区已建成中国工程院张洪程院士工作站、上海海洋大学博士后试验站，南京农业大学、扬州大学、国家粳稻研究中心江苏分中心等一批科研试验示范基地，制定了虾稻共生技术规程，推广虾稻共生“双早优”模式，建立了龙虾种苗繁育中心，引进各类高层次人才 100 余人，每年培训虾稻共生乡土人才 1 500 余人，园区科技贡献率达 65.4%，农产品质量可追溯综合占比达 84.78%。截至 2023 年，全县龙虾养殖面积已达 83.5 万亩，其中池塘养殖 17 万亩，“虾稻共生”66.5万亩，年产龙虾 12 万余吨。

3. 建优盱眙龙虾加工中心

积极开展调研，为企业搭建交流平台。协会牵头制定了《盱眙龙虾速冻产品加工技术操作规程》《盱眙十三香调料加工技术规程》等第二产业相关的团体标准。盱眙红胖胖龙虾工坊是龙虾协会副会长单位，该企业加工的整只熟制速冻调味龙虾，是全国龙虾加工熟制品出口国外的第一个产品，年出口创汇 100 余万美元。为了让盱眙龙虾走出国门，取得更长远发展，协会向马德里协议 6 个成员国（澳大利亚、法国、德国、俄罗斯、越南、日本）注册申请国际商标及 3 个单独的国际商标（加拿大、中国香港、中国澳门）。同时，正在建设国家现代农业产业园、盱眙绿色食品产业园、“盱眙龙虾香米”产业园，为产业发展提供一流的承载平台，打造全产业链经济。

4. 建设盱眙龙虾培训中心

联合县职教集团，组建了盱眙龙虾创业学院，为广大创业者提供培训内容包括龙虾烹饪、龙虾养殖、餐饮管理、智慧农业、电商直播等相关知识。学院拥有一栋 5 100 平方米的学员接待中心，800 平方米的龙虾大讲堂，2 000 平方米的省级专项公共实训基地，拥有在国内外享有良好声誉的 20 余名行业专家组成的专家团队，数十名拥有十多年养殖经验的实战型养殖、烹饪专家，理论根基深厚，实战经验丰富。

（二）取得成效

从 2000 年首次举办龙虾节开始，协会通过多年努力，铸就了“盱眙龙虾”和“龙虾节庆”两块闻名全国的金字招牌。盱眙县“虾稻共生”种养面积达 66.5

万亩，年交易量12万余吨，从事龙虾产业人员近20万人，全国龙虾餐饮加盟店超2 000家，各类网店近2 000家，达到百亿级产业规模；“盱眙龙虾”成为中国百强农产品品牌，连续6年位居全国水产类公用品牌第一名，品牌价值高达215.51亿元；“盱眙龙虾香米”先后荣获全国稻渔优质渔米大赛金奖和江苏好大米十大品牌，并获批国家地理标志证明商标；成功举办盱眙国际龙虾节、农民丰收节、首届盱眙雨山茶休闲旅游节，以龙虾串联“山、水、文”元素，引领文旅产业发展，争创国家全域旅游示范区。协会做到了培育一个品牌、带动一个产业、造福一方百姓，大力推广“龙虾工厂＋冷链物流＋中央厨房＋同城配送＋温链外卖”新零售模式，并总结出可复制可推广的经验。

（三）经验启示

经过多年实践，协会逐步探索形成了全产业链发展的专业化、社会化、闭环化分工，充分发挥桥梁纽带作用，持续推动龙虾全产业链发展。一是带动经营主体专注于龙虾养殖、包装加工、产品销售，引领龙虾全产业链发展，成为名副其实的经济发展中流砥柱。二是组织农户按标准种植，代表农户与龙头企业衔接沟通，既让龙头企业放心，更让农户安心。三是全产业链各环节主体分别“干自己擅长的事”，拧成一股绳，极大地节约了要素资源，增强了全产业链活力和综合竞争力。四是龙虾协会、龙头企业、农民专业合作社与农户通过利益联结机制，形成利益共同体，农民在产业链中分享到更多增值收益，充分调动起了各方发展产业的积极性、主动性，实现产业有活力、发展有动力。

三、会校合作服务特色小镇建设

溧阳市天目湖白茶协会 成立于2012年，有会员107个，其中，中小茶农会员75个、占比70%，茶企及规模茶场32个(其中省、市级农业龙头企业12个)，会员种植白茶面积2.1万余亩，带动1.2万人就业和增收致富。协会实现了实体化运行和工作人员专职化，法定代表人缪惠民是江苏省第十四届人民代表大会代表，2021年被授予江苏省劳动模范荣誉称号。协会扎根农村和茶产业，与南京农业大学等多家高校院所达成密切合作，打造集农业科技创新、农业技术服务、农村科学普及、人才培养培训四位一体的“三茶(茶产业、茶科技、茶文化)融合”服务平台,为茶业发展、茶乡建设、茶农增收贡献力量。经过协会持之以恒的努力,中国茶叶流通协会授予溧阳“特色白茶之乡”称号,天目湖镇也被授予“中国(天目湖)白茶小镇”称号。

(一)主要做法

1. 专项投入构建平台

协会投入20万元用于创建“缪惠民天目湖白茶技能传承工作室”。扩展基地180平方米,增添技能操作、试验的设备设施25台(件),用于技艺技能培训,提供天目湖白茶新技术与传统工艺创新的硬件物质保障。

2. 深入开展产学研合作

依托中国农技协“江苏溧阳白茶科技小院”,协会与南京农业大学相关学院达成密切合作,南京农业大学硕博研究生团队驻扎在协会工作,团队成员包含博士研究生3人、硕士研究生5人,经过连续70个工作日的辛苦工作,顺利承担并完成“优质安全天目湖白茶生产标准体系调研”“天目湖白茶产地矿物元素指纹信息特征研究”“天然诱抗剂MIA在高温胁迫下对茶树生理生化特性的影响”等多个科研项目(课题),走访茶叶生产种植企业50家,完成土壤采样160点、茶叶样品360份和土壤pH值、茶叶氨基酸、茶多酚和儿茶素等检测指标,为提升天目湖白茶品牌提供科学依据。经科研团队调查,发现近年来溧阳天目湖白茶产区普遍出现部分地块秋梢不发的症状,面临减产和品质下降。针对这种状况,南京农业大学房婉萍教授、陈世国教授亲自来溧阳天目湖白茶产区调研,选取病株,分析研究后提出改良土壤的治理技术方案。积极组织天目湖白茶茶企负责人和茶农进行生产技术探讨,研究土壤改良的治理技术方案。现有15家茶企和茶农参与土壤改良治理试验,治理试验茶园面积485亩。

3. 扩大特异品种生产规模

帮助茶企和茶农引种‘紫嫣’‘小叶早奶白’‘早奶黄’‘中白4号’‘金香玉’‘龙井黄’等特异叶色茶树品种6个,掌握了部分特异性茶品生物性状、地域适应性等研究数据,为本地区推广优质茶树良种提供依据,也为产业可持续发展提供了品种资源保障。推广特异叶色茶树新品种5个，面积203亩，其中‘奶白’70亩、‘早奶白’33亩、‘中白1号’50亩、‘早奶黄’40亩、‘黄金叶’10亩。配合良种繁育创新团队开展“特异叶色茶树品种杂交育性研究试验”，完成了‘白叶一号’‘黄金芽’‘黄金叶’去雄授粉结果的调研工作。项目区茶叶总面积4 142亩，增加总收入405.3万元，其中核心基地溧阳市天目湖茶叶研究所，茶叶面积352亩，增加总收入55.3万元；5个示范点，茶叶总面积1 900亩，增加总收入157.7万元；10个新型经营主体，茶叶总面积1 890亩，增加总收入192.3万元。促进了天目湖白茶产业可持续发展和茶农增效增收。

4. 提升茶农综合素质

组织举办“白化茶高效栽培技术”“生物菌肥等新型肥料施肥技术”“低产茶园土壤改良技术”“茶园生态控草技术”“茶园机械化生产技术”“天目湖白叶红茶、花茶加工技术”“茶园生态绿色防控技术”和“苏浙皖白化茶品鉴与天目湖白茶产业提升研讨会”等培训共8次，参加培训人员达520人次，发放资料600余份。

5. 广泛开展交流研讨

组织会员和茶农参加上海茶博会、杭州茶博会和第三、四届中国国际茶叶博览会等活动。接待南京审计学院、苏州市昆山职业农民技能培训班、镇江丹徒区茶协组织会员、中国联通公司、扬州大学茶叶培训班、苏州农业技术职业学院培训班、芜湖市新型职业农民培训班、仪征市高素质农民培训班等450人次来白茶协会基地观摩学习交流，承办南京农业大学资源与环境科学学院农产品认证教学实践等活动。

（二）取得成效

协会着力提升溧阳白茶的品牌影响力，为白茶产业提供一条专家与农民紧密结合、科技与产业深度融合、“输血”与“造血”有机结合的科技助农新路径，为实施乡村振兴、共同致富作出新的贡献。截至2022年，溧阳市白茶种植面积从30年前的零散分布逐步增长到近5万亩，占全市茶园总面积的69%，各类白茶产业链生产经营主体300余家，茶叶总产量每年达1 300余吨，年产值高达12亿元。

（三）经验启示

协会着力于解决天目湖白茶生产技术问题和提高产品质量，依靠产学研技术优势，为茶农进行技术培训生产指导服务，引进、试验、示范推广发展白化茶新品种，推广种植新技术及加工新技术，帮困扶贫，合作抱团，共同致富，最终为促进溧阳白茶产业可持续高质量发展，服务乡村振兴贡献应有力量。

1. 农业科技创新

一是紧扣产业转型升级中的重点、难点问题，提供产业发展趋势、产业升级技术路线图等专业咨询建议，帮助解决生产中的关键技术问题，推动科技成果在产业聚集、落地、生根、推广。二是通过科学研究、规律探索、调研分析、产品研发等，进行产品创新、技术创新，提高科研成果转化率。三是建立主推品种的技术、产品示范区，指派专人负责记录示范区日常运行情况，编写工作日志。

2. 农业技术服务

一是聚集一批农业科技人才，将人才智力资源和科技资源引入当地，提升当地产业的技术水平。二是通过产品展示、技术引进、技术培训、技术示范、组织观摩等活动创新农业技术推广和服务模式，打破技术推广“最后一公里”瓶颈，提高技术到位率。三是通过提供产业技术支撑、全产业链技术服务等推动区域产业融合，实现提质增效、产业升级。

3. 农村科学普及

一是利用图文并茂的科技展板、科技墙报、科普画廊等形式普及农业科学知识。二是编印农村科普资料、科普小册子，开设讲座、培训班，普及农业科学知识。

4. 人才培养培训

一是培养研究生，通过采集信息、参与生产、跟踪记录、科学实验，了解农户与产业的情况、成本产出与投入，了解生产、营销状况，了解产品产量与品质及其技术的关系，了解影响产业绿色发展的因素，将论文“写在大地上”，发表在刊物上。二是开展多种形式培训，建立农民田间学校，举办农民技术培训班，开展实时指导，培育乡土人才，培训新型职业农民。

四、产业联盟服务区域乡村振兴

东海县农村专业技术协会 成立于2017年，有单位会员33个，主要包括家庭农场、农民专业合作社、基层农技推广单位、县相关事业单位及农业企业等；有个人会员565人，主要包含基层农技推广人员、家庭农场主、农民专业合作社理事长、种植大户、养殖大户、土专家、田秀才及农资经营部门负责人等。2020年荣获全国“十佳党建强会农技协”称号，2022年入选中国农技协“奋进新时代，建功新征程”典型案例。

（一）主要做法

围绕一条主线，立足两个支点，落实三项措施，实现四个突破，组建产业联盟，成效显著。

1. 围绕提高农民科学素质主线

一是开展实用技术培训。组织开展花生、芋头种植技术培训班8期，参加学习农民850多人；二是开展销售技巧培训。结合组织部党建大讲堂，邀请电商带头人传授农产品电商销售知识，培养100多位电商人才。

2. 立足两个支点

一是开展芋头订单种植。加强田间指导与技术推广相结合，芋头订单达1 000余亩，参与农户30多户。同时，积极联系山东客商，超3 000吨芋头实现外销。二是开展花生新品种推广。引进山东‘远花807’新品种，推广1 000余亩，解决花生品种老化问题。与上海紫燕集团达成合作，实现专项订单种植‘拔二怪’花生2 000亩，现已顺利实现生产和交割。积极培育花生市场，组织100多人到临沂参加全国花生年会，学习先进典型案例和销售模式。

3. 落实三项措施

一是完善组织体系。成立3家乡镇分会，进一步织密服务网络。组建花生、芋头、蔬菜、畜牧等行业分会，指导种植、养殖户规模化经营，做大做强花生产业。二是强化技术指导。培养农村领军人物，挖掘农村能人的潜力，带动农民致富。搭建高校合作平台，组织种植大户、农场主到盐城工学院、临沂大学参加种养技术及电商销售培训。与农技协常务理事单位金太测土公司合作，开展测土配方施肥，形成产前、产中、产后的全过程指导。三是加强基地建设。着力打造 1 000 亩芋头基地、1 000 亩花生基地，引导农民进行产业结构调整。

4. 实现四个突破

一是党建产业联盟有突破，成立东海县花生产业党建联盟，县农技协理事长兼任党建联盟支部书记，组织全县花生加工企业、经销户、种植大户、家庭农场主开展自主合作，通过订单种植，规避风险，增加效益。二是市场运作有突破，举办东海县名优农产品推介会，形成工业品下乡，农产品进城，把东海农产品推介到外部市场。三是土地托管有突破，在黄川镇开展土地托管选择试点，解决农村劳动力不足的难题，形成规模经营，探索乡村治理模式。四是农村电商有突破，农产品销售网店正常运转，127 个商家入驻。整合县城、农村农产品经销网点，农产品线上下单，线下提货。

（二）取得成效

几年来，农技协积极探索科普惠农路径，实施党建引领，组建产业联盟，服务农民致富。经过多年的实践，形成由县农技协牵头，涉农企业、金融、保险、专业户和小农户融合发展的联结模式，实施订单农业，探索土地托管模式，促进农业发展、农民增收，促进乡村治理现代化。在稳粮强农基础上，积极发挥县农技协的能动作用和服务功能，以县级农业社会化服务管理平台为统领，以区域综合社会化服务组织为支撑的新型县域农业社会化服务体系已现雏形，全县家庭农场、农民专业合作社、农业企业、农机大户等初步形成联动发展良好态势。

（三）经验启示

农技协立足长效，建好机制模式，以开展农业社会化服务全程服务为切入点，谋划推进农业社会化服务建设新机制、发展好模式。一是探索建立长效工作机制，强化县乡不同区域、各个主体资源整合，协调各方力量，统筹各种资源，确保形成合力、强势推动。二是加强诚信体系建设，探索建立县级农业社会化服务组织名录库，强化服务组织动态监测，形成优胜劣汰的良性机制，促进行业自律。协助农业主管部门探索建立健全服务标准，推广使用示范合同文本，加强服务价格监测，强化行业指导，规范服务行为，保护农民权益，建成一批“约定有合同、服务有标准、节点有记录、技术有培训、产品有监管、质量有保证"的"六有"农业社会化服务组织。三是积极推进社会化服务体系的建立完善深化，有效解决一家一户干不了、干不好的难题，有利于农村改革向纵深推进，扩大"三权分置"等农村改革成果，有效提升农业社会化服务组织的规范化运营和服务质量，加快乡村治理现代化进程。

五、内外协同发展县域特色产业链

兴化市香葱协会 成立于2006年，以县域特色农产品"兴化香葱"的种植、加工、贸易产业链为基础成立，服务范围涵盖技术服务、组织业务培训、开展交流活动、推进产业发展等。有单位会员43个，包括龙头企业、销售公司、技术依托单位、农资配送中心、农民专业合作社、家庭农场、专业大户等。本着"提供技术服务，推进产业发展"的宗旨，自创办以来积极开展工作，通过向产业主体提供有效、便捷、广泛的服务，推动兴化市香葱产业健康有序发展。

（一）主要做法

以"服务"为工作核心，充分发挥"协调、服务、规划、指导"四大职能作用，重点围绕全行业管理创新、科技创新，全方位开展企业管理培训，综合信息发布，集中区建设管理等服务指导工作，取得较好效果。协会牵头建设香葱原料基地，并加强有效管理，建立出口香葱安全示范区6.6万亩，其中核心区面积2.1万亩，为协会30家出口企业提供55万吨出口香葱原料，每年为企业节约基地建设成本约500万元；开展培训教育，3年共培训1 200人次左右；建立信息服务平台，免费为企业提供各类信息；帮助企业提升档次，促进规范化建设，在协会帮助指导下，30家企业获得自营出口权，并通过了ISO9000质量管理体系、ISO22000食品安全管理体系、QS企业食品生产许可等认证。

1. 当好参谋，牵线搭桥稳固会员关系

牵头制定《兴化香葱生产作业规程》、协调香葱种植计划、聘请专家开展技术培训，组织农民专业合作社、家庭农场、种植大户相互考察观摩学习，开展技术咨询与服务，安排专业技术人员巡回技术指导，提供生产过程技术服务、病虫害防治，建立农民专业合作社、家庭农场、种植大户与加工企业、农资销售中心稳固的关系。

2. 帮助企业认证“绿卡”，促进企业规范化建设

截至2020年底，有35家企业获得权威部门认定的绿色食品证书和无公害产品证书；有30家企业获自营出口权，并获得相关管理体系认证。

3. 加强信息化服务，促进企业交流与合作

协会投入近10万元购置信息发布液晶显示屏，实时发布各类信息，完善升级协会网站，刊发协会简讯和网刊，向全行业和相关部门报送。

4. 强化管理培训和人才引进工作

重点培训企业管理、企业营销、企业创新、食品安全等方面，举办培训班6～8次，企业参培人数1 200人次。在每年春季兴化首场大型劳务招聘会上，协会帮助企业累计招聘用了230名中高层次人才，招收了近4 000名职工。

5. 加快企业技术研发中心建设

协会现已帮助企业建成21个技术中心、产品研发中心、院校实习基地等，推进企业技术进步。同时，建立“出口香葱质量安全示范区”和“香葱农残检测中心”，帮助企业筑牢原料和产品出口质量安全关口。

6. 加强品牌建设，提升兴化香葱知名度

致力于“兴化香葱”品牌建设，不断推进兴化香葱生产的基地化、标准化、产业化，制定并颁布了《地理标志产品兴化脱水香葱》(DB32/T 606—2009)、《地理标志产品兴化香葱(鲜葱)》(DB32/T 618—2009)省级地方标准，实施“公司＋基地(农户)”，建成国家级出口食品农产品质量安全示范区，建立了种植、加工、销售的“兴化香葱”产业链。

(二) 取得成效

在协会多年努力下，兴化市香葱产业在品牌建设、提质增效、产业发展等方面取得了明显成效。品牌建设方面，兴化香葱于2006年获批为国家质检总局评选的“地理标志保护产品”，2009年注册为集体商标，2018年经国家质检总局考核评定为“生态原产地保护产品”，2020年入选第三批中国特色农产品优势区，并成为首批受欧盟保护的中国100个地理标志产品之一。提质增效和产业发展方面，企业竞争力增强，全行业发展提速，2020年协会内成员销售收入43亿元，出口创汇2.1亿美元，同比分别增长6.0%、7.5%。

截至2022年，兴华香葱种植面积达到15.6万亩次，年总产量可达75万吨，年销售收入达15亿元，全市香葱销量占全省出口香葱总量的60%以上，脱水香葱产品远销韩国、日本、俄罗斯等30多个国家和地区，年出口量达1万余吨，出口额达8 000多万美元。香葱行业已成为兴化现代农业支柱产业，兴化已成为亚洲最大的香葱加工出口基地。

（三）经验启示

农技协发展特色产业是推进新农村建设的重要的战略性举措，是助力建设现代农业的重要手段，是实现联农、带农、惠农的重要手段。近年来，兴化市香葱协会全面贯彻落实科学发展观，优化发展环境，完善发展机制，提高发展质量，拓展发展空间，促进区域品牌产品向纵深发展，推动产业富村、科技兴村、企业带村新格局的尽快形成，夯实新农村建设的产业基础。一是着力将发展特色产业战略作为调整农业产业结构、培育农业特色主导产业、壮大规模农业的重要手段。着力建设区域化、规模化的生产基地，充分发掘和发挥区域比较优势，使产业竞争力不断得到提升。二是优化农产品区域布局，农业增收潜力得到进一步挖掘。农业结构调整注重抓区域布局的调整和优化，加速形成区域化布局、专业化分工、产业化经营的格局，特别是农技协下属专业协会和分会的建立，使农产品的质量有了保证，规范了农产品销售市场，扩大了农产品销售渠道，农民收入大大增加，农民参与农业产业的积极性空前高涨。三是扶持龙头企业，农业产业化链条得到进一步延伸。农业产业化龙头企业积极向特色资源、主导产业靠拢，带动了区域特色产业的发展，同时，区域品牌产品也为龙头企业的发展提供了丰富的优质原料和广阔的销售市场，实现企业利润提升、农业农村双发展。

六、纵横联合服务新兴产业发展

丰县羊业技术协会 成立于2017年5月，有会员720名，覆盖周边18个乡镇。协会从扎根本土、服务产业出发，积极开展多种服务工作，建立了省级科普惠农服务站，形成了以肉羊养殖为基础，以技术服务为载体，以促进产业发展为己任的肉羊产业服务平台，成为全国科普惠农先进单位、江苏省科普教育基地。会长陈家振荣获“全国农技协先进工作者”“江苏省优秀乡土人才”“江苏省最美科技工作者”“江苏省乡土人才三代名人”等光荣称号。

（一）主要做法

1. 开展横向联合，搭建服务平台

协会成立以后，与徐州苏羊羊业有限公司签订了共建共享协议，建设了科技服务阵地、专家服务团队、科普示范基地、技术培训中心、羊文化展示园“五大”服务平台。一是科技服务阵地。建设服务店面240平方米，内设肉羊产业成果展示台、技术咨询台、信息发布台，按照“只要你有发展养羊的意愿，其余的事情我帮您”的理念，面向广大养羊企业、养羊大户提供技术咨询、信息发布、物资供应等服务。每年接受技术咨询服务客户5 000人以上。二是组建专家科技服务团队。新建专家工作室120平方米，实验室80平方米。依托江苏省肉羊健康养殖工程技术研究中心和研究生工作站两大平台，先后引进江苏省双创人才2人，科技副总4人，苏北紧缺人才6人，帮助苏鲁豫皖接壤地区养羊企业、养羊科技示范户解决技术难题700多个，使苏鲁豫皖接壤地区的工厂化养羊技术水平一直处于领跑地位。三是建设科普示范基地。协会将具有国内领先水平的工厂化养羊技术进行了整合，建设养羊车间1.2万平方米，饲养优质种羊6 000多只，每年接待全国各地参观、考察、学习人员1 000多人次，为推动我国肉羊产业工厂化生产发挥了重要作用，产生了巨大影响。四是建设技术培训中心。协会建设了羊业科技培训中心160平方米，购置培训桌椅80套，添置了电视机、音响、投影仪等培训设备，一次可容纳200人同时参加培训。4年来开展各类技术培训26期，推介新技术、新成果、新产品200多个，培训协会会员、干部、农民、残疾人、自主创业者2 580人。五是创建羊文化展示园。羊文化展示园集肉羊品种活体、羊历史科普文化、羊肉加工产品于一体，吸引周边人群前来赏羊历史文化、学养羊知识、看斗羊表演、玩牧羊骑羊、乘公羊拉车、品羊肉佳肴，成为江苏省科普教育基地，每年前来学习、参观、就餐人数达到近万人。

2. 坚持科技创新,促进提档升级

羊业技术协会的核心是技术,关键是服务,技术和服务是协会立足之本,力量之源,发展之基。协会面对农村劳动力大量向非农产业转移,肉羊散养数量减少和生活水平提高需要养羊业规模化发展两大机遇,依托企业省工程技术中心和研究生工作站两大平台,组建研发团队,在国内率先提出工厂化养羊的概念,进行了工厂化养羊关键技术攻关和相关技术配套,建成了工厂化养羊技术体系;开发出了“大空间、大容量湖羊养殖车间”生产模式、“千只湖羊一人管护”的全新工艺,研发了“隐形羊圈门”“草料两用补料器”“羔羊专用补料器”等十几项产品;申报了60多项专利,获得了49项国家专利授权,取得了6项科研成果,发表了16篇专业论文,让羊群住上了空调房,睡上了竹羊床,喝上了清洁水,听上了轻音乐,吃上了营养餐,近20项创新成果转化的科技产品,通过技术协会推广得到了应用。丰县新建7个千只以上的规模羊场,均采用了高架床上养羊、钢构车间养羊、非粮饲料利用、全混合日粮、程序化免疫、智能化管理等新技术、新模式、新产品。

3. 利用协会平台,搞好技术服务

技术服务是丰县羊业技术协会的主要职责。为此,协会多措并举,多招并用,开展了多层次、全方位、立体化服务。

一是组建“专家团队”进行服务。组建了专家组、专业服务人员、科技服务队3个层面的技术协会服务团队。专家团队每年举办技术培训3～5期,深入养羊企业、养羊大户服务50次以上,接受技术咨询500人次以上。专业服务人员每年接待技术咨询人员3 000人次以上。科技服务队面对本镇及周边地区每年举办科普大集2～3次,发放技术资料2 000份,进村入户100户次,送疫苗超万支次,送饲料超百吨,接受科学养羊知识普及的农民超过千人。

二是通过“网络平台”进行服务。协会利用QQ、微信(微信群、公众号)、快手、抖音等现代移动网络工具面向全国养羊企业、大户进行在线服务,服务人数达到万人以上,解决养羊过程中出现的需求和难题超过5万个。

三是通过“横向联合”进行服务。协会主动与县镇具有科技知识普及、推广职能部门对接,牵头主办与积极参与相结合,主动倡导与积极配合相结合,抽调专人采取科普大集、现场指导、经验交流、摆放展板、科普长廊、志愿者服务等多种方式进行科学养羊的技术服务和科普服务,实现了技术服务的无缝隙全覆盖，每年接受科技服务的人数均超过万人。

四是通过“免费实习”进行服务。协会开办了“免费食堂”“免费招待所”，近年来先后接待了来自全国各地实习者近百人，实习期短者数日，长者半年，回去后绝大多数都成为当地养羊的领路人。

（二）取得成效

在协会系列化服务的推动下，全县新建千只以上规模羊场7个，百只以上规模养羊的比重由2015年的不足5%提高至26%，山绵羊饲养量由2015年的75万只提高到2020年的95万只，净增出栏20万只，产值3亿元，利润1亿元，实现了丰县养羊业由传统产业、优势产业向支柱产业、主导产业的跨越。另外，协会创新的工厂化养羊成果已推广至国内6个省300多个县市，新增养羊300余万只，新增产值27亿元，效益6亿元以上。

（三）经验启示

丰县羊业技术协会以绿色理念引领、优化产业体系、提升生产性能、提高盈利能力、加快新技术的应用推进羊产业升级，围绕种业振兴、打赢种业翻身仗、健全商业化育种体系，优化产业模式、提升生产效率和产品供应能力、推进科企合作，促进产学研深度融合，做强做优做大产业主体、头部品牌建立等方面共同推动羊产业进入高质量发展阶段。推动品种培优、品质提升、品牌打造和标准化生产，是提高农业质量效益和竞争力的需要。当前，我国养羊业规模小、产业链条短，质量效益仍然偏低，市场竞争力不强。协会积极发挥社会化服务功能和发展主体能动作用，可以加快选育推广高产优质新品种，提高产品品质，创建羊肉品牌，全产业链拓展增值空间，提升养羊业质量效益和竞争力，产生强大的产业带动效应。另外，必须重视畜牧种业发展，产学研用融合的商业化联合育种模式必须具备信息和育种资源共享的机制，建立企业与公益性育种单位合作育种的深度融合机制，跨场联合种畜遗传评估是解决选择强度问题的关键，建立“育繁推一体化”是开展商业化育种的有效途径。

第二节 路径与分析

一、当前的研究进展

随着乡村振兴战略实施的推进，农业社会化服务主体聚集产业、提供服务、对接供需，实现联农、带农、惠农的相关课题逐渐成为学界中的热点问题，学者们从不同的角度开展了多样的研究，取得了丰硕的成果。本节从需求和供给两个角度出发总结社会化服务组织集聚产业、对接供需方面相关课题的研究进展。

（一）社会化服务需求的相关研究

诸多学者以农户为主要研究对象，研究了不同地区农户社会化服务需求的差异化状况，并对社会化服务需求局面做出了基本研判。如王钊等（2015）利用重庆市 23 个区县 191 户农户的抽样调查数据，分析结果发现农户对各类农业社会化服务需求存在差异，产前环节和产中环节的需求意向较高，其他环节需求较低。罗小锋等（2016）发现种植大户对产中环节的农业社会化服务需求最高，对金融信贷等服务需求较低。熊鹰（2010）以成都市 176 个样本农户为调查对象，通过对农户综合性社会化服务需求强度的分析，发现现有的农业技术、信息服务尚不能满足农户的需要。杨爽等（2013）通过对新疆 10 个县（市）784 个农户的实地调查，发现农户对技术服务、金融服务、信息服务和流通服务需求较强。孙顶强等（2019）发现江苏农户对整地与收割等机械化服务需求较高，而对于田间管理环节需求较低。罗光强等（2014）基于湖南省 4 县市的农户数据分析结果发现，84.73%的新型粮农对农业生产性服务需求较高。韩剑萍等（2018）认为，处于农户需求从高到低依次是信息服务和种植技术服务、病虫害防治技术、灾害防治技术等。宋璇等（2016）利用湖南省 10 县 500 户林农调查数据，发现其对推广服务、保险服务、病虫害防治服务等服务的需求最高。

（二）农业社会化服务供给的相关研究

学术界对农业社会化服务供给的研究主要分布在社会化服务供给的类

型、模式和绩效评价等方面。

1. 农业社会化服务分类类型

学术界对社会化服务分类的方式有多种角度。一是按照服务内容的性质进行分类。仝志辉等(2015)从农户角度将农业社会化服务内容分为公共服务和市场性质服务。二是按照服务内容的要素密集程度进行分类。段培等(2017)将生产环节外包分为资本密集环节、劳动力密集环节和技术密集环节。三是按照产业链的角度进行分类。鲁可荣等(2014)将粮食种植户社会化服务需求内容分为产前、产中和产后3个阶段,产前环节主要包括水利灌溉设施建设、土壤改良技术培训、测土配方、土地平整、良种以及农药化肥供应等;产中环节主要包括机械化播种、化肥农药使用、病虫害防治、农业生产技术指导、机械化收割、机械化烘干等;产后环节主要包括农产品销售、加工和储存等。四是按照服务具体内容属性进行分类。夏蓓等(2017)将种粮大户的社会化服务需求分为农业信贷服务(土地流转费用、农机购置费用及劳动力雇用费用等信贷需求)、农业技术服务(化肥农药施用及突发病虫害防治等技术指导)、农机配套服务(农机保养、修理及停驻等)、粮食储存和农业机械服务(播种、施肥、打药、机耕、收割、脱粒、运输、农田平整等)、农业信息服务(农业优惠政策信息、粮价与农资市场信息等)。

2. 农业社会化服务供给模式

近些年来,以区域为依托,学者们总结了多种多样的农业社会化服务供给模式。张瑞娟等(2020)将区域农业社会化服务供给模式主要分为“整合资源—集中托管”“村社合并—自我托管”以及“农机服务—合作社托管”3种主要农业生产托管模式。杜洪燕等(2021)把农业生产服务供给主体与农户之间的利益联结机制分为“一般市场型”和“股份合作型”两种模式。董德利(2014)认为,农业社会化服务形式归纳为政府主导型、市场主导型、自助式服务组织主导型。除此以外,还有基于各地实践发展起来的一些典型的社会化服务模式,例如农业共营制模式(黄丹澜,2017;罗必良,2015)、生产环节外包模式(戚迪明 等,2015;徐建玲 等,2018)和土地托管模式(李静 等,2018;孙晓燕 等,2012;马树华 等,2013)等。农业共营制还包括如“专业化生产+专业化服务+充分政府扶持”农业共营制模式,以及“股份合作社+职业经理人+农户”共营制模式等(熊鹰 等,2016;申云 等,2016)。

3. 农业社会化服务供给的绩效评价

对农业社会化服务水平进行测度大多是从供给角度，基于社会化服务内容的不同方面构建指标体系，对社会化服务供给水平或运行效率进行评价。如周珺等(2013)选取了农产品流通加工服务、农业机械化服务和农业金融保险服务等6个一级指标，农村水利设施、田间道路、农资供应数等21个二级指标来测算浙江省农业社会化服务发展水平。齐力(2016)通过构建三层次综合评价体系，测算结果显示，我国农业社会化服务运营效率总体水平逐步上升，各项服务发展程度存在显著差异。详细来看，各类服务发展不平衡，农业信息化服务、农业机械、产业化以及基础设施服务的提升较为明显，农资、农技和金融服务的增长水平缓慢。

总的来说，农业社会化服务主体对接供需、发展产业等功能受到政府和学术界的密切关注。产业兴旺是乡村振兴的重要部分，被摆在了首要位置，对农业社会化服务案例分析研究，有助于梳理思路、创新方法、探索路径，为现有研究填补空白。基于此，本节以江苏省各地方专业(技术)协会为主要研究对象，探索其在集聚产业、对接供需等方面的发展路径，可为新型农业社会化服务体系健全提供有效参考。

二、解决的关键问题

传统的乡村产业发展方式较为粗放，特色农产品往往难以形成产业化，发展模式较为单一，地域性特征明显，创新能力总体不强，品牌效应发挥不够，产业链条延伸不充分，利益联结机制不健全，制约农民增收能力提升，乡村产业亟须转型升级。因此，聚焦农业、聚集产业、发展产业重点的农业社会化服务需要解决以下核心问题。

(一) 产业规模链条拓展问题

要将乡村的特色资源优势变成市场优势，必须将现代生产要素和乡村特色优势资源有机结合，延伸产业链长度，让更多附加值留在农业农村。近年来，虽然不少地区已经发展并形成了一些乡村特色产业，但是由于从事乡村特色产业的经营主体大多数是规模较小的涉农企业、农民专业合作社和农户，普遍缺乏产业经济思维和龙头企业引领，往往是“有心无力”，面临经营分散、规模偏小、有生产无产业、成本高收益低、风险大稳定性弱等困境，难以通过市场化手段推动产业做大，进而关联到产业链条短且较为低端，产品以粗加工为主，加工转化率、产品溢价率较低，与其他产业融合度较低。

（二）产业特色挖掘问题

一方面，受资源禀赋限制，地理位置相近地区，特色资源相近，追求产业发展的“心情”相当，导致不少乡村提供的产品或服务单调雷同、同质化严重，产业发展缺乏特色。另一方面，受知识、视野和经济发展水平等内外部因素制约，尤其是产业发展的联农、带农利益机制不健全，不少农民对乡村特色产业认同感较低，乡村特色产业发展动力不足，无法使乡村的丰富资源充盈、流动、升级和整合，难以挖掘并聚力乡村产业的“特色”。另外，部分乡村的特色产业建设存在急于求成、盲目跟风，甚至是一窝蜂而上，把乡村特色产业发展演变为“任务工程”的问题，致使乡村产业发展的特色不足。

（三）产业发展要素激活问题

乡村特色产业是在乡村空间范围内建立在特色资源比较优势之上，包括特色的产品、特有的自然资源、秘传的技能和独特的文化等资源。这些特色资源在没有激活之前，就是“沉睡”的资产，更不可能成为能带来资金收益的资本。当前，乡村普遍面临着先进技术、科学知识、管理知识、高质量信息等创新要素缺乏难题，具体表现为乡村特色产业发展需要的土地资源难以整合、资金技术普遍短缺、市场拓展渠道不畅、数据信息闭塞滞后，以及人才回乡入乡创业不易等，致使乡村的稀缺价值资源难以得到聚合创新，特色产业发展乏力。

三、创新的主要方面

针对产业聚集和发展的核心问题和突出问题，农业社会化服务主体需要创新发展路径，通过可操作、易复制、成效佳的方式方法，将典型案例示范成果根植于广袤大地之上，解决切实问题和现实困境，通过产业兴旺实现粮食安全、农业农村现代化以及乡村振兴战略。

（一）完善体系内控制度

各地农技协从运营规范化、规章明晰化、生产标准化等角度入手，提升全环节服务水平、全产业链管理水平，实现新技术、新模式有效推广和应用。在服务组织原有章程和制度基础上，筛选和制定符合当地情况的农业社会化服务制度和管理制度，采用试点实施的模式稳步推进推广，努力提高服务水平和经营水平。进一步完善现代农业社会化服务制度、服务组织管理制度、合同档案管理制度、生产管理制度、财务管理制度、仓储及出入库管理制度、农业社会化标准体系、亮化服务价格管理制度。细化农业社会化服务环节和服务质量监督、绿色农产品控制体系，通过协会引领的农业社会化服务更加专业化、标准化、规范化。

（二）创新社会化服务机制

一是丰富业务内容，拓展服务纵深。将农技协服务向纵深拓展，创新服务内容和形式，扎实做好重点环节，立足农业生产全生命周期，开展菜单式、保姆式服务，促进产业顺利发展、服务更加有效。

二是创新联结方式，拓宽参与范围。搭建平台、整合资源，按照“政府指导，企业主导，市场运作，多方受益”的原则，通过联合多方参与主体摸索创新服务机制。

（三）加强联合合作

一是加强行业合作，形成联合社壮大实力。充分发挥农技协的桥梁纽带作用，通过整合行业资源，创办组建社会化服务联合体，加强多方主体合作，改变“单打独斗”局面，实现区域化、规范化、标准化、全链化的服务和管理，打造优势互补的合作共赢局面。

二是探索校企联合模式，产学研融合发展。产学研融合是开展联合合作的重要一环，农技协的“科技小院”等校企联合模式将高校研究生、科研人员、农业企业与社会化服务对象紧密联系在一起，构建“科研院所—学者学生—农业企业—农户”合作平台。一方面，及时有效地解决社会化服务生产过程中的难点问题，提升农业生产技术水平；另一方面，实现培养人才、促进科学研究、服务农业生产、增加农民收入等多项功能，推动农业生产技术的示范推广，提升科学研究水平。这一模式将产、学、研紧密结合起来，实现功能与资源优势上的协同与集成化，促进技术创新上、中、下游的对接与耦合，为能更好地开展社会化服务、处理好土地与农民的关系、推动农业生产换挡升级提供了基层示范。

三是开展金融联合合作,解决资金短板。针对资金短缺问题,农技协需充分重视政策倾向和项目资金的沟通申请,着力解决其他社会化服务主体和小农户的资金短缺难题,加强与金融机构、保险机构的联合合作,通过联保、互保、担保等方式帮助企业、农民专业合作社、家庭农场以及农户解决融资难题。

(四)科技创新集成与推广应用

通过农作物生产、种畜养殖过程中环境、生物、设备等多类型数据的产生、收集、分析、利用、反馈上报,建立对应的农业大数据中心;利用现代化信息技术,数字化、互联网、人工智能等技术成果在农作物生产、种畜养殖过程实现全面应用;搭建数字化生产综合服务系统、生产物联网信息采集系统、生产遥感信息采集分析系统和全过程智能农机装备作业服务系统等,通过数字化农业创新应用的建设结合农业生产实际,实现农业生产数字化技术的落地转化及推广。

四、未来的研究展望

要充分发挥农业社会化服务主体的积极作用,坚持精准发力,立足特色资源,关注市场需求,促进一二三产业融合发展,以优势产业、特色产业、品牌产业发展强化乡村产业的质量效益和竞争力,更多更好惠及农村农民,推动农业强国建设和农村农民共同富裕。

本章选取了 6 个典型案例,突出农业社会化服务推动产业兴旺的关键作用,涵盖多家主体,服务种类丰富多样,做法总结和路径分析详实,有利于助力优秀协会的案例宣传和政策关注,更有利于推广典型案例中的创新做法和成功经验。

未来可从如下两方面进行深入研究:一是如何因地制宜地发挥农业社会化服务在推动特色产业的独特作用,破解农业产业化发展的关键难题,为农业产业建设、特色产品市场营销、行业技术推广应用、金融支农惠农服务、新型主体培育和农民培养等提供综合性的服务,是需要尽快解决的重要问题。二是如何明确农技协等服务主体作为区域性产业发展主推力量的社会地位和职能范围,通过法律法规的制定和农业主管部门的委托放权,将农技协的桥梁纽带角色深入人心,彻底发挥农技协的应有职能和延伸功能,也是需要尽快深入探究的问题。

参考文献

王钊,刘晗,曹峥林,2015.农业社会化服务需求分析——基于重庆市191户农户的样本调查[J].农业技术经济,(09):17-26.

罗小锋,向潇潇,李容容,2016.种植大户最迫切需求的农业社会化服务是什么[J].农业技术经济,(05):4-12.

熊鹰,2010.农户对农业社会化服务需求的实证分析——基于成都市176个样本农户的调查[J].农村经济,(03):93-96.

杨爽,余国新,2013.农户对不同社会化服务的需求及模式选择——基于新疆784个样本农户的调查[J].调研世界,(03):32-37.

孙顶强,Misgina Asmelash,卢宇桐,等,2019.作业质量监督、风险偏好与农户生产外包服务需求的环节异质性[J].农业技术经济,(04):4-15.

罗光强,周念,2014.新型粮农生产性服务需求影响因素分析——基于湖南4市131份粮农调查数据[J].湖南农业大学学报(社会科学版),15(05):15-20.

韩剑萍,李秀萍,2018.农业社会化服务的农户需求意愿与现实供给——基于四川省296个样本农户的调查数据[J].山西农业大学学报(社会科学版),17(04):38-46.

宋璇,田治威,曾玉林,2016.林农林业社会化服务需求的优先序及其影响因素——基于湖南10县500户林农调查[J].求索,(06):90-94.

仝志辉,侯宏伟,2015.农业社会化服务体系:对象选择与构建策略[J].改革,(01):132-139.

段培,王礼力,陈绳栋,等,2017.粮食种植户生产环节外包选择行为分析[J].西北农林科技大学学报(社会科学版),(05):65-72.

鲁可荣,周洁,2014.农业生产组织对农业社会化服务需求意向及实际满足度分析——基于对浙江省178例农业生产组织的抽样调查[J].福建论坛(人文社会科学版),(03):135-139.

夏蓓,蒋乃华,2016.种粮大户农业社会化服务供给侧改革研究——基于扬州地区264个样本农户的调查[J].财会月刊,(35):66-70.

张瑞娟,宦梅丽,2020.农业生产托管:模式、成效及启示——来自黑龙江省兰西县的经验[J].重庆社会科学,(10):5-17.

杜洪燕,陈俊红,龚晶,等,2020.农业生产托管:模式、成效及风险分担机制——基于山西和黑龙江两省的调研[J].价格理论与实践,(12):10-13+74.

董德利,2014.基于合作经济组织的农业社会化服务体系研究[J].求实,(09):92-96.

黄丹澜，2017."农业共营制"经营模式探索——以四川省崇州市的土地经营模式为例[J].重庆电子工程职业学院学报，26(06)：16-19.

罗必良，2015.农业共营制：新型农业经营体系的探索与启示[J].社会科学家，(05)：7-12.

戚迪明，杨肖丽，江金启，等，2015.生产环节外包对农户土地规模经营的影响分析——基于辽宁省水稻种植户的调查数据[J].湖南农业大学学报(社会科学版)，16(03)：7-12.

徐建玲，严洁君，储怡菲，2018.不同生产环节外包对水稻生产技术效率的影响研究——基于江苏水稻种植户的调研数据[J].粮食科技与经济，43(04)：93-96.

李静，孟天琦，韩春虹，2018.土地托管影响农业产出机制：投资效率及其解释[J].中国人口·资源与环境，28(09)：142-149.

孙晓燕，苏昕，2012.土地托管、总收益与种粮意愿——兼业农户粮食增效与务工增收视角[J].农业经济问题，33(08)：102-108+112.

马树华，刘正君，刘东阳，2013.济宁大田作物土地托管模式调查[J].山东经济战略研究，(11)：26-28.

熊鹰，陈春燕，李晓，2016.粮食生产适度规模经营的实践与内在机理分析——基于四川省邛崃市的调查[J].农村经济，(07)：56-59.

申云，贾晋，2016.土地股份合作社的作用及其内部利益联结机制研究——以崇州"农业共营制"为例[J].上海经济研究，(08)：55-66.

周珺，车裕斌，2013.浙江省农业社会化服务发展水平综合评价[J].湖北科技学院学报，33(03)：39-40+124.

齐力，2016.农业社会化服务体系运营效率评价[J].农业经济，(10)：24-26.

第五章

综合服务生产全程

坚持市场化运行机制，为会员（成员）生产提供综合性全程服务，是新型农业社会化服务体系的重要服务方式。在牵头主体统筹下，各类服务主体分工明确，协同开展产前、产中、产后服务，能够促进生产成本的系统性下降和综合效益的系统性提高。本章选取具有代表性自变量和关键性因变量的南京市溧水区华成蔬菜协会、南通市农村专业技术协会、靖江市香沙芋产销协会、靖江市鹌鹑协会、无锡市惠山区阳山水蜜桃桃农协会、宝应县畜禽养殖协会等典型案例，分别探讨其主要做法、取得成效和经验启示，经文献研究、归纳演绎与系统分析，阐明新型农业社会化服务体系建设中综合服务生产全程路径的研究进展、解决的关键问题、创新的主要方面和未来的研究展望。

第一节 实践与启示

一、全程服务产业强农惠农

南京市溧水区华成蔬菜协会 成立于2014年6月，位于南京市溧水区和凤镇乌飞塘村，在党的领导下依照章程规范运行，拥有负责人2名、专职工作人员6名，吸纳个人会员50个。年社会化服务收入达到37余万元，收入来源以会员会费、委托服务和产品供销为主。协会主要负责制定和规范蔬菜生产技术规程，完善产学研合作机制，开展技术培训和交流，提高种植户的种植水平，增加生产效益，带动农民增收致富。长期以来，协会不断整合蔬菜产业资源，以农业科技为核心，探索创新社会化服务机制，逐步形成蔬菜种苗供应、农资供应、田间管理、机械化操作、产品检测、加工、运输和销售一体的社会化服务体系。

（一）主要做法

1. 成立产业发展共同体，创新管理服务方式

近年来，协会通过农业产业化龙头企业牵头，组织会员联合成立了南京市首家蔬菜产业化联合体，带动溧水及周边范围内的蔬菜种植户、家庭农场进行蔬菜的标准化生产和品牌化销售，促进形成利益共享、风险共担的蔬菜产业发展共同体。协会在种植大户成员及周边菜农组成的蔬菜产业化联合体中通过采用统一农资采购、统一种苗供应、统一茬口安排、统一农机化服务、统一标准化生产、统一产品检测、统一运输销售、统一利益结算的“八统一”管理模式，根据各生产主体的实际情况以及市场数据分析，帮助其合理布局各生产主体的生产计划，确保蔬菜产品质量安全，增强供应能力，带动更多菜农增收致富。同时，协会依托华成蔬菜专业合作社先进的蔬菜生产装备和专业化服务团队，广泛开展蔬菜全产业链的生产经营服务。

2. 完善农业配套设施，全面提升服务水平

经过多年发展，协会不断完善软硬件服务设施，通过建立蔬菜工厂化育苗中心和农村科技服务超市等硬件设施，配置蔬菜全程机械化生产农机具30余套，为生产活动的各个环节提供了良好的保障。同时，成立溧水设施蔬菜产业重大技术协同推广联盟，与江苏省农业科学院、南京市蔬菜科学研究所、南京农业大学等科技资源密切对接，组建了由30名专家团队和10名技术人员组成的农业机械化服务团队，制定了统一的蔬菜生产技术标准，并不定期邀请专家实地为农户开展技术培训和指导，开展新品种、新技术、新模式、新装备等“四新”技术现场观摩和示范推广活动，为农户蔬菜生产提供可参考的范本。

3. 促进农资统购统销，切实保障农民收益

对各生产主体、种植户等生产的蔬菜产品由协会牵头交由联合体内的龙头企业统一进行质量安全检测，检测合格的产品统一收购。协会鼓励和要求规模以上的生产种植户和农民专业合作社统一使用省级农产品质量安全追溯管理平台，对蔬菜产品的生产、检测、销售过程进行记录，并出具合格证和追溯凭证，作为上市蔬菜产品的销售依据。此外，联合体通过与各生产主体、种植户等签订统一的订单生产或产品收购协议，解决农户销售的后顾之忧，为农民收益提供基础保障。

4. 开展全产业链服务，加大强农惠农力度

一直以来，协会始终坚持以农民利益为主，扩大蔬菜全产业链的服务范围，帮助更多农户降低生产经营风险，促进农户增收致富。

生产上，一方面联合体统一以低于市场价20%的价格为签订订单生产和产品收购协议的种植户供应蔬菜种苗，生产农资也可交由联合体统一采购，农户以原价回购，农资集体供应的价格优势日益凸显。田间管理上，成员可以市场价的70%租用农机，或通过支付人工费让农机服务团队提供操作服务。另一方面，协会建立了统一的蔬菜产业专家库，入库专家30余名，并搭建专家咨询服务渠道，定期邀请专家免费帮助成员解决生产种植中遇到的问题。

销售上，协会依靠联合体成熟的营销渠道和电商平台，对农户当季统一安排种植的蔬菜进行保护价收购(一般高于市场价0.2～0.5元)；非会员或订单外生产的蔬菜，通过支付部分的摊位和运输租金可租用联合体的线下销售点和运输工具，并指派相应销售人员跟随销售，也可将蔬菜直接按市场价交由联合体统一销售。此外，每年年终联合体根据各成员种植户的蔬菜收购量和产品品质等情况，对品质好、产量高、效益好的小农户进行5 000～80 000元的一次性现金奖励，其他成员种植户也会分发价值3 000～5 000元的农资补贴奖励。

5. 布局产业人才培养，提高专业服务能力

人才发展是产业发展的核心。协会始终注重人才的引进和培养，建立了农民田间学校，积极培养新型职业农民，促进了产学研合作的顺利开展。

一方面，邀请蔬菜产业专家扩大服务力量，通过咨询热线、实地指导、定期回访、实验示范和课程宣讲等多种方式，对产业发展及农户遇到的生产经营问题开展技术培训和咨询。同时，通过本地农业科技期刊、农技推广网站、农民专业合作社社会化服务综合管理平台、各种植基地等线上线下平台等资源，加大科技成果宣传力度，促进农业科技成果落地转化。

另一方面，协会通过对接高校毕业生资源、开展专场招聘等活动，先后帮助引进了农业院校相关专业青年大学生22人，并为他们搭建发展平台，聘请资深专家和经验丰富的基层农技人员进行培训和指导，无条件提供技术、资金、政策、创业培训等各方面资源，解决青年人才创新创业的后顾之忧，从而不断为现代农业发展作出贡献。

（二）取得成效

1. 服务管理模式更加高效

通过成立蔬菜产业化联合体，依托农民专业合作社先进的生产装备和专业化服务团队广泛开展蔬菜全产业链的生产经营服务。同时，通过"八统一"创新管理模式，根据各生产主体的实际情况以及市场数据分析帮助其合理布局各生产主体的生产计划。带动了溧水及周边范围内的蔬菜种植户、家庭农场等共计5 300余亩的蔬菜种植面积进行蔬菜的标准化生产和品牌化销售，形成了利益共享、风险共担的蔬菜产业发展共同体。

2. 增收保障机制更加完善

协会依靠联合体成熟的营销渠道和电商平台，牵头联合体内的龙头企业对成员的蔬菜产品进行统一质量安全检测，并对农户当季统一安排种植的蔬菜进行保护价收购。协会成员、联合体成员可以市场价的70%租用农机，或只需支付部分的摊位和运输租金即可租用联合体的线下销售点和运输工具，并指派相应销售人员跟随销售，也可将蔬菜直接按市场价交由联合体统一销售。

签订协议的种植户可以享受到由联合体统一以低于市场价的20%供应的蔬菜种苗。此外,每年年终联合体根据各成员种植户的蔬菜收购量和产品品质等情况,发放相应的奖励和补贴。

3. 农民生产素质显著提高

依托专家团队,通过多种渠道对农户蔬菜生产经营过程提供全程技术指导,为家庭农场、种植基地等提供品种布局和生产规划。每年至少开展科技培训 20 场次,培训农民 3 000 人次以上,并免费发放新品种、新技术、新模式、新装备科技成果手册,先进农业科技信息得以传播。农户生产过程中遇到的技术难题得以及时、高效解决,农业机械化操作水平显著提高。

4. 农业人才队伍更加壮大

积极与各大高校合作,深度推进产学研融合。建立了统一的蔬菜产业专家库,入库专家 30 余名,组建了由 10 名技术人员组成的农机化服务团队,搭建了专家咨询服务渠道,定期邀请专家与成员进行“1 对 1”对接,免费解决他们在生产种植中遇到的问题。同时,通过对接高校毕业生资源、开展专场招聘等活动,先后帮助引进了农业院校相关专业青年大学生 22 人,并搭建发展平台支持青年创新创业,为农业农村现代化发展提供了青春活力。

（三）经验启示

南京市溧水区华成蔬菜协会在立足产业服务和先进的产学研合作机制的优势基础之上,积极发挥蔬菜协会党员的带头示范作用,基于农业科技推广这一核心面向菜农及种植户提供全方位的保障服务。协会坚持深耕技术,不断地提高蔬菜种植户的种植水平,最大化地提高蔬菜产业经济效益。以开展党建保证协会各项工作的有效开展,积极践行为人民服务这一宗旨的核心理念。协会各个支部根据协会探索创新社会化服务机制这一特点,抓服务保障落实的同时也做到了党支部的责任监督,将协会管理服务工作同党的建设紧密结合在一起,形成党建促协会发展,协会发展良好的反作用于党建,形成良好的螺旋式上升的不竭动力,持续为农业农村的发展作贡献。

二、技产结合服务区域农业农村发展

南通市农村专业技术协会 成立于2008年，位于南通市崇川区青年西路8号，在坚持党的领导下遵循规章流程依法运行，坚持机构实体化、负责人专职化和工作人员职业化，拥有专职工作人员4名，其中，负责人2名、工作人员2名。服务范围包括科学普及、科技服务、培训指导、科技研发等。协会成立了党支部、理事会、党支部委员及工会委员会，财务制度健全，会费收缴率达100%。协会会员由以从事专业技术服务的基础型会员为主，发展到科技服务、农资供应、产品销售、金融保险等领域的会员同步吸纳，会员由2008年的68个发展到目前的102个。年社会化服务总收入达38余万元，主要会员会费、承担项目和委托服务等服务性收入构成。协会拥有一支优秀的科技创新与科技服务团队，现有技术人员58名，其中正高职称3人，副高职称19人；江苏省优秀科技工作者1人，江苏省“333高层次人才培养工程”中青年科学技术带头人4人，南通市“226高层次人才培养工程”中青年科学技术带头人6人，南通市专业技术拔尖人才2人，南通市优秀科技工作者2人，南通市青年科技奖获得者1人。从事农副产品加工技术研究的科技人员15名，其中副高以上职称的人员6名；从事科技服务的科技人员36名，其中副高以上职称的人员5名。协会主要宗旨是围绕农村、农业、农民问题和富民兴农总体目标，以农民增收为己任，技术服务为核心，项目为载体，通过开展学术交流、技术普及、技术培训、技术咨询，提供优质、快捷的服务，促进南通市农副产品加工业的健康、持续发展。

2018年获得由江苏省农村专业技术协会颁发的“2018年度龙头协会”称号；2019年获评由南通市颁发的第31届科普宣传周先进集体和先进个人；2020年，研发的“特色蔬菜荠菜提质增效关键技术与装备研发”成果获南通市农技推广三等奖，《南通农业科技示范区建设路径(基于系统工程的多视角研究)》获南通市第十五届哲学社会科学优秀成果二等奖。协会长期致力于社会化服务，主要以形式多样化，内容拓展化，规模扩大化，成效显著化为目标，通过做特色、创亮点、搞创新，取得一定的成绩，在乡村振兴中起到了良好的示范带动作用。

（一）主要做法

1. 坚持党的领导，做好协会特色服务

协会深入实践多型服务，主抓特色型服务，服务内容从技术拓展到政策、信息、人才、经济、市场、产业等各个层面拓展；服务形式从传统的培训、咨询向新媒体、项目组织、项目实施、承担政府转移职能等方面拓展；服务对象从政府、农民向高校院所和龙头企业、家庭农场、全托管组织、农民专业合作社等新型农业经营主体拓展。

为落实习近平新时代中国特色社会主义思想和党的十九大精神，深入宣传贯彻《中华人民共和国科学技术普及法》，先后组织开展以"关注特色园艺，提高幸福指数"为主题的园艺科普行活动、南通市农业智能装备科普活动。普及科学知识，弘扬科学精神，传播科学思想，倡导科学方法，在全社会推动形成讲科学、爱科学、学科学、用科学的良好氛围，提升居民科学文化素质，结合本地区、本部门资源优势开展科普活动，突出地区特色和领域特点，促进乡村振兴的指导思想。

2. 强化平台建设，推动服务管理升级

牢固树立责任意识，牵头成立江苏蔬菜速冻加工产业技术创新战略联盟、江苏省冷链学会农产品加工专业委员会。在平台建设上取得了一定的建树，这也为江苏省冷链学会及其产业提供了指导，并在开展农产品加工技术与装备的研发以及南通市境内的推广与普及做好相关的培训工作。

与此同时，协会参与牵头成立的江苏蔬菜速冻加工产业技术创新战略联盟更是以大会表决通过了《江苏蔬菜速冻加工产业技术创新战略联盟会管理办法》，旨在平台服务管理取得质的飞跃，并为产业发展制定完备的标准和制度，不仅承接政府转移职能，更是扎实做好各项实践教育培训、基层项目管理工作，推动其朝着良好的方向向前迈进。

3. 加强科技创新，实践机制内外联动

协会扎实搞好创新，主要围绕科技创新和机制创新两方面，从主持省地方标准项目、市级科技计划项目，参与市级乡村振兴战略研究专项课题等方面入手，不断地创新发展使得服务呈现多样化、精准化的模式。

此外，机制创新主要通过构建新型成果研发体系和创建成果转化应用体系来实现协会经多年实践，逐步建立起以高校院所为研发主体，以社会组织为服务主体，以推广部门为示范主体，以企业为产业发展主体，利益共享、风险共担的新型成果研发体系。在加强自主创新的同时，更加注重集成创新和引进消化吸收创新，系统促进自主创新成果、集成创新成果、引进消化吸收成果的转化应用，提高自身经济效益，获取更高的社会效益和生态效益。创建了以科技成果为引领支撑，以产业技术创新联盟为载体，社会组织为服务主体，加工企业为应用主体，原料生产基地、种植企业、示范园区、家庭农场、农民专业合作组织、菜农广泛参与，合同契约式的一主多元成果转化应用体系。并通过确立工业化理念，推行“双订单”商业模式，扶持小微企业，促进社会化服务，树立典型引导，构建“利益共同体”以及培训咨询等组合措施，加快成果的研发进度和转化应用速度，提升协会科技普及和技术服务的成效。

（二）取得成效

1. 促进服务升级

协会在服务的多样性、平台建设、自主知识产权的形成 3 个方面实现服务升级。举办的“关注特色园艺，提高幸福指数”园艺科普行活动，吸引感兴趣的社会各界人士共 45 人参加活动；举办的南通市农业智能装备科技普及活动吸引到以南通市农村专业技术协会部分理事为代表的 48 人参加活动；近三年来，协会主持或参与承担的科技计划项目和委托服务项目 21 项。先后主持或参与承担的科技计划项目 2 项及接受实施委托服务项目 19 项，通过这些项目的实施，向 2 500 多人次灌输了出口蔬菜或特色蔬菜新品种特征特性、栽培技术、高效模式等科技知识 76 条，有力地推动了新成果的示范推广；开展多次农业科技成果评价活动，为江苏沿江地区农业科学研究所等单位出具的 5 份农业科技成果评价报告中的 3 项评价成果获南通市农技推广三等奖；先后参与牵头成立江苏蔬菜速冻加工产业技术创新战略联盟及挂牌成立江苏省冷链学会农产品加工专业委员会。

2. 强化科技创新

协会主持承担的江苏省市场监督管理局省地方标准项目“荠菜三播多收栽培技术规程”进入准备收尾验收；协会主持的市级科技计划项目“特色蔬菜荠菜速冻加工关键技术与装备研发”，顺利通过了南通市科技局组织的验收。

该项目发明秋播荠菜“三播多收”栽培技术，研究形成“桑园套种荠菜”等 5 个高效种植模式；在《江苏农业科学》发表题为《应用马斯洛需要层次理论构建缓解相对贫困的差异性长效机制》的学术论文 1 篇；逐步构建了以高校院所为研发主体，以社会组织为服务主体，以推广部门为示范主体，以企业为产业发展主体，利益共享、风险共担的新型成果研发体系。

3. 实现成果转化

协会先后组织 8 次团体标准审议。为江苏省农业科学院等 20 多家单位制定“大豆植物奶粉”等团体标准 47 项，内容涵盖园林蔬菜、耕作栽培、农产品加工、遗传育种、畜牧等多个学科。这些标准都已经在全国团体标准信息管理平台发布；承接汉中南郑农村致富带头人实践教育培训、泗阳意杨国家园区项目验收、南通市“江苏省基层科普行动计划”项目管理、农业科技成果评价等 5 个方面的政府转移职能，合同收入近 20 万元；承接 2020 年度南通市“基层科普行动计划”项目管理工作。

（三）经验启示

南通市农村专业技术协会充分发挥党组织的领导作用和科技人员的示范带头作用，基于农业领域内的科学技术帮助“三农”开展全方位的服务。协会立足自身技术成果导向这一特色优势坚持以党的建设统领协会各项工作，带领广大会员听党话、跟党走，毫不动摇地践行“科技为民”理念，为支持“三农”的发展作出应有的贡献。协会党支部根据协会的特色服务这一特点，充分发挥政治核心作用和保证监督作用，积极支持理事会开展工作，将协会业务工作与党建工作捆绑，一起抓同步建，形成党建带动、积极作为、内外联动、协同发展的强大合力。

三、科技社会化服务促进县域特色生产

靖江市香沙芋产销协会　成立于 2005 年 3 月，位于泰州市朱惠路 8 号，有个人会员 252 个、单位会员 6 个。在党的领导下依章程运行，实现了机构实体化和工作人员专职化，拥有专职工作人员 12 名，其中，负责人 3 名、工作人员 9 名。服务范围包括科学普及、科技服务、培训指

导、农业生产资料供应、生产作业、农产品加工销售等。协会成立了党支部及工会委员会，财务制度健全，会费收缴率达100%。协会会员由以从事香沙芋种植生产的基础型会员为主，发展到科技服务、农资供应、产品销售等领域的会员同步吸纳。年社会化服务总收入达1 128余万元，主要由产品供销和委托服务等服务性收入构成。在协会努力下，靖江市香沙芋种植面积不断扩大，经济效益不断提高，辐射带动广大农户，在乡村振兴中起到了重要的带动引领作用。

（一）主要做法

1. 坚持党的领导，搭建平台完善机制

协会不断加大服务平台的建设，服务区域不断扩大，科技服务平台建筑面积增加的同时也进一步完善基础型培训设备设施，进一步完善功能分区。此外，协会依托“江苏优质芋头产业技术联盟”理事长单位，也是科技超市建设单位，建立芋头种植农机服务队，重点推广“芋头全程机械化种植”技术成果应用，并规范有序地加强示范基地和网络的建设。

在继续坚持市场化运作机制的基础上，协会深入挖掘香沙芋产业效益，通过服务壮大整个香沙芋产业，提升自身实力，提高科技附加收入，为提升靖江市香沙芋产业整体实力，靖江市科协指导协会开展工作，利用有利条件组织人力、物力解决好香沙芋发展中遇到的问题，协会将成果与所有种植户分享。作为“江苏优质芋头产业技术联盟”理事长单位，协会积极开展科技服务事业，传授种植经验，做好协会日常服务等工作，使靖江香沙芋产业做大做强。协会从公司的收入中拿出部分资金作为协会日常运作经费，保证协会顺利开展工作。确保香沙芋物技结合的科技服务新形式能够发挥最大效用。建立农资统筹调度平台，通过合理制定仓储规模，有效降低成本消耗，发挥农资连锁经营的最大益处。

2. 壮大人才队伍，创新服务运营管理

协会牢固树立人才是立业之本的意识，围绕靖江香沙芋产业开展科技服务，聘请江苏省农业科学院张培通研究员和靖江市农业委员会孙旭明研究员作常年技术顾问，同时聘请12名专业技术人员、外聘20多名农业相关专家，定期开展科技培训，新技术、新产品推广等服务。协会专门配备5名工作人员，负责每日开展科技咨询、信息查询、农产品信息发布等工作。及时收集需求与难题信息，解决农业生产经营过程中的问题。农户将生产过程中遇到的问题及时向协会工作人员进行反映，协会在第一时间给予解决。同时，组织专家根据农业生产的实际需要，针对农民所提问题或技术需求，采用课堂讲座、现场实践等方式开展技术培训，推广先进实用的农业技术，解答农民在生产过程中遇到的技术问题。通过编印技术挂图等形式，适时开展形式多样、内容丰富的科普宣传活动，普及有关专业知识。指导农民登录网站开展远程培训，查询科技信息、市场信息和发布供求等各类信息。农民通过电脑上网查询相关的技术信息，及时了解市场动向和新技术、新品种信息，解决农民产前、产中、产后技术难题，为农民提供农业新品种、新型肥料、生态友好型农药、高效农机具等新产品的应用推广服务。

3. 产学研相融合，示范引领农户生产

协会通过"集中育苗、统一供苗""芋头机械化作业"等技物结合方式将技术进行推广，为靖江香沙芋产业发展提供了强有力的技术服务支撑，省、市领导多次到协会调研，真正成为了农民喜欢、政府青睐的科技服务新平台。开展标准化生产，取得"无公害产地认证""无公害产品认证"，通过了"中国绿色食品认证"。成功加入江苏省《放心吃联盟网》，消费者能够从江苏省《放心吃联盟网》上享受产品了解、订购、农产品质量追溯等一系列服务，可通过包装信息进行追溯，使消费者能够买得安心、吃得放心。此外，协会会员产品检测和销售网络齐全。

（二）取得成效

1. 建设运行有效

科技服务平台总建筑面积达1 200平方米，其中有200平方米培训区，配备了培训桌椅、电脑、显示屏、投影仪、音响等培训器材，解决了大型培训难的问题；新型农机具展示区240平方米，展示各类新型农机具；整个服务平台分成成果展示区、新型农机具展示区、成果交易区、技术咨询区、信息发布区、培训区、科技特派员工作站等功能区；"芋头全程机械化种植"技术成果应用，得到了广大种植户的好评，叫响了协会服务的品牌；依托江苏红芽农业科技有限公司10 000多平方米试验田作为示范基地，安装电子显示屏、监控系统、专家远程咨询系统，在外观形象、设施条件、经营内容、仓储规模等方面规范有序；坚持市场化运作机制，协会深入挖掘香沙芋产业效益，通过服务壮大整个香沙芋产业，提升自身实力，提高科技附加收入，为提升靖江市香沙芋产业整体实力，靖江市科协指导协会开展工作，利用有利条件，组织人力、物力解决好香沙芋发展中遇到的问题，并将成果与所有种植户分享；公司作为“江苏优质芋头产业技术联盟”理事长单位，积极开展科技服务事业，传授种植经验，做好协会日常服务等工作，使靖江香沙芋产业做大做强；建立农资统筹调度平台，通过合理制定仓储规模，有效降低成本消耗，发挥农资连锁经营的最大益处。

2. 推动农业增效

聘请12名专业技术人员、外聘20多名农业相关专家作技术推广和培训，今年推广新技术5项，发布科技信息80余条，科技咨询500多次，培训农民1 000多人次；协会配定的农业技术人员，每日开展科技咨询、信息查询、农产品信息发布，定期开展科技培训，新技术、新产品推广等服务。及时收集需求与难题信息，解决农业生产经营过程中的问题。农户将生产过程中遇到的问题及时向协会工作人员进行反映，协会在第一时间给予解决；合作开展靖江香沙芋地方特色品种的改良选育，为其标准化生产奠定基础；芋头专用肥料的推广工作有序进行，为靖江及江苏省芋头产业的发展提供强有力的技术支撑；与泰州市农科院合作开展“大棚芋头种植技术”试验获得成功，使靖江香沙芋上市时间提前15天，提高了经济效益。

3. 实现农民增收

协会通过“集中育苗、统一供苗”“芋头机械化作业”等技物结合方式将技术进行推广，为靖江香沙芋产业发展提供了强有力的技术服务支撑。通过开展科技服务，企业自身得到了很好的发展，在科技专家及企业自身的研发不断投入下，公司及农户2021年度商品芋亩产量达到史无前例的提高，通过测产，亩产商品香沙芋1 250千克，同比上年亩增产30%，得到了种植户的认可与好评。

4. 提高产品质量

推广“芋头全程机械化种植”等技术，根据季节培训农民，使种植户在掌握种植技术的同时了解农产品质量安全的重要性；协会建立农资统筹调度平台，实行统一的生产物资货源调度，为农民提供农业新品种、新型肥料、生态友好型农药，杜绝违禁物化品的使用；“红芽牌香沙芋”商标获得“泰州市名牌产品”认证，创建无公害基地，通过国家绿色食品、国家原产地证明标志的认证，为提高香沙芋知名度、扩大市场份额提高了坚实基础；产品成熟之后，由协会统一收购、统一标准、统一包装，集中销售至全国各地，保证香沙芋特色产业的安全健康发展。

（三）经验启示

靖江市香沙芋产销协会在立足协会服务平台的优势基础上，通过自身良好的发展模式促进本地区产业发展和辐射带动农民致富，践行帮农助农的理念精神，更毫不动摇地发挥出应有的示范带头作用，基于实现区域乡村振兴的战略背景下，充分发挥党组织和协会各个党支部的领导表率作用。协会坚持以党的建设统领协会各项工作，带领广大会员听党话、跟党走，形成能吃苦、有纪律、能打胜仗的优良组织队伍，为农村农业产业发展作出贡献。根据协会的特点，从科技服务到技术推广再到产销结合，无不将协会业务工作同党建工作相互衔接，形成上下贯通、内外联动的强大动力。

四、一条龙服务推动县域特色产业快速发展

靖江市鹌鹑协会 于1996年5月成立。全市规模养殖户60多户，饲养量由最初从无锡引进试养的千只，发展到现在的近400万只，销售也由原来的“提篮小卖”发展到现在专用运输车直销上海等大市场。因为靖江市蛋源充足、鲜蛋品相好、市场诚信度高，所以靖江鹌鹑蛋深受上海等市场青睐。自2009年起，协会直接参与全国蛋品定价，掌握了销售的主动权。协会的营销服务也由本市拓展到江苏姜堰、张家港、浙江金华等地。销售淡季，鹌鹑蛋全部由靖江“骥·洋”“天源”及苏州“百利”等食品企业加工成卤蛋。鸟粪大多直销无锡、常州等大型花木果品生产基地。淘汰老鸟80%销往无锡、常州、南通等地企业加工成休闲食品。

（一）主要做法

1. 创新服务模式，破解产业发展瓶颈

协会成立前，由于没有稳定的销售市场，养殖户缺乏抗风险的能力，养殖亏损现象较为普遍，鹌鹑产业发展严重受挫。为破解市场瓶颈制约，在一部分鹌鹑养殖大户的倡导下，同时在政府相关职能部门和市老科协农业分会专家的指导下，组织建立了靖江市鹌鹑协会。协会组织产业服务，培植经纪人队伍，主攻市场销售，在上海、无锡、苏州、常州、南通等城市建立起了稳定的销售窗口。在种苗供应上，协会多方筹措资金，由会员自办炕房，选择优质品种，年供苗近 100 万只。在饲料配送问题上，协会当时对姜堰、泰兴等多家加工企业进行了筛选，好中取优，现又转移到海安、溧阳等地，确保了饲料配送质量。另外，协会又充分发挥市科委支持创办的“技术培训中心”的作用，通过陪同饲养、资料发放和电话指导等“三传技”措施，及时解决养殖户遇到的技术难题。这就是现在协会逐渐形成“种苗发放到户、技术服务到户、饲料配送到户、蛋品收购到户、资金结算到户”的“五到户”一条龙服务模式。

2. 更新孵化设备，推广鹌鹑优良品种

老科协畜禽专业会员长期挂钩服务在鹌鹑养殖一线。2015 年 6 月，市老科协农业分会在市鹌鹑协会的配合下，对鹌鹑养殖现状和市场发展情况进行调研，撰写了《关于我市鹌鹑养殖发展情况的调查及建议》。针对调查中发现的鹌鹑品种退化及孵化设备落后等存在问题，邀请南京农业大学特禽专家林其騄教授现场指导，并经省科协批准，成立了南京农业大学老科协靖江鹌鹑科技服务站，制订了《靖江市鹌鹑项目提升计划》。市、企共同出资 36.38 万元，新建年供苗 200 万只的智能孵坊，并试炕成功。

3. 瞄准新的目标，做足提档升级文章

靖江老科协农业分会作为靖江鹌鹑协会的顾问和技术指导，明确一名副会长长期联系和指导鹌鹑协会工作。2022 年老科协农业分会指导和帮助鹌鹑协会进行换届，充实了协会新的领导班子，将一些有理想、有抱负、有志于鹌鹑养殖事业的大学生充实到鹌鹑产业服务中来。如陈成、缪洁等二代养鹑人都是年轻有为的大学生，家中有养殖基地，同时从事营销服务。经推荐陈成同志任鹌鹑协会副会长，参与协会领导工作。协会换届后，面对新的形势和挑战，

他们提出了鹌鹑养殖提档升级规划。一是着手创办智能化现代生态鹌鹑示范养殖基地。从改造养殖环境入手,变传统笼养模式逐步向生态化、智能化养殖发展,从根本上解决环境污染问题,提升循环产能;二是创建鹌鹑品牌,不断提升品牌效应,让靖江鹌鹑在业内有影响,在市场有更大的竞争力;三是不断提升协会的服务水平,从鹌鹑养殖到成品加工到市场营销整个产业链,协会将提供全方位、全过程、更加优质的服务。

(二)取得成效

1. 促进产值提升

2021 年统计数据显示,全市鹌鹑产值 1.75 亿元,占年度牧业总产值的 15%,创造利润 2 100 万元,户均收入 30 余万元。靖江市已成为江苏省鹌鹑饲养规模最大的养殖基地。2013 年和 2014 年,生祠镇大进村王宏鹌鹑专业合作社分别获评江苏和国家农民专业合作社示范社。

2. 推动品种优化

2016 年,协会从连云港引进国家推广优良品种二元杂交南农黄羽蛋鹑 50 万只,试养结果显示杂交优势明显,单个母鹑年产蛋与本地自繁自养品种相比增加 28 枚,经济效益提升 8%以上。与此同时,协会又与连云港市赣榆区金山镇(中国鹌鹑之乡)建立长期合作关系。2018 年开始,靖江市二元杂交南农黄羽蛋鹑良种覆盖率 100%。

3. 实现种养循环

作为靖江市鹌鹑协会所在地,大进村有鹌鹑规模养殖户 6 家,养殖 100 多万只鹌鹑,日均产蛋 15 吨。近年来,随着大进村特色农业产业项目不断增加,鹌鹑养殖所产生的粪便和深加工的蛋壳成为周边种植大户的有机肥料,促进了当地水蜜桃和翠冠梨产业发展。

(三)经验启示

靖江市鹌鹑协会坚持市场化运行机制,围绕产业链提供一体化综合性服务。协会培植经纪人队伍,保障服务专业化职业化。协会现已形成“种苗发放到户、技术服务到户、饲料配送到户、蛋品收购到户、资金结算到户”的“五到户”一条龙服务模式。协会广泛组织开展农村与农业科技活动,促进科技与经济的融合,加速科技成果转化,发展现代农业;组织开展农业产前的新技术、新品种、新模式、新装备，产中的新产品、新工艺、标准化、智能化，产后的贮存、保鲜、深加工、流通、电子商务以及农产品质量提升、产销业态等社会化技术服务，促进农业科技水平提升和产业化发展。

五、科学规范全方位服务镇域知名产业持续发展

无锡市惠山区阳山水蜜桃桃农协会 成立于1998年3月，现有个人会员10 413人，示范带动桃农15 000余户，水蜜桃种植面积3.2万亩，拥有专职工作人员22名。协会以“质量和效益”为中心，组织广大桃农实施水蜜桃标准化管理，积极开展科技培训和咨询服务，普及科学种桃知识，认真开展水蜜桃科学试验和新品种、新技术、新肥药的示范推广，提高阳山水蜜桃的品牌竞争力，促使水蜜桃增效、桃农增收。协会年总收入60.4万元，其中委托服务收入21.6万元。

（一）主要做法

1. 充分发挥党组织的领导作用和党员桃农的示范带头作用

协会建立了阳山水蜜桃桃农协会党总支，充分发挥党组织的领导作用和桃农党员的示范带头作用，推动阳山水蜜桃产业科学、合理、可持续发展。协会党总支根据190余名党员桃农的专业分工及生产片区分布，设8个党支部，树立了50个党员示范户，建成5个科技种植实验区，8个党员服务责任区，在栽培管理、病虫害防治和新技术推广方面，进行技术指导和信息服务。把党的政治优势转化为水蜜桃产业发展的人才优势、竞争优势和发展优势，提高了桃农党员在群众中的影响力。

2. 科学规范，组织开展全方位服务

协会制定了《无锡水蜜桃生产技术规程》和《无锡水蜜桃》2个江苏省地方标准，得到了江苏省质量技术监督局的批准，并按照2个标准的要求，采取多种措施组织会员实施。协会多次邀请全国桃产业体系的岗位专家，南京农业大学、扬州大学、江苏省农业科学院的教授和专家给阳山的桃农讲课，使桃农了解国内外果树生产发展的新趋势、新技术。通过举办技术培训班、现场会及发放技术资料、播放技术指导专题录像的方式，提高广大桃农的技术水平。近

3 年，协会共举办新技术、新品种、新肥药推广及农产品质量安全培训班 18 期，培训人数 2 368 人次。3 年共印发农技简报 22 期，累计 27 万余份。

协会每年根据农事季节组织农资下乡，如硫酸钾缓释复合肥、海洋生物有机钙、硅钙镁钾肥、莲花氨基酸肥料及有机生物肥等，为桃农降低成本。

在搞好面上技术服务的同时，协会发展了 320 户科技种桃示范户，并通过他们进行新品种、新技术、新肥药的示范推广。协会积极开展科技咨询和农业科技 110 服务，对生产中出现问题和有疑问的桃农，协会技术人员接到电话后，都能耐心细致地解答桃农的问题，并多次赴现场进行调研和指导。

3. 培养经纪人队伍，进一步拓展水蜜桃销售市场

协会积极扶持和培养销桃经纪人队伍，并完善了管理机制，使他们做到规范经营，现在协会有 500 多位素质较高的水蜜桃经纪人，其中，对接大型超市的经纪人有 50 多个，为阳山水蜜桃的畅销作出了贡献。在进一步发展水蜜桃经纪人拓展国内市场的同时，把目标瞄准国际市场。近几年，阳山水蜜桃已进入泰国、新加坡、加拿大等地销售。

4. 加强市场监管，建立水蜜桃质量监控体系

协会加强对阳山水蜜桃质量安全的监控，召开阳山水蜜桃质量安全工作会议，建立水蜜桃质量监控、监管网络，对阳山水蜜桃生产的全过程进行监管，确保阳山水蜜桃质量和安全。

协会宣传贯彻“食品安全法”，与会员签订了“林果质量安全承诺书”，按照水蜜桃绿色食品的生产要求，对高效低毒农药的交替使用和安全间隔期等都作了详细的规定。加强阳山水蜜桃质量安全体系建设，完善质量安全监管网络，做好水蜜桃生产户的全面调查和督查，与农资经营单位签订农资守法经营告知书，发放绿色食品禁用农药品种宣传资料。2021 年水蜜桃送检 4 批次，抽检 15 批次，市场速测 9 986 批次，扎扎实实把水蜜桃质量安全工作从源头抓起。在做好水蜜桃生产、销售质量管理的同时，加强阳山水蜜桃品牌保护工作，协会每人办有 1 张 IC 卡，会员凭卡进阳山水蜜桃市场销售，确保阳山水蜜桃的质量和安全性。

为了促进和规范阳山水蜜桃销售，协会 2021 年给阳山水蜜桃 86 个网络经销商颁发了“网络销售授权证书”，给 121 家实体店颁发了“实体店销售授权证书”。

（二）取得成效

1. 促进农民致富

阳山水蜜桃的产量、产值和经济效益呈逐年提高的态势，一般正常年份，阳山水蜜桃年总产量 5 万吨，水蜜桃总产值 7 亿元左右，平均亩产值 2.19 万元，最高亩产值 5.5 万元，很多果农收入在 5 万～10 万元，有的达到 20 万元以上，规模经营达 60 万～100 万元，面积最大的产值达 300 多万元。

2. 建立公用品牌

阳山水蜜桃产业化的发展，带动了周边地区水蜜桃生产的发展，并获得了很好的经济效益。惠山区以阳山为中心的水蜜桃面积已从本世纪初的 1 万亩发展到 3.2 万亩，以阳山为中心的周边地区（包括滨湖区、武进区）水蜜桃面积已迅速发展到 6 万余亩。协会注册了“阳山”水蜜桃地方证明商标和阳山水蜜桃原产地标记，阳山水蜜桃已先后获得无公害农产品标志和国家绿色食品标志，多次被评为江苏名牌产品和江苏重点名牌产品；多次荣获江苏省优质水果评比金奖；多次在中国园艺学会桃分会举办的全国赛桃会上荣获金奖，且数量名列第一。阳山水蜜桃在第一、第二届江苏省十强农产品区域公用品牌大赛上蝉联“十强公用品牌”，2013 年“阳山”水蜜桃获国家工商总局商标局认定的“驰名商标”称号和农业部地理标志证书。

3. 树立示范典型

阳山水蜜桃基地被评为“国家级农业标准化示范区”和全国科普示范基地，桃农协会也多次荣获“全省农产品营销大户 50 强”和“江苏省四有农民专业合作组织”等荣誉称号。2007 年被评为江苏省“科普为农兴村计划”先进农村专业技术协会，2010 年被评为全国“科普为农兴村计划”先进农村专业技术协会，近几年连续被惠山区科协评为 5 星级科学技术协会，多次被无锡市政府和无锡市科协评为先进集体，《阳山水蜜桃产业化经营示范成效显著》项目获无锡市政府颁发的最高奖项——腾飞奖。

（三）经验启示

无锡市惠山区阳山水蜜桃桃农协会充分发挥党组织的领导作用和桃农党员的示范带头作用，基于公共品牌向桃农开展全方位的服务。协会坚持以党的建设统领协会各项工作，带领广大会员听党话、跟党走，践行“科技为民”理念，为农业农村发展作贡献。协会党支部根据协会的特点，发挥政治核心作用和保证监督作用，积极支持理事会开展工作，为生产质量安全保驾护航。

六、立足关键环节为县域畜牧业发展保驾护航

宝应县畜禽养殖协会 成立于2015年，有个人会员52个，拥有专职工作人员3人，社会化服务范围包括科学普及、科技服务与培训服务等，年社会化服务总收入6.5万元，其中委托服务收入1.5万元。

（一）主要做法

1. 着力防控非洲猪瘟疫病

近年来，由于非洲猪瘟疫情隐患尚未完全消除，生猪养殖场户复养增养信心不足，生猪恢复生产进程缓慢。针对这一问题，协会积极开展非洲猪瘟综合防控关键技术集成与推广应用，全力提升生物安全防控水平，增强生猪养殖户复养信心。指导规模养殖场进行防疫设施改造。建设车辆环形消毒棚、全封闭式烘干消毒房，规范建设人员洗消区、物资消毒室、食物传递窗、饲料中转塔、进猪台、出猪台、猪舍洗消区和无害化处理区，及时购置适用消毒设备。指导规模场实施精准消毒。对于养殖场不同场所选择不同的消毒药、消毒方式，开展针对性地精准消毒。指导规模场精准清除病原。对猪场内外环境、猪群、物品进行定期监测。在定期监测的基础上，选择临床健康猪的唾液和鼻腔液进行精准病原检测。

2. 着力开展种猪管理

从2019年下半年开始，全县优质原种猪及二元母猪出现供不应求状况，三元母猪种用普遍存在，提高三元母猪年生产力是亟须解决的关键和共性问题。为此，协会积极开展提高三元母猪繁殖力关键技术推广与应用。在示范基地宝应天成猪场采用阶段选择法，全程进行4次三元后备母猪选留，对选留的后备母猪进行繁殖性能的跟踪测定，制定各阶段选择的标准和测定的指标。结合猪系谱档案，从体型、肢蹄、外阴、肤色、健康等方面制定选留标准。按照选留标准，上溯三元猪系谱，利用遗传互补效应，选用无近亲血缘关系的种公猪，采用轮回杂交技术，选择每胎前15%最好的母猪培育，然后用纯种大白（长

白)公猪杂交,再将后代中符合种用的母猪与杜洛克杂交产下商品肉猪。

3. 着力做好粪污治理

近年来,协会积极开展粪污资源化利用技术集成与应用。指导示范点实施猪场设施设备改造升级,对猪舍安装碗式节水饮水器、湿帘、喷雾、排风等设备,对猪舍的温度、湿度和通风等环节进行智能化调节,实现源头减量。广泛开展"猪—沼—粮""猪—沼—果""猪—沼—菜"农牧结合资源化利用新技术、新模式的示范推广。在协会的指导下,全县拥有了尿泡粪、自动干清粪,自动温控、臭气过滤排放、异位发酵床和智能发酵罐等收集处理粪污的模式,养殖环境得到有效改善,生猪产业真正实现绿色发展。

4. 积极防控各类灾害

面对新冠疫情严峻形势,协会科学进行统筹安排、注重"涝疫结合"。针对台风、高温高湿天气可能给畜牧生产带来的诸多不利因素,早研究、早部署、早应对,及时传递台风预警预报、出台畜牧业台风防御应对指导措施、统计上报畜牧生产受灾损失、制定暴雨期间加强牧场管理方法和组织开展"三灭一消"集中行动。

针对新冠疫情引发的物流受阻、供应不畅等问题。协会安排专人负责,为畜禽养殖场(户)办理县外、县内《防疫物资通行证》40 多份,确保畜禽养殖投入品进得来、畜产品出得去、车辆和人员出行通畅。

同时,编印发放《致广大畜禽规模养殖场(户)的一封信》100 多份,重点告知在新冠疫情期间配合并做好自身疫情防控、办理车辆和人员通行证、应对台风高温等恶劣天气和预防非洲猪瘟等重大动物疫病等方面的内容。协会还通过电话、微信和现场指导等方式,开展畜牧生产技术性指导服务。自疫情发生以来,已接受养殖场主电话咨询 300 条次、微信语音聊天咨询 100 多条次。现场指导养殖场(户)重建、修缮老危以及漏风漏雨的养殖圈舍,改善养殖圈舍通风、降温条件,添置防暑降温设施设备,保持养殖圈舍干燥卫生,减少畜禽不必要的应激。及时清洗、消毒洪涝过后被污染的料槽、饮水器具,并保持动物饮水清洁、卫生。要求高度重视重大动物疫病防控工作,落实程序免疫、清洗消毒、病死动物无害化处理等防控措施。及时解决了养殖户畜禽生产、养殖技术等难题,确保不发生区域性重大动物疫情,确保动物产品质量安全,助力新冠疫情防控工作。

（二）取得成效

1. 促进生猪健康发展

2019 年下半年以来，宝应县全县未发生一起重大动物疫病。协会成员汉世伟、日兆等规模猪场成功复养，宝昌、林安、国奎等猪场都扩大了存栏规模，在此带动下，宝应县全面超额完成了 2020 年省、市下达的生猪存栏、出栏目标任务。

2. 促进生猪产能恢复

经过协会综合努力，减少了商品猪不良比例，切实提高三元母猪的产仔数、健仔数，并保持较高水平的料肉比、瘦肉率。同时，根据母猪的不同阶段特性，从营养物质有效供给的角度出发，使用微生态制剂、饲料植物提取物，优化饲料配方，提高其生产性能，解决三元母猪产程偏长、难产率较高和泌乳力低、奶水不足等问题。一年来，关键技术在全县范围内规模场推广，共推广应用能繁母猪约 22 920 头。

3. 促进生猪绿色发展

全县畜禽养殖废弃物资源化利用水平得到显著提高，2020 年全县畜禽粪污综合利用率达 98.68%，规模养殖场粪污处理设施装备配套率 100%。居民因环境污染的举报电话、集体上访的情况不再发生，形成了“乡风民风正、人居环境美”的乡村文明新局面。

（三）经验启示

宝应县畜禽养殖协会围绕养殖户亟需的健康养殖、粪污治理和疫情防控三方面需求，有针对性地开展服务，体现了社会化服务的公益性，为宝应生猪养殖平稳高质量发展提供了良好的支撑。农业社会化服务促进普通养殖户参与农业农村现代化进程，促进畜牧业高质量发展，实现生物安全、节本增效，推动农业绿色发展。

第二节 路径与分析

一、当前的研究进展

供需研究是农业社会化服务领域研究的一项关键思路，供求精准对接是农业社会化服务体系建设的基本目标。相关文献分别从供给或者需求的角度出发,探讨解决供需矛盾的对策建议。

(一) 需求角度

农户作为农业社会化服务的需求主体,由于背景特征各异,影响需求的因素也不尽相同。李桂丽等(1994)以陕西省为例,探讨影响农业社会化服务需求增长的障碍因素,认为需求主体经济实力弱、生产规模小、素质差,以及服务供给问题多等原因阻碍了需求的增长。熊鹰(2010)实证分析了成都市农户对单项社会化服务和综合性服务的需求强度,发现其对不同服务项目的需求存在着强度和优先序的差异。王玄文等(2003)、张耀钢等(2007)、陈瑞林(2009)、董程成(2012)等围绕农户不同的单项服务需求,对需求意愿及影响因素进行了分析。庄丽娟等(2011)以实证方法分析了农户对农业生产性服务的需求意愿及影响因素。龚继红等(2011)、李俏等(2011)、杨爽等(2013)认为,要重视从农户需求出发的微观需求导向的农业服务研究,农户的地区分布、购买方式、收入变化和文化等背景特征对农业社会化服务的需求有明显影响。针对农业经济形势的变化,2008 年中共十七届三中全会提出"有条件的地方发展规模经营主体",2012 年党的十八大进一步指出"要培育新型经营主体"。此后,种粮大户、家庭农场、粮食合作社、龙头企业等新型经营主体不断涌现。在小规模普通农户仍占主导地位、仍是农业社会化服务的主要需求者的基础上,农业经营主体的多样化已经促成农业社会化服务需求的多样化格局(钟真等,2014)。因而,目前的农业社会化服务应当针对两类主体,即兼业小农和新型农业经营主体的需求(仝志辉,2016)。

(二) 供给角度

农业生产社会化服务是通过一定的组织形式来实现的,受农业生产力水平、社会分工和农业专业化水平的制约(陈月如,1987)。曾福生等(2002)指出,我国目前为农业提供社会化服务的力量主要有三股,一是政府部门,二是公司企业,三是农村合作组织。在这三股力量中,农村合作组织是农业社会化服务的主导力量。2007 年 7 月 1 日实施的农民专业合作社法促进了我国农民专业合作社的发展,但是总体上仍然处在发展的初期阶段,在一定程度上还存在发展不平衡、经营规模小、服务层次低、规范化程度不高、带动能力不强等问题。王金良(2008)提出，创建作业服务类合作社(如农机、栽培、植保、土肥专业合作社)，开展农业社会化统一作业服务，以及通过服务型合作社的集成整合提供全程的社会化服务。农民专业合作社联合社由同行业内若干农民专业合作社联合上、下游产业链条内的公司和企业共同组建，兼具对内服务与对外营利的双重属性，能够克服现有合作社经营规模小、带动能力不强等问题，是提高服务组织化程度以及未来农民专业合作社发展的一个突破点(张娟，2012)。

随着农业商品化、专业化程度的提高和规模化新型经营主体的涌现，农业社会化服务组织出现了向多元化服务主体方向发展的趋势，即由改革前国家涉农相关的服务机构一家独办，向现在的多渠道、多元服务主体共办的方向发展(杨汇泉 等，2011)。这既有利于发挥各种社会力量服务于农业的积极性，也有利于农业社会化服务组织适应复杂多样的现代化农业发展需求。由于新型经营主体兼具社会服务需求与供给的双重身份，经营主体多元化的过程在促成服务需求多元化的同时，也使服务供给日益呈现多样化特征(钟真 等，2014)。对此，蒋永穆等(2016)提出政府主导、集体经济组织主导、专业合作组织主导、涉农企业主导、农业服务超市主导等 5 种供给模式，认为不同地区应当结合自身的资源禀赋采取相应的模式。

(三) 供需矛盾及解决对策

围绕农业社会化服务的供需矛盾，赵冬缓等(1992)认为，农业社会化服务供需矛盾主要体现在供需主体的利益矛盾以及服务质量与效率的矛盾，我国农村社会化服务中存在的最主要问题是服务的供给不能满足需求。金兆怀(2002)指出，我国农业社会化服务是在计划经济体制下由政府主导形成，在当前和今后相当一段时期内面临的主要问题是服务供给不足。浙江省农业厅(2009)通过对农户、农民专业合作社和农业企业共 300 多个农业生产经营主体的调查，分析了不同种类生产经营者对农业服务的需求状况及满足程度。孔祥智等(2010)从供给主体(主要是政府、村集体、合作组织、龙头企业、科研单位、信用社、其他民间主体)在社会化服务中的作用的角度分析各项社会化服务的供需情况。张永升等(2011)对当前农户在农业科技服务方面的供需及农户满意度情况进行了调研。刑美华(2012)以湖北省 401 户农户的抽样调查为主要依据，分析农户对社会化服务的需求和意愿，社会化服务的供给渠道及满意度状况。何安华等(2011)认为，农民专业合作社作为社会化服务的供给方，而农民作为需求方，由于两者是不同经济主体，造成双方服务供需对接既存在总量性失衡问题，又存在结构性失衡问题。李荣耀(2015)通过对 15 个省微观调查数据的分析，指出当前农户的农业社会化服务需求并未得到有效满足，传统的自上而下的服务供给机制是重要原因。

针对上述农业社会化服务供需不平衡以及农户满意度不高的问题，学者们纷纷提出对策。庞晓鹏(2006)指出，在市场经济条件下，应当以农户的需求为中心，改善农业社会化服务供给状况，满足农户对农业社会化服务的需求。王金良(2008)认为，创建作业服务类合作社(如农机、栽培、植保、土肥专业合作社)，开展农业社会化统一作业服务，能够消除家庭联产承包制对土地集中规模经营方面的障碍作用。而且，通过服务型合作社的集成整合，全程的社会化服务能够打开传统农业的产业化发展空间，使农民从土地上彻底解放出来，实现劳动力的实质性转移。刑美华(2012)结合湖北省的具体情况提出，应当加强农业公共服务能力建设、加大农民专业合作组织的培育力度以及提高龙头企业服务现代农业的水平。何安华等(2011)认为，缩小供需差距既有增量途径也有存量途径，增量途径即加大对合作社发展的扶持，通过扶持措施刺激合作社提供更多服务，即解决供需总量失衡问题。存量途径解决结构性失衡问题，要求同一层级内对于不同经济主体权利对等，并确保各层经济主体权利和责任对称以应对成员异质性。政府应为农民合作社创造良好的发展环境，包括融资环境、市场竞争环境等。

二、解决的关键问题

通过大力发展农业社会化服务，促进小农户与现代农业发展有机衔接、帮助小农户进入农村大市场的机制亟待加快创新。一是小农户与服务主体利益链接机制不健全。小农户与服务主体利益分配机制不健全问题普遍存在，小农户购买农资贵、生产成本高、农产品卖出价格低、融资难等问题尚未从根本上得到解决；服务主体组织社会资源能力不强、服务成本较高，对接小农户需求不够精准，与小农户尚未形成利益共享、风险共担的“共生”机制。二是服务主体和服务体系工作联结机制尚未形成。服务主体与服务体系的组织关系不够清晰、各自为营甚至呈分离状态，主要依赖政府有关部门、群团组织的“条线”支撑来实现，农业社会化服务“有体无系”问题突出，尚未形成党领导下分工明确、上下贯通、左右协同的工作格局。三是服务体系和现代农业有机衔接机制不完善。农业社会化服务体系发展对政府指令的依赖度较高，自生发展、内生增长能力仍然较弱，新型农业社会化服务体系建设与推广力度不够，服务现代农业发展中聚集资源要素、提高科技含量、降低生产成本、参与市场议价、增加农民收入等作用发挥不足，有机衔接机制有待进一步创新。

三、创新的主要方面

在农业社会化服务体系运行过程中，各服务主体应加强与农民的沟通，及时收集、分析农民的需求，保证服务主体所为恰是农民所需。服务主体要建设对农民需求表达的识别机制、对接机制和信息披露机制。在各个服务主体获得农民的各种需求后，要对这些需求进行识别，服务主体要依据识别的结果来决策提供服务的内容。政府作为公共服务的主体，要促进行使决策权力过程中的信息公开和决策透明，服务主体需要向农民公开的信息也应定期披露，这样有利于实现服务需求和供给的对接，更好地优化资源的利用。

积极探索服务主体与服务对象之间的利益联结机制，使他们能够真正实现风险共担、发展共享、互利双赢。一是修补服务利益链条。由于传统服务主体与经营主体利益联结不紧密，存在“两层皮”现象，因此，要把断掉的利益链条联结起来，通过市场手段，打破服务主体“主观式”“填鸭式”“无偿式”的服务方式，探索建立农业服务利益分配机制，制定相关政策，明确利益分配细则，激发服务主体的工作积极性。支持服务人员通过自主创业、技术资金入股、技术转让等形式，直接参与农业生产中，并从农业增产增效中获得利益。二是不断加强科研单位与服务主体的合作，通过技术入股、成果转让、院校企共建等方式，探索产学研有机结合的新型服务模式。

四、未来的研究展望

公益性服务和经营性服务相结合是新型农业社会化服务体系的特征，也是社会化服务发展的趋势和目标。但是由政府需求主导的农业社会化服务容易导致服务供给不足和结构性失衡的问题，而由市场引导的经营性服务虽然有利于供需更好地对接,但却不直接适用于具有外部性的产品。在社会化服务的供给过程中如何划分市场和政府的边界,在社会化服务和生产经营方式的共生演变中如何确定农业社会化服务的外溢效应以及作用路径,是下一步研究的方向。

参考文献

李桂丽,王云峰,1994. 我省农村社会化服务需求问题探讨[J]. 陕西农业科学,(5):17-19.

熊鹰,2010. 农户对农业社会化服务需求的实证分析[J]. 农村经济,(3):93-96.

王玄文,胡瑞法,2003. 农民对农业技术推广组织有偿服务需求分析[J]. 中国农村经济,(4):63-77.

张耀钢,应瑞瑶,2007. 农户技术服务需求的优先序及影响因素分析——基于江苏省种植业农户的实证研究[J]. 江苏社会科学,(3):65-71.

陈瑞林,2009. 农民对农业科技推广的需求意愿分析[J]. 湖南农业大学学报(社会科学版),(5):52-58.

董程成,2012. 非农兼业、耕地特征与农业社会化服务需求意愿[J]. 科技和产业,(5):125-130.

庄丽娟,贺梅英,张杰,2011. 农业生产性服务需求意愿及影响因素分析——以广东省 450 户荔枝生产者的调查为例[J]. 中国农村经济,(3):70-78.

龚继红,钟涨宝,2011. 农户背景特征对农业服务购买意愿影响研究[J]. 求索,(1):12-15.

李俏,张波,2011. 农业社会化服务需求的影响因素分析——基于陕西省 74 个村 214 户农户的抽样调查[J]. 农村经济,(6):83-87.

杨爽,余国新,2013. 农户对不同社会化服务的需求及模式选择——基于新疆 784 个样本农户的调查[J]. 调研世界,(3):32-37.

钟真,谭玥琳,穆娜娜,2014. 新型农业经营主体的社会化服务功能研究[J]. 中国软科学,(8):38-40.

仝志辉,2007. 论我国农村社会化服务体系的"部门化"[J]. 山东社会科学,(7):50-52.

曾福生,李小卉,2002. 农村合作组织是农业社会化服务的主导力量[J]. 农业农村现代化研究,(5):390-392.

王金良,2008. 创建农业服务型合作社,推进农业社会化服务[J]. 中国农技推广,(5):8-9.

张娟,2012. 农民专业合作社联合社的变迁路径[J]. 农村经济,(11):121-125.

杨汇泉,朱启臻,梁怡,2011. 统一主体与多元主体:农业社会化服务体系组织的权变性建构[J]. 重庆大学学报(社会科学版),(2):51-56.

蒋永穆,周宇晗,2016. 农业区域社会化服务供给:模式、评价与启示[J]. 学习与探索,(1):

102－106.
赵冬缓，邓小刚，1992. 我国农村社会化服务供求探悉[J]. 中国农村经济，(3)：18－22.
金兆怀，2002. 我国农业社会化服务体系建设的国外借鉴和基本思路[J]. 当代经济研究，(8)：38－41.
浙江省农业厅，2009. 农业服务供求结构分析[J]. 农村经营管理，(5)：19－21.
孔祥智，徐珍源，2010. 农业社会化服务供求研究——基于供给主体与需求强度的农户数据分析[J]. 广西社会科学，(3)：120－125.
张永升，杨建肖，陶佩君，2011. 农户对农业科技服务的需求意愿与供给评价实证分析[J]. 河北农业大学学报，(2)：133－137.
刑美华，2012. 湖北省农业社会化服务的供求分析研究——基于 18 个乡镇 401 户农户的抽样调查[J]. 湖北农业科学，(12)：17－20.
何安华，孔祥智，2011. 农民专业合作社对成员服务供需对接的结构性失衡问题研究[J]. 农村经济，(8)：6－9.

第六章

农技推广助农增收

以生产一线实际需求为导向，解决农业技术推广应用“最后一公里”和“最后一百米”问题，帮助农民实现经营管理理念更新并依靠科技增加收入，是农业社会化服务是否“接地气”的关键指针。新型农业社会化服务体系能够充分发挥组织架构、工作机制、社会动员等优势，将技术以易接受化、物化等方式送到基层农户手中，从而推动农业农村生产力加快形成。本章选取具有代表性自变量和关键性因变量的溧阳市优质蔬菜种植技术协会、扬州市江都区老科技工作者协会、连云港市赣榆区农村专业技术协会、镇江市桃产业学会、沭阳县扎下镇花木协会等典型案例，分别探讨其主要做法、取得成效和经验启示，经文献研究、归纳演绎与系统分析，阐明新型农业社会化服务体系建设中农技推广助农增收路径的研究进展、解决的关键问题、创新的主要方面和未来的研究展望。

第一节 实践与启示

一、农资农技齐发力，助农惠农见成效

溧阳市优质蔬菜种植技术协会 成立于2011年10月，有单位会员2个、个人会员136个。实现了机构实体化和人员专职化，拥有专职工作人员10名。服务范围包括科学普及、科技服务、培训指导、生产作业、农产品加工销售、物流配送等。协会通过发展农民种植户为协会会员，对协会会员单位进行科学有序地培训、指导和管理。年社会化服务总收入达到26万元，包含社会捐赠5万元，产品供销15万元。先后获得溧阳市优秀科普教育基地、溧阳市二星级示范协会、溧阳市AAA社会组织等荣誉。

（一）主要做法

1. 投资百万完善设施，升级硬件装备

协会投资20多万元，在村口田头和基地交通要道打造“红色传承、绿色发展”的党建宣传通道，让行人拥有更多样、更深刻的体验，营造出浓厚的红色文化氛围，得到当地群众的一致好评。为建设高标准生产基地，协会投资200多万元建设高标准生产基地，投资50万元新增冷藏设备和运输车，安装视频监控系统，为会员蔬菜储存和配送提供安全保障，连年均顺利通过达标验收。2023年，协会又投资150多万元完善基地设施建设，打造全新的封闭安全生产和配选场地，修筑基地内外混凝土道路长100多米，并及时更新相关设施设备，为配送规范和运输安全提供便利。

2. 举办公益活动，发挥社会责任

协会成立以来，为政府分忧，为百姓解难，做好事，办实事，献爱心，送温暖，为茅山老区人民争作贡献，深得老区人民的称颂。每年逢年过节对老区孤寡老人和贫困户进行慰问，送上爱心月饼和水果、食品。每当清明节来临，协会会长总是主动牵头，与老战友们一道，前往烈士家乡的江苏江都、丹徒和安

徽池州、江西、湖北等地，看望慰问烈士家属和举行纪念烈士活动，并给烈士家属送上爱心款 3 000 元/户。同时，协会也积极响应市老促会倡议，2019 年 9 月，参与“99 公益日”捐赠活动；2020 年 2 月和 10 月，参与防疫捐赠和“众筹助老区・溧阳行”捐赠活动。各镇街也广泛发动、积极动员属地机关、企事业单位和广大社会爱心人士，宣传慈善典型、弘扬慈善意识，积极募集善款。

3. 发挥多种渠道，为农民解难

发展茅山老区农民为协会会员，通过技术培训、专家讲课、印发资料、种菜能手现身说法和解难答疑等方式进一步规范了种植管理技术，让菜农了解认识蔬菜新优品种，增强蔬菜安全生产防范意识，树立起依靠蔬菜产业致富信心，解决蔬菜种植上的技术难题，不断提高会员们的种植技术水平。急会员所急、想会员所想，发展 6 个种植基地，种植业会员 108 户；安置老区镇村剩余劳动力近 500 余人次，1 万多工时；扶持退伍军人和下岗职工 20 余人。并通过多途径、多方法，及时解决种植会员生产和经营过程中的实际困难，保障会员的切身利益，使之有可靠和稳定的收入。

（二）取得成效

1. 促进会员增智

协会的会员主要是来自茅山老区的农民。协会通过多种方式向会员传授最新的蔬菜种植技术。通过组织各种形式的技术培训，如专家讲座、种植现场指导等，积极推广新的蔬菜品种，帮助会员了解和掌握最先进的蔬菜种植技术和管理经验。同时，定期印发蔬菜种植技术资料，以供会员参考和学习。

2. 提升技术水平

协会还通过种菜能手现身说法，邀请种植技术高超的会员，向其他会员分享他们的种植经验和技巧，帮助其他会员解决在种植过程中遇到的难题，提高种植技术水平，加强会员之间的互动和交流，为蔬菜种植技术的普及和推广打下了坚实的基础。

3. 提升协会口碑

协会为适应市场需求，通过引进、培育新品种，建设试验基地，推广标准化生产技术规程，进一步提高蔬菜的品质和产量，收到了较好的经济效益和社会效益，得到社会各界的广泛赞誉，并先后获得溧阳市农业产业重点龙头企业、溧阳市优秀科普教育基地、溧阳市二星级示范协会、溧阳市 AAA 社会组织等荣誉称号。

（三）经验启示

目前，溧阳市优质蔬菜种植技术协会会员接近 150 人，做到了机构实体化和人员专职化。同时，管理模式企业化，采取“协会＋公司＋新农户”的模式，建立了明确的组织架构和职责分工，以提高工作效率。引入有效的绩效评估机制，激励协会成员积极参与并取得丰硕成果。协会秉承“真心为会员着想，努力为会员分忧”的理念，为会员提供优质的资源和服务。

二、科技入户促发展，结对帮扶惠民生

扬州市江都区老科技工作者协会 位于扬州市江都区龙川北路 229 号，有单位会员 14 个、个人会员 88 名。坚持机构实体化、负责人专职化和工作人员职业化，拥有专职工作人员 19 名，其中，负责人 5 名、工作人员 14 名。服务范围主要是科学普及、科技服务等。年社会化服务总收入达 15 万元，主要由会员会费、委托服务以及其他收入构成。2018 年和 2019 年连续两年获得中国科协“全国科普日优秀活动”表扬，获得江苏省科协“江苏省《全民科学素质行动计划纲要》实施工作先进集体”、江苏省老科协 2019 年特色工作奖、2021 年度突出贡献奖、“优秀老科技工作者之家”等荣誉，多次获评江苏省老科协建言献策先进单位和优秀组织单位，连续 5 年被扬州市科协评为综合示范学会，2021 年再次荣获民政部 4A 类社团称号。

（一）主要做法

1. 科技入户，助农惠农

江都区老科协为了适应振兴乡村的需要，创新开展助农活动，发挥老科技工作者的作用，积极实施“科技入户”助农惠农项目。实施的“科技入户”项目，是新型农业社会化服务组织的创新项目，意义深远。从 2018 年开始，至今已连续 4 年，取得了显著成效。几年来，江都区老科协充分发挥农业老科技工作者专业特长及长期从事农业一线工作的技术优势，打造“科技入户”项目平台，

为农户提供“1对1”科技精准服务，帮助农民科技致富，助力乡村振兴战略。从2020年开始，“科技入户”项目服务范围由原来的5个镇扩大到全区13个镇，其中9个镇由镇老科协分会牵头负责项目实施，其他4个尚未建立老科协分会的镇由区老科协农业分会牵头负责项目实施工作。2021年底，老科协“科技入户”服务面积达到9.3万亩。

2. 一助双普，三方共赢

区老科协在开展科技入户工作基础上，开展“一助双普”活动，即助力乡村振兴，普及科学知识，普惠农民大众。老科技工作者每人服务2～3个农户，点对点进行农业技术指导，利用科普讲师团力量，对全区种养大户开展农业技术咨询，设立老科协银发专家咨询热线，随时接受咨询。花木蔬果生产在规模扩大、结构调整、土壤改良、品种特色上加大指导力度。“一助双普”，以农业增效、农民增收、农产品增强竞争力为目标，以种植业、养殖业为主要内容，以各类承包大户和村组干部为授课对象。

（二）取得成效

1. 农业增效

2018年，江都区老科协共组织了44名老科技工作者与98户种植、养殖农民结对签约，4 500亩水稻平均单产600千克，增收65千克；水产养殖亩增产值350元；生猪饲养苗猪育成率90%以上；2019年，“科技入户”结对的种植户水稻种植面积达10 230亩，平均单产675千克，增收49千克；水产养殖通过技术指导，优化养殖模式，产量与效益都得以增加，其中水产养殖户成长付，全年产量达1.11万千克，产值66.6万元。

2. 农民增收

近年来，共有86名农业老科技工作者服务种养专业大户180家，科技入户总面积达到10万亩。其中，老专家钱家本帮助农户崔文山引进优良品种‘涌优1号’杂交粳稻，指导试种2年，亩产都在1 000千克以上，比常规粳稻亩产高出300千克左右；种植大户景传来，种植面积1 280亩，在老专家吴兴福指导下，小麦亩增产60千克，水稻亩增产75千克，科学施肥节约成本8.5万元，病虫害防控科学用药节约成本5万元，全年增加收入40万元左右；种养户徐亮在老专家吴兴福指导下，对原塘口重新规划打造，发展水产养殖120亩，种植草莓等果树 60 亩，每亩增收 1 800 元；黄桃园种植户李林华在老专家田庆余指导下，520 亩黄桃亩产量达 2 400 千克以上，全年净增效益 18 万元；种植大户王卫峰在老专家郭东喜指导下，水稻、小麦种植面积 1 820 亩，亩效益 850 元，全年经济效益 150 万元。

3. 农产品增强竞争力

花木蔬果生产方面，老科技工作者指导农户打造特色品牌，开拓新品种造型，提高复种指数，增强了种植户的发展后劲。其中指导花木生产大户，新扩花木种植面积 200 亩，打造了十万株苗木造型生产基地；蔬果生产大户景东波种植的 90 亩水果、100 亩蔬菜分别比上年增加 10 万元和 8 万多元的收益。

（三）经验启示

江都区老科协为老科技工作者“老有所为”打造服务平台，充分发挥老科技工作者专业特长，依章程建强组织，为农户提供“1 对 1”精准科技服务。协会打破地域与条件约束，做到供需直接且精准对接，采用社会化的服务方式，促进农业科技成果转化，打通“最后一公里”，帮助农民实现科技致富，让老科技工作者为实现“农业强、农村美、农民富”目标，为全面实施扬州市老科协银发专家服务企业技术创新工程、助力乡村振兴战略实施作出了贡献。

三、科普进村入户，帮促提智增收

连云港市赣榆区农村专业技术协会 是由全区 145 名从事农业农村以及相关工作的群众自愿发起成立的社团，位于赣榆区海头镇海滨大道北侧，现有水产、园艺、林业、农技、畜牧等方面专业技术人员 120 人，有推广研究员 6 人，中级及以上职称 80 人。协会坚持机构实体化、负责人专职化和工作人员职业化，拥有专职工作人员 4 名，其中，负责人 1 名、工作人员 3 名。服务范围包括科学普及、科技服务、培训指导、农产品加工销售以及其他业务等。年社会化服务收入 9 万元，其中社会捐赠 1 万元，承担项目 3 万元，其他收入 5 万元。2019 年 9 月被连云港市科协认证为市级科普服务站。

（一）主要做法

1. 多渠道科普，农业科技进村入户

加强培训工作技术指导，科普队伍发展不断壮大。各类农技人员技术全面，长期扎根基层，理论知识和实践经验丰富。协会有专家及科技人员组成的科普讲师团成员65人，联系江苏海洋大学、中国科学院黄海研究所、青岛海洋大学、南京农业大学、徐州生物工程技术学院、赣榆区农业农村局等单位的专家12名。通过狠抓培训，培养了一大批科技“能人”、科技“二传手”等科技骨干，解决了农业科技“进村入户难”的问题，通过充分发挥科技骨干的传授、指导、示范作用，科技人才队伍发展壮大、辐射带动作用明显增强，培训面达90%以上。通过科技骨干与农民结成帮教对子，采取“一帮一、二带一”的方式，向农民传授农业生产技术，加速了农民依靠科学技术增收致富的步伐。

现有农家致富、江苏农业科技报、农业种植技术挂图等各类科普图书、报刊、挂图600余册，专用科普宣传栏2处，专用培训教室65平方米。建有科普示范基地6处，主要是位于海头镇北朱皋村的蟹、虾、贝混养示范养殖基地，位于海头镇小口村的紫菜养殖示范基地，位于海头镇大兴庄村、龙北村的稻麦种植基地，位于石桥镇的黄桃种植示范基地，位于黑林镇的蓝莓种植示范基地，位于厉庄镇谢湖村的大樱桃示范基地。宣传的农业科技知识贴近百姓生活，老百姓听得懂，学得会，用得好。通过农业科技宣传普及活动，满足了农民对科学技术的需求，把村民急需的科技知识送到家门口。

2. “结对助农”，实现“零距离”服务

通过组织农村专业技术协会的全体会员开展“结对助农”活动，进一步健全农业技术推广机制，强化农技服务目标管理，实现“零距离”服务，加快农业新技术、新成果进村入户到企。同时以农技协为载体为协会会员提供技术指导、技术服务、生产资料直供、农产品销售等全方位的服务，推进本地现代农业发展。

组织专业技术人员与种养大户、家庭农场、农业企业对接，建立稳定指导服务关系，建立结对服务档案，开展定期、不定期上门服务，接受“全天候”咨询。服务主要做好技术指导和咨询，及时发送相关技术资料和病虫害防治信息到村、组及种植大户、科技示范户、农民专业合作社、农业专业服务组织等工作。

3. 打通产业链，利好企业与会员

农技协利用自身的技术和市场信息的优势，积极与农业生产资料的生产企业（主要是种子、农药、肥料、饲料等）进行对接，采取企业直供农技协，然后由农技协按照低于市场销售价格的方式提供给本协会的会员使用，来降低会员使用农业生产资料的成本。由农技协与农产品的流通、加工、销售进行联系，直接将生产的农产品销售给企业，来提高农产品的经济效益。同时协会指导会员从事农产品生产、加工、营销工作，改进企业管理，提供技术、市场信息。充分利用手机短信、网站、印发宣传资料等形式，及时将主导品种、主推技术、农产品质量监测检测、病虫害发生与防治、疫病发生与防治等信息提供给会员，推进农业服务信息化。本着以专业协会为平台，植保机械化为载体，农技服务为核心，以“绿色植保、公共植保”为理念，使植保工作达到高效、经济、安全的目的。

（二）取得成效

1. 提高了农民的组织化程度

充分发挥了农业农村专业技术工作在科普惠农工作建设中的主导作用，促进了农民专业合作组织、农村家庭农场等形式上由松散型向紧密型转变，服务功能上由单一型向综合型转变，使千家万户的小生产与千变万化的大市场联系起来，让农户以“联合舰队”的形式进入市场。通过大力实施“科教兴区”战略，多方增加科技投入，实施重点科技项目 1 项，有效地扩大新技术推广面积。科普培训活动始终紧密结合生产。结合自身实际，突出赣榆特色，尤其是针对赣榆山、海、平原地势和协会各类专家技术人员涵盖的优势，推广梭子蟹、东方对虾、南美白对虾、水稻、小麦、蓝莓、大樱桃等优良品种 10 余个；推行稻麦绿色生产技术、大樱桃高产栽培技术等先进实用技术 6 项，新技术覆盖率达 90％以上。

2. 提升了帮扶对象的科学文化素质

建立并完善了农村经济和农业专业信息网络、科技示范网络、技术服务网络和技术经济信息网络，利用科普 e 站、益农服务站积极拓展了科技咨询服务事业。大力开展科技下乡活动，组织专业技术人员对镇村干部、基层党团员、专业示范户、协会会员、农民进行技术咨询和技术服务，加强对上联系和横向

联络工作，稳定和发展了科技咨询网络队伍，增加了广大农民的收入，为加速科技成果的转化作出了贡献。

3. 建立了服务“三农”的长效机制

开展技术服务 22 次；接待科技咨询 150 余次，发送科技书籍 2 000 余册，农民书屋、书店展出科技挂图 120 余张，参加咨询服务人员 650 人次。共发放对虾养殖技术、稻麦种植技术等简报 2 000 余份，举办科技培训班，参训人员达到 1 200 多人。通过“科技下乡”活动，在全区营造了浓厚的农业技术科普氛围，一种群众性、经常性、社会性的送科技下乡支农、服务“三农”的长效机制已深入人心，同时也为推动新时期农村经济的发展和农民增收致富注入了活力。

（三）经验启示

连云港市赣榆区农村专业技术协会主要是组织协会的专业技术人员以“入户、到场、进企”为纽带，实施“零距离”服务，提高农技推广效率，有效提高会员的经济效益，推进农业创新创优。在推动农村科普惠农工作中，农技协也充分发挥了主导作用。通过市场化的运行机制和社会化的服务模式，有效推动了农民专业合作组织、家庭农场等组织从松散型向紧密型转变，服务功能也由单一型向综合型改进，使得众多小农户生产经营与多元化市场紧密融合。

四、农技示范推广，助力高质量发展

镇江市桃产业学会 位于句容市华阳镇弘景路 1 号，有单位会员 10 个、个人会员 59 名。拥有专职工作人员 16 名，其中负责人 4 名、工作人员 12 名。服务范围主要是科学普及、科技服务及培训指导等，围绕桃产业搭建起“农艺—农机深度融合和科研—农技—生产”深度融合的平台，共同推动镇江市桃产业的长季生产、机械化生产和产业链延伸。年社会化服务总收入达 33 万元，其中会员会费 3 万元、承担项目 30 万元。

（一）主要做法

1. 学术交流扩大影响，科技成果转化为生产力

镇江市桃产业学会始终以服务桃农、提高农民收入、增加桃果生产的科技含量、扩大该市桃产业科技人员队伍为宗旨，坚持为大局服务，坚持为广大科技工作者服务，充分发挥“桥梁、纽带和助手”的作用，依靠学会的工作基础、各项优势和手段，不断改进工作方法，兢兢业业，为桃农提供切实的服务，努力推进桃产业科技进步和科技创新。通过全体会员的努力，开展了系列卓有成效的工作，学术交流进一步活跃，组织建设进一步加强，学会的影响力进一步扩大，为全市桃产业的良性发展起到了重要的作用。截至目前，已获得省、市级项目资助 12 项，获省、市级科技成果转化、科技推广奖 5 项；通过省级品种审定 1 个；申请专利 23 件，其中授权 16 件；在核心期刊发表文章 25 篇，其中学报 11 篇，SCI 收录 1 篇；制定省、市级标准 6 项。学会始终牢记服务“三农”的初心使命，坚持将科技成果转化为一线生产力，为农业增效、农民增收贡献力量。

2. 以点带面辐射农业产业，主动服务当地农户

学会邀请了国内知名的专家实地考察，出谋划策，建立桃产业工作群，直接面向农户分享技术与市场信息。学会成员齐心协力，继承和发扬“亚夫精神”“糜林精神”，为镇江市境内桃产业村镇以及有技术需求的相关涉农主体开展技术服务。主动服务本市村、专业合作社和家庭农场 32 家；学会成员下乡 300 余人次，培训当地农民 2 000 多人次，帮助农民增收 5 000 多万元。在以点带面服务当地农业的同时，积极组织贵州、湖北等中西部地区农业带头人现场教学培训 9 批次；接待省内外 20 余批次 600 多人次学习“亚夫精神”和“糜林精神”，产生了较好的示范带动效应和社会影响力。

3. 多种方式提供技术指导，打通农技服务“最后一公里”

在市科协的关心支持下，学会成立了农业科技服务站，组建了一支技术过硬、经验丰富的科技服务专家团队，联合地方农技推广单位，形成农技推广服务小组，采用现场观摩、集中培训、现场指导、微信在线服务等方式，将桃树新品种、新技术普及到镇江市各桃产区，送到田间地头，打通了农业科技服务“最后一公里”。2021 年，在桃生长各关键节点，学会组织科技力量赴句容、丹阳、丹徒等地开展技术培训及观摩 5 场次，共培训桃农或农技人员 242 人次，采用田间指导等方式技术推广服务 310 人次。

4. 三个方面开展研究，打造样本示范

针对镇江丘陵地区桃产业与研发过程中的亲本资源准备不足、品种结构配置不合理、现有栽培技术与丘陵坡地的匹配度不够、“福桃”品牌的市场影响力有待提升等问题，2021 年 4 月 12 日，学会与江苏省农业科学院果树研究所共同发起成立江苏丘陵地区桃科技联合创新中心，镇江市政府曹丽虹副市长、省农科院易中懿院长共同为中心揭牌。中心将从"品种、品质、品牌"3 个方面开展研究，助力产业提档升级，为全省丘陵地区桃产业发展提供样板。

（二）取得成效

1. 农民增收

丹阳市司徒镇杏虎村是一个经济薄弱村，镇江市桃产业学会响应镇江市茅山老促会的号召，和赵亚夫老先生一起进驻杏虎村开展整村帮扶工作。通过调研，确定引进水蜜桃产业。由于引进桃品种优良，技术先进，与传统的水蜜桃相比，他们的品种品质高，而且定植第三年就能收到常规栽培第五年的产量，一下子就把农民种桃的积极性给调动起来了。经过学会多年持之以恒的扶持，目前全村家家户户种桃，总面积达到 1 300 多亩，平均亩效益在 8 000 元以上，杏虎村也因此成了远近闻名的富裕村。

2. 塑造品牌

在品牌塑造上，与当地政府共同举办"福桃文化节"走进南京，华阳福桃甚至出现一桃难求的火爆场面。目前，农户种植的桃品种多达 30 个，新引进了'霞脆''霞晖 8 号''镇桃 3 号''镇桃 6 号'等新品种，使农场桃子采摘期从 6 月上旬拉长到 9 月中旬。2021 年在常州市举办的江苏省优质桃果评比大赛中，示范户选送的"金霞油蟠"样品荣获金奖，其可溶性固形物达 20.2%，为全场最高，获得市场好评。

句容市大卓姐妹桃园合作社的王巧娣，原来是水泥厂的一名质检员，2004 年下岗后，找到镇江市桃产业学会想发展高效农业，学会鼓励她承包 20 多亩荒地，建起了桃园。学会成员在桃树生长的关键时期，主动上门服务指导，经过 3 年努力，本来杂树丛生的岗坡地上，结出了又大又甜的桃子，在南京、镇江一带名气很大，一到桃子成熟的季节，来采摘观光的消费者络绎不绝，桃子不出门就销售一空，每年产值 30 多万元，如今王巧娣的姐妹桃园已成为镇江对外宣传的一张鲜果名片。

3. 产业增效

学会始终秉承服务地方产业发展的宗旨。2021 年 7 月 13 日，学会与句容市华阳街道共同举办了 2021 年江苏句容第二届华阳福桃文化旅游节暨优质桃果评比活动，进一步扩大了学会在市内外的影响力。7 月 17—18 日，学会组织桃种植户赴常州参加江苏省桃产业技术发展论坛暨第四届优质桃果大赛活动，学会定点指导的科技示范户选送的 14 个样品从全省 321 个样品中脱颖而出，斩获 4 金 3 银，创历史最佳成绩。

“今年我种了 10 亩水蜜桃，20 亩黄桃，虽然晚熟黄桃还挂在树上，但已经有不少人来预订了。”任玉保黝黑的脸上满是丰收的喜悦。说到产业未来发展，杨勇信心满满，他说，下一步基地将继续做好科技服务工作，提升服务的力度、广度和精度，“真正把优质品种、高效技术变成桃农致富的金果子和好路子，让桃农过上好日子。”

（三）经验启示

镇江市桃产业学会实现了机构实体化和人员专职化。通过学术交流扩大影响，将科技成果转化为生产力，对有技术需求的相关涉农主体开展技术服务，持续增强镇江市鲜桃领域创新发展能力，围绕鲜桃种植、加工、研发开展全产业链科技帮扶，让科技更好赋能桃产业高质量发展。运行机制市场化，以市场、问题、需求为导向，助力产业提档升级打造样本示范，成功塑造了福桃品牌，助力农民增收、产业增效。

五、农技推广服务企业，带动农民增收致富

沭阳县扎下镇花木协会 成立于 2016 年 7 月，位于沭阳国际花木城 3 楼，有副会长单位 16 家、常务理事单位 10 家、理事单位 30 家、其他会员 100 个。服务范围主要包括科学普及、科技服务、培训指导等。年社会化服务收入 8 万元，主要来源于会员会费。协会于 2017 年在扎下镇党委关心支持下成立了党支部，从此协会工作在党委政府坚强领导下，充分发挥党员领导核心带头作用。2019 年、2020 年连续两年被评为“新时代好支部”。协会工作有序开展，成绩斐然，特别在产业转型升级引领、富民强村方面取得突出成绩，受益农户近两千余户。近年来多次被评为省、市、县四好社会组织。

（一）主要做法

1. 合作共建，资源共享

协会会长单位宿迁春晓景观工程有限公司创办的春晓园，依托协会力量，在取得发展的同时，积极回报社会。该企业与所在地沙巷居委会签订村企共建合约，双方在人员利用、栽培养护造型技术应用、资源整合等各方面展开深层次的合作，惠泽周边农户，使其收入水平逐年递增。与此同时，企业积极引导周边农户在种植技术、艺术培训、整合资源、抱团销售方面做了大量工作。企业不断地提高园区整体设计感，充分展现花木特色造型景观，引导产业发展从园林到园艺，从卖产品到卖风景、卖文化的巨大转变。逐渐形成花木产业高质量发展、推动经济的发展、带动农户收入水平不断提高的良性循环。

协会党支部成员胡道中创办的艺森园，2021 年度被列为全县农业产业重大项目，每年为村集体援助近 10 万元，带动低收入户 50 户，2020 年与村集体签订村企共建协议。该项目建有 30 000 平方米超大规模的盆栽基地，主营小微盆景。市场销量稳步提升。同时积极发挥带头人作用，通过创办直播培训基地，利用直播带货的东风，培养出一大批优秀直播专家，为扎下镇苗木销售环境增添了一道靓丽的风景线。

2. 宣传推广，更新行业信息

围绕协会宗旨，协会各成员积极响应党及政府的号召，多元化地创办各式苗圃并在行业里具有较大影响，有盆景、草坪、水生植造、木质景观、梅园，社会影响较好，受到政府、从业者赞誉；精诚团结，积极谋划花木展会，外出考察活动。把握引导花木产业发展趋势及市场行情，建立简报、网站、花木信息交流群，为大家提供准确及时信息服务，协调专业技术人员开展苗木发展和技术讲座，帮助花农提供苗木种植技术服务。

（二）取得成效

1. 树立行业标杆，扩大市场影响力

协会会长单位宿迁春晓景观工程有限公司创办的春晓园，主营造型黑松。2017 年度被列为全县农业重大项目。公司董事长被评为省三带新秀，沭阳县首届领军型乡土人才。目前园区产地规模达到 500 余亩，在华东地区形成较大的市场影响力，吸引全国各地的需求者、喜爱者前往参观学习、购买。

2. 带动农民就业,助力村集体增收

春晓园不仅在农业领域取得了显著的成绩,更在带动农民就业和助力村集体增收方面贡献突出。每年为村集体捐助 2 000 元,带动低收入户就业 20 户,为他们解决了生计问题,同时也提供了一条致富之路。这种以就业促进脱贫的模式,为沭阳县扎下镇注入了新的活力,实现了经济发展与社会稳定的双赢局面。

3. 促进产业发展,提升综合服务

协会积极推动科技创新,不断提升产品质量和市场竞争力,实现良性发展。同时,进一步团结广大会员,发挥企业骨干行业引领作用,将产业转型发展、强村富民工作持续引向深入。协会党支部成员胡道中创办的艺森园,主营小微盆景,通过创办直播培训基地,利用直播带货,精准把握和满足顾客的需求,保证产品质量和售后服务,为产业发展提供了长足的动力,实现了产业的可持续发展。

(三)经验启示

沭阳县扎下镇花木协会运行机制市场化。以协会的两家会员单位春晓园和艺森园为例,它们以市场、问题、需求为导向,促进资源优化配置,带动农民就业,助力村集体增收,实现协会高效运行和可持续发展。服务方式社会化,打破了地域与条件约束,供需直接且精准对接。通过开放合作,资源共享,多元化地创办各式苗圃,推动服务创新,提升社会福祉,并在行业产生较大影响,构建紧密社会联系,增强了会员单位的社会责任感。

第二节 路径与分析

一、当前的研究进展

近年来,我国取得了一批可观的农业科技标志性成果,整体农业科技研发水平与农业强国差距逐步缩小,但在科技成果的转化率上与农业强国相比还有不小的差距。这样的现象与基层农技推广力量不足有很大关系。由于科研成果无法及时有效地转换为农业生产力,这对我国的农业发展无疑是巨大的障碍(王莉莉,2022)。随着我国农业产业链条不断扩张,农村发展路径更为广阔,使得农民对农业科技信息技术的需求更为迫切,因此基层农技推广的要求也应愈加多样化、精细化、智慧化。

农技推广作为国家农业生产技术扩散的重要渠道,可以有效降低农户技术决策风险。农技推广不同于邻里交流直接为农户带来的同质信息,是政府、企业、新媒体通过介质的弱关系给农户带来的异质信息。现有研究认为,农技推广可能会在一定程度上影响与带动农户生产、采纳等行为(李立朋 等,2020)。

魏刚(2023)认为,基层农技推广,可以加速农业科技进步,有助于推进乡村全面振兴,实现农业全面升级、农村全面进步与农民全面发展。张馥林等(2023)基于农技推广和农户认知的调节作用,得出农技推广中企业推荐显著正向促进农户采纳测土配方施肥技术。杨兴杰等(2023)提出,农技推广主要通过为农户学习相关知识提供了外部条件与认知间接影响农户采纳行为。高天志等(2023)得出,通过降低信息成本渠道中的搜寻成本、谈判成本和获取成本 3 种交易成本,数字农技推广服务正向影响农户绿色生产技术选择的积极性和采用规模的研究结论。王煊(2023)从农民专业合作社的角度出发,研究合作社与高校、企业、政府等农技推广主体间的关系,探索合作社发挥主体联结作用的农技推广模式。

大多学者对农技推广的研究主要集中在农技推广范围、农户技术选择和采纳行为,对于农技推广实际带来的绩效研究较少。研究多集中于政府一元主体背景下,探索政府公益性技术推广服务或涉农龙头企业经营性技术服务,对多元主体参与的基层农技推广研究较少,尤其是研究农业社会化服务主体互动参与农技推广的实践模式、运作机制、作用及问题对策的文章较少。

二、解决的关键问题

(一)农技推广实际绩效问题

对上述案例中农技推广的实际绩效进行定量分析表明,扬州市江都区老科协种植大户在专家指导下,4 500 亩水稻平均单产 600 千克,增收 65 千克,引进优良品种‘涌优 1 号’杂交粳稻比常规粳稻亩产高出 600 千克左右;连云港市赣榆区农村专业技术协会推行稻麦绿色生产技术、大樱桃高产栽培技术等先进实用技术6项,新技术覆盖率达90%以上;镇江市桃产业学会帮助农民增收5 000多万元,通过帮扶杏虎村全村家家户户种桃,总面积达到1 300多亩,平均亩效益在8 000元以上。溧阳市优质蔬菜种植技术协会安置茅山老区镇村剩余劳动力500余人次,扶持退伍军人和下岗职工20余人;沭阳县扎下镇花木协会的会员单位艺森园每年为村集体援助近10万元,带动低收入户50户。

(二)农技推广组织形式问题

典型案例中,有"协会+公司+新农户"形式(溧阳市优质蔬菜种植技术协会)、"协会+科研院所+新农户"形式(连云港市赣榆区农村专业技术协会),此外还有"协会+村集体+农户""协会+新型农业经营主体+农户"等一批行之有效的组织形式。

(三)社团牵头社会化服务的运作机制问题

在农业社会化服务过程中,专业(技术)协会等社团发挥着重要的作用。以协会为主的基层组织通过构建紧密的联系网络,将农技专家与农户紧密结合,促进了技术的传播与应用。通过对知识讲授、农技培训、技术指导等环节的协调与整合,实现了专业知识的精准输出和农户需求的精准响应,形成了一种高效运作机制。

三、创新的主要方面

在对各优秀案例研判分析过程中,发现有一些显著的共性,对这些共性进行归纳总结,分为以下几点。

(一)实现了机构实体化和人员专职化

各典型案例均有实体机构,实体机构有助于提高协会运行的稳定性和影响力,发挥其更强的公共职能,功能齐全、设置规范,并配有专职人员进行相应业务工作。

(二)依章程完善组织体系

因为有了实体化机构和专职工作人员,各专业协会从而进一步建立并完善了人员充实、职责明晰、程序顺畅的工作机制,保证每个部门都能够协调起来，有效发挥联动作用，逐步构建起以专业协会为主导，会员单位为基础，农业科研院所、高校等单位和涉农企业广泛参与、分工协作、服务到位、充满活力的多元化基层农业技术推广体系。

（三）管理模式企业化

各协会以生产或服务满足社会需要，实行自主经营，独立核算，有健全的组织机构、规范的管理程序、稳定的经费来源，典型案例中各协会的年社会化服务收入从 8 万元到 33 万元不等。

（四）运行机制市场化

以市场需求为导向，通过不断研发和改进产品，推进品种培优、品质提升、品牌打造和标准化生产，增强产品的市场竞争力，例如案例中'涌优 1 号'杂交粳稻、桃品种'霞脆''金霞油蟠'等优良品种。

（五）服务方式社会化

各协会与市场畅通信息交流，重视渠道建设，打破地域限制，能够做到供需直接且精准对接。协会通过一体化经营，不仅可以利用企业（会员单位）资金、技术和管理优势，而且还能够组织居委会、家庭农场、农民专业合作社、供销社等机构，对一体化内各个组成部分提供产前、产中、产后的信息、技术、管理的全程服务。

通过对 5 家农业社会化服务典型案例的分析研判，有助于找出其中的共性，推动建设服务主体强、服务范围广、服务质效优、服务对象满意度高的新型农业社会化服务体系和农技推广体系，赋予基层协会农业社会化服务功能，形成服务的基础支撑，强化组织联结和利益联结，提升农业社会化服务覆盖率。其经验可学好用、可复制易推广，能够有效引领小农户发展和农业农村现代化建设，助力乡村振兴。

四、未来的研究展望

未来农技推广助农增收的研究应聚焦于数字化智能化技术使用、社会层面参与度以及政策引导等方面，通过多方面的探索和创新，进一步提升农技推广社会化服务的效果，为农村经济的繁荣和农民收入的提升作出更大的贡献。

（一）数字化和智能化提升

随着信息技术的不断发展，协会可以借助数字化平台和智能化工具，实现更高效的农技推广。可通过建立在线培训课程、移动应用程序，以及利用大数据分析等技术，提供个性化的农技指导，使农民能够随时获取所需信息，提升农业技术的应用水平。

（二）社会层面参与度

未来的研究应关注如何进一步提高协会的社会参与度，鼓励更多社会资源参与农技推广，如企业、高校、研究机构、科研院所等部门开展农技培训活动，提升农民的技术素质和管理能力，以专业技能帮助农民更好地应对农业生产中的挑战。

（三）政策引导

充分发挥政策的引导和激励作用，促进规范管理，做好政策宣传解读，加强典型经验推广，让协会的发展有底气、有支撑，提升市场竞争力。

参考文献

王莉莉，2022. 农业农村部《"十四五"全国农业农村科技发展规划》解读[J]. 河北农机，(10)：34－36.

李立朋，李桦，2020. 农户施药量选择的邻里效应——基于外部技术获得、经验资本的调节作用分析[J]. 长江流域资源与环境，29(11)：2 508－2 518.

魏刚，2023. 乡村振兴战略视角下基层农技推广的重要意义[J]. 云南农业，(06)：39－41.

张馥林，陈美球，黄庆龙，等，2023. 农户绿色生产技术采纳的邻里效应分析——基于农技推广和农户认知的调节作用[J]. 中国土地科学，37(05)：67－78.

杨兴杰，齐振宏，杨彩艳，2023. 公共农技推广与数字农技服务促进了农户采纳稻虾共作模式吗[J/OL]. 农业技术经济：1－17[08－08]. https://doi. org/10. 13246/j. cnki. jae. 20230613. 004.

高天志，冯辉，陆迁，2023. 数字农技推广服务促进了农户绿色生产技术选择吗？——基于黄河流域 3 省微观调查数据[J/OL]. 农业技术经济：1－16[08－08]. https://doi. org/10. 13246/j. cnki. jae. 20220425. 001.

王煊，2023. 以合作社为依托的农技推广模式研究[D]. 咸阳：西北农林科技大学.

第 七 章

农民培训振兴人才

广泛组织开展农民培训，提高广大农民科技文化素质，促进乡村人才振兴，是农业社会化服务的关键内容。新型农业社会化服务体系在搭建培训平台、供需精准对接、与政府合作、跨区域协作、紧密结合产业、促进创新创业、智能化技术应用等方面具备独特优势，能够达到促进农民素质提升、现代农业发展、和美乡村建设等多个目标的协同实现。本章选取具有代表性自变量和关键性因变量的南京市江宁区农学会、常州市金坛区农村专业技术协会、新沂市黄墩蔬菜种植营销协会、淮安市食用菌协会等典型案例，分别探讨其主要做法、取得成效和经验启示，经文献研究、归纳演绎与系统分析，阐明新型农业社会化服务体系建设中农民培训振兴人才路径的研究进展、解决的关键问题、创新的主要方面和未来的研究展望。

第一节 实践与启示

一、聚焦农民培训，为农业产业发展创新育才赋能

南京市江宁区农学会 位于南京市上元大街西路239号，现有单位会员20个、个人会员180人，是由江宁区范围内农业农村科技工作者、农业生产经营管理者、农业企业管理者自愿组成的学术性、非营利性社会组织。学会根据章程规定进行有序运营，强化组织结构、确保负责人全职投入，不断提高工作人员的专业水平，现有专职负责人1人、专职工作人员3人。在省、市主管部门的关心支持下，学会充分调动会员单位科技、人才优势积极性，通过资源整合，建设江宁农业科技创新服务联盟，实现公益性服务事业与社会化服务产业协同发展，为基层提供科学普及、技能培训、专家指导、成果转化、技术推广等服务，提高农民科技文化素质，培育实用人才，建设美丽乡村，有效促进了农业增效和农民增收，年社会化服务收入20万元。

（一）主要做法

1. 开发培训教学课件，探索常态培训机制

为满足农民对农业知识与技能的需求不断提升，以及适应农业农村现代化发展的新趋势，学会积极开发培训教学课件，探索常态培训机制。在课件开发过程中，注重理论与实践相结合，将最新的农业科技成果和实际生产中的经验相融合。通过对各类农业课题的深入研究，制作出一系列针对性强、内容丰富、易于理解的教学课件。这些课件涵盖了种植、养殖、农业机械、农业信息技术等多个领域，为农民提供了全面、系统的学习资源。学会利用农技耘APP、江宁频道等线上平台，实现了课件的广泛传播。同时，为了不断完善教学课件，学会充分听取学员的意见和建议，及时更新课件内容，以满足不断变化的培训需求。

2. 积极拓展培训内容，提升产业竞争能力

面对农业竞争日益激烈的形势，学会站在农业发展的前沿，以提升农民的

市场竞争力为目标，积极拓展培训内容。学会对标国内外先进地区，将传统的种养技术培训与现代农业科技相结合。通过引入农用无人机、智慧农业、三产融合等新课程，为农民提供了更多元化、实用性强的培训内容，同时培养具备全面技能的农业生产经营主体，使其适应农业农村现代化的新要求。

在培训方式上，学会注重培训质量与效果，采用灵活多样的培训形式，如线上课程、实地操作、案例分析等，使农民能够在学习过程中充分感受到知识的实用性和可操作性。此外，通过与其他地区农业部门、高校和科研机构的合作，引入更多优质的培训资源，融合不同产业特点和发展方向，做到以培训促产业。

3. 组织学历定向提升，培育“三农”人才队伍

为了应对农业农村现代化的发展需求，学会积极推动学历提升工作，努力培育涉农领域的专业人才，包括农村工作干部、农业科技人才、农业职业教育人才等，构建具有现代农业发展能力的“三农”人才队伍，能在农业生产、科技创新和农民培训等方面发挥重要作用。与中国农业大学、南京农业大学、南京大学等高校合作，开展定向学历提升项目，为会员提供专业的学习途径和平台。此外，还组织举办了一系列专题培训活动，涵盖农业政策、农业科技、农村金融等多个领域，有针对性地提高了“三农”人才的业务能力，使他们能更好地服务农民、发展农业。

4. 加强培训载体建设，打造区级培训基地

学会在近年来致力于加强培训载体建设，打造一批具有区域特色的培训基地，通过整合各类资源，搭建起农民培训的有效平台，进一步提高农民的科技素质和实际操作能力。紧密配合农业农村局，在建设农民培训田间学校的基础上，进一步建立了农民培育基地。这些基地分布在各个乡镇，结合当地农业特色，为农民提供丰富多样的培训课程。

5. 推动培训服务实际，鼓励农业科技创新

学会与驻区高校、研究院所等开展合作，针对农业领域的难题，携手开展联合研究与创新，为农民提供科技创新的解决方案，帮助解决实际问题。组织多种形式的科技创新活动，包括科技讲座、实地考察、技术培训等，鼓励农民参与科技创新的过程，激发他们的创新意识，从而提高农业生产的技术水平。此外，学会聚焦南京特色茶叶，与江苏省茶叶学会、江宁区农业农村局、高新区管委会多方签约共建江宁茶叶研究院，集聚各类资源开展茶科技创新研究，并取得了初步成效，为江宁乡村振兴发展增添了一抹茶香。

（二）取得成效

1. 资源载体奠定培训基础

学会积极开发教学资源，目标精准为农培训。2021 年，在南京市高素质农民培育优秀教学资源评审中，获得一等奖 1 项、二等奖 1 项、三等奖 2 项，充分体现学会对培训资源的重视和投入。此外，在南京市农业农村系统首届短视频学习交流活动评比中，2 个课件获得三等奖。这些荣誉奖项的获得，为进一步推动区域内农业人才培训提供了有力支撑。

学会联合区农业农村局，建设 2 个省级、3 个市级农民培训田间学校，为农民提供便利的学习场所，有力地促进了农民技能的提升。在此基础上，建设了 13 个区级农民培育基地，并在海南、新疆、陕西设立了 3 个培训基地，有效提升了新型职业农民生产经营思路和发展后劲。

2. 教育提升强化“三农”队伍

2021 年，学会组织高素质农民培训、农业新型经营主体、新农人、乡土人才等培训近千人，这些培训活动旨在提升农民的综合素质，推动农村人才队伍的建设，得益于这些举措，学会被评为全省农民培训先进集体。此外，江宁区连续第 3 年被评为全国数字农业农村发展先进县，充分体现该区在农业农村发展领域的优秀成绩和显著特色。

学会十分关注农业人才的学历提升，先后支持 58 人攻读第二本科、硕士学位，其中 1 人获得南京农业大学硕士学位，2 人正在攻读南京大学硕士学位，有力地提高了“三农”人才队伍的整体素质。

3. 科技创新助推产业发展

学会积极开展农业科技创新工作，2021 年获得授权专利 1 个，申请专利 2 个，出版专著 1 本，1 项成果被评为江苏省农学会农业科技推广一等奖第 1 名，5 项成果被评为全国数字农业新技术优秀成果。

学会主导运作的江宁茶叶研究院，打造了方山紫雾、七仙银芽、溪田雨花、牛首仙阙、江宁龙毫等一批知名茶叶品牌，研制的江宁好茶品牌“天印红语”荣获“中茶杯”秋季茶王赛金奖；制作、发布《善田江宁—江宁好茶》中英文两个版本的科普宣传片，并申报江苏省优秀科普作品，江宁作为江南茶文化祖庭的地位得到业界初步认可；组织 2022 年“善田江宁—江宁好茶”评比推介活动，进一步加快江宁茶产业发展，营造浓厚的茶文化氛围；成功申报了全国基层农技推广体系改革建设——江宁茶叶综合示范基地项目、国家信息农业工程技术中心江宁数字茶场，进一步加强科技成果示范应用，以科技创新助推江宁茶产业兴旺和茶文化振兴。

（三）经验启示

南京市江宁区农学会在农民培训方面统筹兼顾，多管齐下，以培训为抓手，为当地农业产业发展和乡村振兴作出了积极贡献。

首先，注重教学资源的开发和更新。学会通过开发培训教学课件，将最新的农业科技成果与实际生产相结合，提供针对性强、内容丰富的教学资源。同时，充分听取学员的意见和建议，及时更新课件内容，保持教学资源的时效性和有效性，不断提升教学资源质量，满足农民对知识和技能的需求。

其次，培养“三农”人才队伍。农业农村现代化需要一支具有现代农业发展能力的“三农”人才队伍。学会通过定向学历提升项目，培养涉农领域的专业人才，不断推动农业领域人才队伍建设，让更多专业人才能够投身到农业产业的发展中，为农业产业的发展提供有力支撑。

最后，加强培训载体建设。建立农民培育基地，为农民提供便利的学习场所，进一步提高农民的科技素质和实际操作能力。同时，与高校、科研院所等开展合作，推动科技创新，为农民提供科技创新的解决方案，帮助解决实际问题。这种注重实际应用的培训服务方式，能够有效促进农业产业的发展和农民的增收。

二、建设实训基地，培育农民素质，助推产业发展

常州市金坛区农村专业技术协会 成立于 2018 年 12 月，位于金坛区金城镇弘化路 8 号，自成立以来，积极引领会员单位培育本土农技人员，为新农民新业态服务。现有单位会员 22 个、个人会员 83 人。协会坚持实体化、专职化运营与管理，现有专职负责人 1 名，工作人员 2 名。

主要服务范围包括普及现代农业科学技术知识，推广农村实用技术；推动科技合作，组织专家对农技协的技术指导，增进会员、农技协之间的交流合作；开展教育培训活动和社会化服务，举办各类产前、产中、产后技术服务、展览；指导基层农村专业技术协会建设。开展工作交流、理论研讨；开展民间国际交流，促进国际科学技术合作；兴办符合协会宗旨的社会公益性事业。承接政府职能，完成主管部门交办的任务。

（一）主要做法

1. “基地+师资”，完善培训载体

协会紧密结合农业关键期知识和技术，建立了一批现场教学与实践相结合的实训基地。通过严格评审筛选、定期年检和扎实推进等措施，保障基地的高质量运营。这些基地方便各专业技术协会、农业经纪人和农技人员等开展培训，为农民提供了便捷的学习场所，提升了农民的实践操作能力。

协会注重发挥当地农业产业能人的专业优势，作为基地的“土专家”师资库。邀请有关院校的专家教授来现场授课，授课模式以参与式、互动式为主，改变死板的课堂教学模式，邀请“土专家”在田间地头现场操作讲解，真正做到“讲给农民听、做给农民看、带着农民干”。培训班结束后，继续安排“土专家”进行后期的生产管理跟踪指导，做到教学与生产运用紧密结合，培训与产业发展相互融合。

2. “制度+标准”，保障基地运营

为了确保实训基地的顺利运行并达到预期目标，协会认真研究并制定了一系列的文件和制度，包括《关于创建常州市金坛区新型职业农民实训基地的通知》《农民实训基地管理制度》以及《学员管理制度》等，旨在对实训基地的创建条件、实施进度、工作机制和考核进度等关键方面进行明确要求。

在这些详细的文件和规定的指导下，农民实训基地的管理始终坚持“四个统一”的原则，即统一标识标牌、统一制度上墙、统一专人负责和服务以及统一验收考核制度。这些举措有助于提高实训基地管理的规范化水平，确保各个环节协调有序，从而为农民提供高质量、实用的培训服务。此外，这种管理模式还有助于提升实训基地的知名度和影响力，使更多的农民了解并参与实训活动，共同提升现代农业产业的整体发展水平。

3. “服务＋产业”，助力融合发展

为了确保培训的有效性和实用性，协会选择农民相对集中、产业密集度较高的农业产业园区、农业龙头企业、家庭农场、农民专业合作社等新型农业经营主体作为实训基地的创建场所。在创建实训基地的过程中，充分考虑产业的农时特点，针对性地开展了生产技术技能和农业经营管理方面的培训。

同时，协会强调产业支撑基地与基地服务产业的相辅相成关系。通过实训基地的建设运营，为当地农业产业提供强大的技术支持和人才储备，从而推动产业的持续发展和升级；基地充分利用产业资源，为农民提供更多的学习和实践机会，帮助他们不断提高自身的技能水平和经营管理能力。

此外，协会组建科技志愿服务支队，开展多形式、多内容、多产业的服务。如科普气象助农、流动科技下乡、环保科普宣传、助农展销等一系列志愿活动，进一步普及农业科技知识，提高农民的科技素养和应用能力，为农村经济融合发展贡献力量。

（二）取得成效

1. 形成完整培训惠农载体体系

协会创新惠农载体，积极探索、不断创新协会办会模式，从单一的协会，发展为“协会＋农户＋农民专业合作社”的产业化经营模式，到“服务站＋协会或基地＋农户”的多品种、多门类的综合配套服务模式，进一步增强科普惠农服务能力。此外，重点培植大学生村官创业科普产业基地，建成常州市级以上科普惠农服务站 2～5 家，金坛区级科普惠农服务站 10 家，优秀科普惠农服务站 5 家，优秀带头人 10 名。利用科普中国服务云、科普中国 V 视快递、科普中国乡村 e 站、科普江苏等平台，提升科普网站、科普大屏、手机终端等科普惠农传播服务质量，重点打造物联网＋科普惠农服务站。

2. 实训基地带动产业兴旺

协会主导建设的农民实训基地在农民培训工作中普遍发挥了积极的作用，得到了农民学员、主管部门和兄弟单位的好评，并有效带动产业发展。

指前镇的稻麦示范中心实训基地，每年承担本地现场培训活动近 10 场，累计培训学员 600 余人次；接待省内外其他县市区农民培训活动 10 余次，累计培训学员 900 余人次。2017 年，该基地被认定为省级农民实训示范基地。

金坛区渔业科技示范基地自2015年成为农民实训基地以来，与上海海洋大学、中国水产科学研究院、南京农业大学、东南大学、华中农业大学等20余所高校和科研院所建立了合作关系。每年接待省内外专家领导视察、技术人员和养殖大户学员观摩学习1万余人次，成为全省科技渔业的孵化器、产业集聚的平台、带动渔民增收的载体和展示现代渔业的窗口。

金坛茅山茶博园，于2019年认定为茶业职业技工实训基地，常年坚持举办4～5期茶叶技术培训班，邀请中国农业科学院茶叶研究所、浙江大学、安徽省农业科学院茶叶研究所等单位专家和教授前来授课。基地采取“公司＋合作社＋农户”的运作模式，先后合作建成常州市茶业工程技术研究中心、江苏省超微茶粉及茶食品工程技术研究中心、常州市现代农业科学院茶业研究所、国家茶叶产业技术体系常州综合试验站和中国工程院陈宗懋院士工作站。基地每年为合作社社员、协会会员和茶农提供茶树病虫害防治现场技术指导50多次，茶机安装维修10余次，无性系良种茶拓植技术咨询近40次。

（三）经验启示

在建设实训基地、培育农民素质、助推产业发展的过程中，常州市金坛区农村专业技术协会取得了显著的成效。

首先，建设实训基地是培育农民素质和推动产业发展的关键一步。实训基地的建立为农民提供了实践学习的场所，使他们能够在真实的农田环境中学习知识和技能。这种结合了理论和实践的培训方式，能够更好地提升农民的实际操作能力，让他们在实际生产中更有信心和能力。

其次，通过邀请当地农业产业能人作为“土专家”来进行现场授课和操作讲解，能够更加贴近农民的实际需求，使培训更具针对性和实用性。而且，在培训结束后继续进行后期跟踪指导，能够确保培训内容在实际生产中得到应用，促进农技的转化和产业的发展。

此外，通过制定详细的管理制度和标准，确保基地的创建、运营、考核等各个环节有条不紊。这种标准化的管理模式不仅提高了基地的规范化水平，还能够使农民更有信心参与培训，从而提升整体的培训效果。

最后，选择与农业产业紧密相关的地点作为实训基地，能够让农民在培训中更好地理解并应用于实际生产。而且，基地通过提供技术支持和人才储备，为当地农业产业的发展提供了有力支持,实现了农民培训与产业发展的良性互动。

三、从农民培训中开拓村镇服务模式

新沂市黄墩蔬菜种植营销协会 黄墩村地处新沂城区东部,下辖14个村民小组,常住人口近8 000人,耕地8 000亩,土壤肥沃、水质清澈无污染,蔬菜生产有近50年的历史。2003年5月,村党总支牵头成立新沂市黄墩蔬菜种植营销协会,主要开展推广蔬菜种植知识、蔬菜种植、技术咨询、交流、服务活动。协会现有单位会员1个、个人会员146人,专职负责人1名,工作人员25名,年社会化服务总收入达865万元,其中产品供销850万元。现有设施蔬菜面积3 000余亩,其中地温室1 000余亩,大弓棚2 000余亩。

(一)主要做法

1. 党建引领培训,做强特色田园

协会联合村党总支部,不断加强基层党组织的领导能力和服务群众水平,大力推动党建与群建服务品牌的发展与延伸,通过积极开展村民就业创业培训项目,组织举办劳模工匠评选表彰等活动,发挥先进典型的示范引领作用,进一步激发村民的创业热情和干事创业的动力,逐渐形成一个充满活力的党建与群建共同推进的发展格局。

同时,协会与村党总支部以党建引领为抓手,以特色田园和城乡融合发展为契机,以现有黄墩自然村庄为基础,融入地方特有的教育文化,结合黄墩大棚果蔬种植及黄墩苹果园,打造以果蔬批发为基础、农旅采摘为延伸、多种文化相融合的特色田园。

2. 组织支撑培训,提升种植水平

协会成立之初,便组织20多名农民到山东寿光学习高档温室蔬菜的种植技术与经验,带头建起7栋日光能温室大棚。并以此为依托,积极组织群众现场观摩,启发引导群众,充分调动群众发展高档设施蔬菜的积极性,结合当地的气候、土质和地下水位等实际,摸索出了从建棚、种植到管理的全套技术。

在总结成功经验的基础上,协会以开展科普活动为基础,通过组织培训、

实地操作两种形式，帮助村民提高科学种植技术水平。协会定期在黄墩村文化礼堂联合市、街道、农业部门开展现代化蔬菜种植培训指导，参训人员包括温室种植户、蔬菜种植技术员以及周边专业种植户。培训内容涵盖了设施栽培瓜果蔬菜棚型结构、温光水肥调控措施，瓜果蔬菜育苗新技术及操作技能，大棚蔬菜滴灌技术与操作技能以及无公害蔬菜管理等方面。在培训过程中，协会发放了丰富的科技宣传册、书籍等资料。参训农民在这些培训中不断积累经验，提高种植技术水平，为蔬菜产业的可持续发展奠定了坚实的基础。

3. 机制创新培训，推动产业升级

为推进高效生态农业“特色化、规模化、产业化、园区化”，协会经过充分调研，反复论证，不断摸索创新“支部＋合作社＋农户”途径，进一步加强合作社规范化建设，为农民提供优质种苗供应、技术指导、生产管理、产品销售的链式服务，有效地激发了农民发展设施瓜菜的潜能。此外，协会联合新沂市委、市政府，在产业上建立了科技信息服务党组织，形成了由党组织领导、以科研院所为外援、市镇科技人员为基础、农业科技服务组织为补充、乡土人才为示范的农业科技服务体系，为高效生态农业产业的新技术推广、新品种引进、名优品牌培育，提供了强有力的保障。

（二）取得成效

协会以农民培训为发展基石，帮助种植户提高反季节蔬菜栽培技能，提升蔬菜管理水平，从而增加种植效益和村民收入，受到广泛好评。协会聚合农民建设现代农业生态园区、引领农民抱团搏击市场的成功做法，被新沂基层干群誉为“黄墩模式”，并得到新沂市委、市政府大力推广和提升，作为推动高效生态农业产业升级、挖掘农业内部增收潜力的重点工程，为当地现代农业发展增添强劲动力。

1. 激活投资主体，推动基地建设

草桥镇金桥蔬菜合作社引进新沂市永恒房地产有限公司投资 1 000 多万元，建设 200 多栋寿光五代日光能温室。瓦窑镇四季青农特品营销合作社与山东寿光三元朱村联合成立江苏新沂乐义农业发展有限公司，按照“公司＋合作社＋农户”的模式，引领设施瓜菜种植，新建 6 000 平方米智能温室，新增各类温室大棚 5 800 栋，设施瓜菜规模达 1 万多亩。棋盘镇美誉草莓合作社采取“全程技术指导、统一联系销路”的办法，带动农户新建草莓大棚 1 500 多栋。港头镇半城村 50 多户农民与新沂市乡情农业发展有限公司合作兴建大棚肉鸭规模养殖小区。高流镇花木营销合作社采取“大户统建、农户分包”的模式，引进新型温室模式，新建 100 栋新型日光温室花卉大棚。

2. 项目融入平台，拓展增收功能

高效农业园区化建设催生特色产业基地，吸引龙头企业进驻，缘达食品、大唐食品、乡情农业、嘉禾鸭业等企业发起的一批投资规模较大的项目相继建成并投入正常运营。280 多家加工和流通企业、60 多家农民专业合作社形成从种苗、技术、种植、养殖到加工、销售分工合作的产业链，带动高效农业发展，还使更多的农民成了“上班族”。新沂农业人口 70 多万，有 30 多万人转向二三产业，其中 2/3 在企业务工，有了稳定的工资收入。同时，六大高效农业产业与旅游资源互动发展，新沂旅游产业发展提上重要议程，一批生态观光项目正在有条不紊地建设之中。

3. 培植创业群体，提升综合素质

一些有实力、懂技术、讲信用、善经营的农民在发展高效种植、规模养殖或从事产品加工、流通中，直接接受了农业先进技术、现代管理方法的锻炼和市场经济的洗礼，成为高效生态农业领域的创业先锋。这些创业先锋来自农村，根植于农民，对父老乡亲有着深厚的感情，他们会把学到的技术毫不保留地传授给乡亲，会把积累的经验真情主动地奉献给乡亲，使农民在潜移默化中掌握了实用技术，学会了生产管理，熟悉了市场规则，进而成为创业的生力军。此外，发展高效生态规模农业，不仅使村干部拥有了较强的组织、协调、服务能力，而且还练就过硬的技术、管理、销售本领，成为创业高效生态农业的先行者。村干部的模范行为激励感染着群众学习技术、增长才干、团结拼搏、勤劳致富。

（三）经验启示

在农村发展的道路上，农民培训展现出了巨大的推动力和价值。从文章所述的“黄墩模式”中，我们可以汲取一些宝贵的经验启示，为农村发展注入更多活力。

1. 农民培训是农村发展的重要基石

通过培训，农民能够提高种植技术水平，学习先进管理理念，从而实现产业升级和效益提升。这种培训不仅要涵盖技术层面，还应注重创业思维、市场规则等方面的培训，帮助农民在现代经济环境中更好地发展。

2. 农村党建在农民培训中发挥重要作用

案例中提到的党组织引领，将党建与群建服务品牌相结合，形成了积极向上的氛围，带动了村民的创业热情。党组织的领导能力和服务水平提升，为农民提供了更多的发展机会和支持，使整个发展过程更有序、更有力量。

3. 创新机制是推动农民培训的重要保障

通过建立支部、农民专业合作社、农户等多方合作的机制，实现了资源共享和协同发展，为农民提供了全方位的服务。在科技信息服务体系的支持下，农民可以及时了解最新的种植技术和市场信息，从而更好地应对挑战和机遇。

4. 培养创业群体是农民培训的重要目标

案例中提到的创业先锋，不仅在自身发展中取得了成功，还将技术、经验无私地分享给其他农民，形成了良性循环。这种共享精神激发了更多农民的积极性，促进了整个农村的创新发展。

农民培训不仅是技术的传授，更是思想的引导和创业的推动。通过党建引领、创新机制和培养创业群体，农民培训可以成为农村发展的引擎，实现可持续的农业增收和乡村振兴。

四、致力农业技术培训，做共同致富领路人

淮安市食用菌协会 位于淮安市洪泽区东双沟镇滨湖居委会，是淮安市科协主管的专业协会，聚焦食用菌产业，致力于科普兴农、科技惠农，服务范围包括科学普及、科技服务、培训指导、生产作业等。协会现有单位会员 30 个、个人会员 2 个，是江苏省同行业中最有影响力、最具规模的行业协会之一，是省级乡土人才示范大师工作室创办单位。年社会化服务收入 60 余万元，主要由会员会费、承担项目、产品供销等组成。协会会长是全国劳动模范、全国科普惠农兴村计划带头人、江苏

省人大代表、江苏工匠、高级农艺师、江苏省高级乡村振兴技艺师刘卉，他通过无偿传授种植知识，带领农民共同致富。协会成立近十年来，成员着眼于乡村振兴的多个领域，常年举办农业科普知识培训班、农业科技讲座、农业科普宣传。

（一）主要做法

1. 致力搭建平台，以培训推广农业技术

协会每年举办不少于50期培训班、讲座、科普宣传等多元化活动，邀请知名专家讲解种植要点、分享最新研究成果和成功案例。同时，带领种植户前往各类全国性展会，通过亲身体验现场展示的先进设备和技术，更好掌握行业动态。在农业科普日期间，协会积极组织专家和志愿者带着科普知识下乡，深入乡村集市，通过现场宣传、互动解答等形式，解决农民实际问题。为确保江苏省农村科技服务超市和江苏省乡土人才示范大师工作室的作用落实到位，协会提供充足的资源和支持，使这两个平台能够充分发挥作用，为广大农民提供专业、实用的农业技术培训和指导。

协会承包了80余亩土地，投资500万元建成一个智能化栽培食用菌基地和食用菌栽培技术培训基地。基地每年在全市范围内举办食用菌栽培技术培训班5期以上，2020年受淮安市总工会邀请向全市农民线上授课，进一步提高农民的技术水平和经济效益。

2. 聚焦行业发展，以培训激活就业潜力

协会深耕食用菌行业，不断改善种植环境，长期跟进最新的种植技术和机械设备，扩大种植规模，产品由最开始单一的菌种平菇，发展到杏鲍菇、香菇、草菇、金针菇、双孢蘑菇、茶树菇等几十个品种。此外，协会根据高效农业要求的产业化经营，成立专业合作组织，拥有土地300余亩，核心社员260余人，已发展出40余家规模较大的种植户，并将食用菌栽培和农民专业合作社建设扩大到周边，一些如紫山食用菌、闽丰食用菌等著名的大企业和栽培大户纷纷入会。

随着当地食用菌产业的快速扩张，协会主动联系有意向的群众，将自己的食用菌栽培技术倾囊相授，无偿上门免费指导，无偿提供菌种，无偿帮他们销

售食用菌产品，无偿提供市场信息。越来越多当地农民参与其中，从而为农村提供了大量的就业机会，实现了以专业协会带动群众共同致富。

3. 加强产业协同，以培训关注生态效益

协会不仅关注产业链上的种植环节，同时注重绿色生产与农业资源综合利用，减少产生的农业废弃物。协会通过试验以及学习掌握到的种植专业技术与知识，在苏北地区开展秸秆栽培食用菌技术研究并取得成功，同时通过将该技术进行广泛的农民培训，使更多农民掌握该项技术，为秸秆综合利用开辟了新的路径。

除了发展绿色食用菌，指导栽培技术外，协会乘着产业融合发展春风，投资近 1 000 万元创建洪泽区劳模农庄，带领周边村民发展休闲观光农业与乡村旅游业。农庄栽种果树 70 余种，共 17 000 株，果树下养殖鸡、鸭、鹅，形成“立体、循环、生态、绿色”农旅结合型的省级乡村旅游示范基地，成为洪泽城区南部的一个靓丽名片。

（二）取得成效

1. 农民脱贫增收显成果

协会创立以来，共创建 6 个大型食用菌栽培、培训与示范基地，横跨 3 个乡镇带动 200 多户农民栽培食用菌。建设的食用菌栽培技术培训基地共培训农民 10 000 余人次，带动 500 多个家庭脱贫致富，累计为 800 多名乡邻提供就业岗位。此外，协会积极参加淮安市人大组织的“千百万扶贫济困大行动”计划，主动挂钩联系贫困户，先后帮助 30 余户贫困户走上致富道路，并资助了多名失学儿童，其中一名学生在资助下完成了小学、中学、大学和研究生学习，并顺利在深圳一家企业工作，年薪 30 万元。

2. 生态循环利用显特色

利用协会成员掌握的知识与技术开展“秸秆栽培双孢蘑菇、草菇”实验，经过两年不断摸索和完善，该栽培技术取得显著成效，并在全市得到推广，面积达 10 万平方米，利用秸秆 125 万千克。依托该项技术，形成 4 个食用菌栽培、示范基地和 2 个菌种培训、生产基地，产值 1 000 万元以上，有效提高了农业废弃资源利用率，为农业环境与资源的综合利用增加了新的标签。

3. 参与社会治理显担当

协会足迹遍布洪泽、涟水等周边县区30多个村(居),走访500多个农户,深入到20多户困难群众家,了解和掌握基层实际情况,把群众期盼和要求及时向政府有关部门反映,每年向省级有关部门提出建议和意见4条以上。其中针对洪泽湖非法采砂、湖区生态环境资源等问题向省人大提出议案和建议,在省、市人大的支持与推动下终于得到积极回应并取得实效,推动淮安市洪泽区率先在全市构建"保护、打击、预防、修复"四位一体的洪泽湖环境资源犯罪办理工作模式,创建了江苏省首个环境资源检察修复基地。

(三)经验启示

在淮安市食用菌协会的成功实践中,农民培训成为推动农村发展的重要引擎,作为科普兴农、科技惠农的重要组成部分,农民培训为实现乡村产业振兴和农民增收致富提供了有力支持。

1. 搭建科技培训平台是关键

协会每年举办多期培训班、讲座和科普宣传活动,邀请知名专家分享种植技巧和最新研究成果。这种针对性强的培训不仅提升了农民的技术水平,也为其创业提供了实际指导。搭建平台让农民能够亲身体验先进设备和技术,将知识转化为实际操作,促进了农业农村现代化。

2. 注重产业链协同发展

协会不仅关注种植环节,还积极引导农民参与产业链的各个环节,从栽培到销售形成闭环,实现产业协同发展。协会与种植户合作,提供免费指导、菌种、销售渠道等支持,使更多农民能够加入产业链,为农村创造就业机会,实现农民增收致富。

3. 关注生态效益与绿色发展

协会不仅注重农业技术的培训,还致力于推广绿色种植、资源综合利用等方法,减少农业废弃物的产生。通过科研成果在农民中推广,如在秸秆利用上取得的成功,促进了农业生产的可持续发展。

4. 与政府合作共同推进农村治理

协会与政府部门合作,积极向上级有关部门反映农村实际问题,为农村治理和环境保护提供建议。协会在环保问题上的倡导和积极参与,为农村社会治理树立了榜样，共同推动了农村的可持续发展。

第二节 路径与分析

一、当前的研究进展

1970 年，美国学者 Nadler. L. 首次提出了人力资源开发的概念。第二次世界大战结束后，美国的科技和经济得到迅猛发展，对劳动力的技能和知识水平提出更高的要求。在这一背景下，培训成为提升知识和技能的重要途径，逐渐演化为一种被广泛认可的职业。20 世纪 80 年代后期，Richard Swanson（1987）将绩效理论和系统理论相结合，提出“高绩效工作系统”的概念，认为企业员工能够在不同角度、不同层级上对企业绩效的计算、管理缺陷提出疑问和解决方案。在 20 世纪 80 年代出现了以 Paul Romer（1986）和 Robert Lucas（1988）等为代表的新经济增长理论，强调人力资本对外部效应的核心作用，指出人力资本是社会发展进步的中坚力量。根据世界银行的研究，劳动者受教育的时间每增加一年，GDP 就会增加 9%。所以发达国家普遍重视对农民的教育，从基础教育到职业教育，技术推广、进修深造，都有一套完整的教育体系，都制订明确的农民培训计划（郝婷，2012）。

相较于欧美等发达国家，我国农民培训工作开展得较晚。具有代表性的培训是在 1990 年和 1999 年分别实施的职业农民（高素质农民）资格认证培训与“跨世纪青年农民科技培训工程”。改革开放后，直到 20 世纪 90 年代，我国的一些学者才开始对国际农民教育培训进行跟踪研究，1990 年后相关研究才逐渐兴起。已有文献多基于农户视角，研究发现农民培训可以有效提升农户收入水平（蔡昉，1996）、技术熟练程度（杨晓彤，2020）、农户文化素质（杨重卫 等，2014），但仍存在培训经费不足（黄季焜，2020）、农技人员体制不畅（智华勇 等，2007）、培训设施基础差（薛彩霞 等，2020）、培训供给能力不足（屈成 等，2022）等问题，并提出完善培训机制、创建教育培训基金（刘建兰 等，2011）、营造良好培训环境（汪红梅 等，2022）、发挥村干部的宣传带动作用等建议。

农技协作为一个科技社团组织，以农业科技为纽带开展各项农业服务，是广大农村科技工作者交流和学习的平台（万江红 等，2013），在开展农业科学技术研究及推广农业技术方面，发挥着重要功能。农技协植根于农村，贴近农民的农业生产，能够更准确地了解农户的科技需求，结合当地的自然资源，利用更加通俗易懂的方式，向农户传播科学技术（卢晖临 等，2018）。已有研究表明，农技协组织的农业技术培训，能够有效提升农户对农技的认知能力、科学文化素养（王彦雨 等，2011）、农业适度规模的生产经营能力，进而提高农业产出和农户收入，推动我国农业农村现代化发展（曹铁毅 等，2020）。

总体来看，目前国内外关于农户行为理论的研究较多，而对以农技协为主体的农业培训研究较少。加之我国各地区经济社会发展差异较大，缺乏针对江苏省农技协在农民培训方面的具体案例研究，因此尚未深入剖析江苏省农技协在农民培训方面取得成效及经验做法。因此，本章立足江苏省农技协在农民培训方面的社会实践，根据其发展现状，梳理、归纳、总结其做法、成果及经验启示，以期进一步推动江苏省农业农村现代化的发展。

二、解决的关键问题

南京市江宁区农学会、常州市金坛区农村专业技术协会、新沂市黄墩蔬菜种植营销协会、淮安市食用菌协会等 4 个案例，通过长期开展农民培训，解决了知识传承、技术指导、设施栽培、市场销售和绿色生产等关键问题与困难，帮助农民提高了种植水平、增加了收入，为现代农业的发展提供了有力支撑。

（一）知识传承与技术培训

农业领域需要不断更新的种植知识和技术，各协会组织通过举办培训班、讲座等多样化活动，邀请专家分享最新研究成果、成功案例以及现场示范，解决了农民在种植过程中缺乏先进技术和信息的问题，提高了他们的科学种植水平。

（二）科学指导与实践操作

农民在实际操作中往往面临种植技术的具体问题，如何顺应农作物生长周期和气候、水肥等现实因素，正确种植和管养农作物尤为重要。各协会组织通过现场观摩、实地操作以及专家指导，帮助农民解决了种植过程中的实际操作问题，增强了他们的种植技能。

（三）设施栽培和先进技术应用

升级农业需要投资先进的设施和技术，但农民可能面临资金不足、技术不熟练等问题。各协会组织通过承包基地和引入新技术，为农民提供先进设施和技术应用的实践机会，帮助他们了解设施栽培的优势，解决设施栽培投入和技术应用的问题。

（四）市场销售与产业升级

各协会组织通过组织农民参加全国性展会，帮助农民了解市场需求和趋势，解决农民在销售方面的问题。此外，各协会组织的合作社模式和销售网络，使农民能够更好地将产品销售出去，提高了他们的收入。

（五）绿色生产与生态效益

随着社会对绿色环保的要求不断提升，农民在生产过程中也需要考虑生态效益。各协会组织的栽培技术研究和生态农庄建设，为农民提供了生态循环利用的实践示范，解决了农民在绿色生产方面的问题，使他们更好地适应现代农业的发展。

三、创新的主要方面

（一）多元化培训形式和内容

为提高农民的种植技术和经营管理水平，采用多元化的培训形式和内容至关重要。除了传统的培训班和讲座，各协会组织通过引入一些现代科技手段，使得培训内容更加丰富和灵活。此外，培训内容紧密围绕现代农业技术、农产品加工、市场营销等当地农业发展需求，帮助农民了解市场需求，提升产业链上的附加值。

（二）科技与产业融合

农民培训要紧密融合科技和产业，将先进科技知识与现实农业生产紧密结合。通过建立农业科技服务体系，将科研院所、专家学者和农民紧密联系起来，为农民提供更有针对性的技术支持和指导。同时，农民培训应关注产业链的完整，帮助农民了解从种植到销售的全过程，包括农产品加工和营销等环节，从而实现科技与产业的有机融合，提高农民收益。

（三）建立合作社与农户共赢机制

推动合作社发展，建立合作社与农户的共赢机制，是案例中各协会组织在农民培训中尝试探索的路径。专业合作社作为组织形式，能够帮助农民集中资源、规模化生产，并提供更多的技术支持和市场信息。通过建立合理的利益分配机制，使得农户参与专业合作社能够获得更多的收益，增强他们的积极性和归属感。此外，专业合作社还可以提供农民培训的平台，为农民提供更多的学习机会和交流机会，促进农民之间的合作与学习。

（四）农民主体地位的突出

各协会组织在农民培训过程中，注重突出农民的主体地位，尊重他们的意愿和需求，充分调动他们的积极性和主动性。培训内容贴近农民的实际需求，帮助他们解决实际问题，提升技能和能力。同时，培训过程中注重发挥农民的主体作用，鼓励他们积极参与和主动学习，形成共建共享的培训模式。

（五）整合资源，形成合力

各协会组织在农民培训中，不断整合各方资源，政府、农业科研机构、企业和社会组织等共同参与，提供资金、技术、人才等支持，形成合力。政府制定相关政策，提供资金和奖励，鼓励农民培训的发展。农业科研机构提供专业的技术支持，帮助农民解决实际问题。企业提供市场信息和技术支持，帮助农民提高经济效益。社会组织通过组织丰富多样的培训活动，拓宽农民的知识视野。

各协会组织通过农民培训过程中的创新，更加有效地帮助农民提高种植技术水平，拓展农产品加工和市场销售渠道，提高农民的收益和经济效益，促进乡村产业升级和现代农业发展，推动农村经济的可持续发展，实现农民增收致富和乡村振兴的目标。

四、未来的研究展望

未来的农民培训社会化服务领域的研究，可以在智能化技术应用、农业产业链融合、跨地区合作机制和培训评估等方面进行深入探索，以提高农民的技术水平，推动农业现代化发展。

（一）智能化技术在农民培训中的应用

随着信息技术的不断发展，智能化技术在现代农业中扮演着越来越重要的角色。未来可以探索如何将智能化技术应用到农民培训中，提高培训的效率和质量。例如，可以开发基于人工智能的个性化学习系统，根据不同农民的需求和学习情况，定制个性化的培训方案；可以利用虚拟现实和增强现实技术，为农民提供身临其境的培训体验，帮助他们更好地理解和掌握技术知识等。

（二）农民培训与农业产业链的深度融合

农民培训不仅仅是传授农业技术，更重要的是帮助农民在现代农业产业链中找到自己的定位和价值。研究如何将农民培训与农业产业链的各个环节深度融合，帮助农民了解产业链上的每个环节，掌握全产业链的技术和管理知识，从而实现农业产业链的高效运作和增值。

（三）跨地区农民培训合作机制

农民培训不应局限于特定地区，而应该实现跨地区的合作与共享。探索建立跨地区的农民培训合作机制，促进不同地区之间的技术和资源共享。可以通过建立农民培训资源库，收集和整合各地优质的培训资源，为农民提供更广泛和丰富的学习机会。同时，可以推动不同地区的农民培训机构之间的合作与交流，共同提高培训水平和效果。

（四）农民培训评估和效果监测

农民培训的效果评估和监测是关键环节，可以帮助及时发现问题和改进培训方案。探索建立科学有效的农民培训评估体系，包括建立培训效果评价指标体系和评估方法，推动培训机构对培训效果进行跟踪和分析。同时，可以借助大数据和人工智能技术，对农民培训的效果进行动态监测和预测，为培训机构提供科学决策依据。

参考文献

Swanson, R. A., 1987. Human Resource Development Definition[M]. St. Paul, MN: Training and Development Research Center.

Romer, P. M., 1986. Increasing Return and Long-Run Growth[J]. Journal of Political Economy, 94, 1002 - 1037.

Robert, E., Lucas, Jr., 1988. On The Mechanics of Economic Development[J]. Journal of Monetary Economics, 22, 3 - 42.

郝婷，2012. 农民培训长效机制研究[D]. 咸阳：西北农林科技大学.

蔡昉，1996. 行业间工资差异的成因与变化趋势[J]. 财贸经济，(11)：3 - 5.

杨晓彤,2020.农业技术培训对苹果户收入影响研究[D].西北农林科技大学.

杨重卫,周洋,王建云,2014.关于新型职业农民教育培训工作的思考[J].农民科技培训,(10):21.

黄季焜,2020.乡村振兴:农村转型、结构转型和政府职能[J].农业经济问题,(01):4-16.

智华勇,黄季焜,张德亮,2007.不同管理体制下政府投入对基层农技推广人员从事公益性技术推广工作的影响[J].管理世界,(07):66-74.

薛彩霞,郭亚军,赵锦域,2020.施用知识、技术对农户过量施肥施药行为的影响研究——基于陕西省"户太八号"葡萄种植户的分析[J].农林经济管理学报,19(05):548-558.

屈成,付爱斌,黄新杰,等,2022.乡村振兴背景下新型职业农民培训存在的问题及对策——以湖南省为例[J].安徽农业科学,50(05):246-248.

刘建兰,王浓章,刘慈平,等,2011.农民教育培训新机制研究——职业化农民教育培训平台建设[J].湖南农业科学,(02):41-43.

汪红梅,李琦,2022.农户持续参加科普培训意愿的影响因素[J].西北农林科技大学学报(社会科学版),22(03):130-140.

万江红,管珊,2013.农村专业技术协会的实践形态与发展定位——基于与农民专业合作社的比较[J].华中农业大学学报(社会科学版),(04):7-12.

卢晖临,宋鑫森,赵晓萌,等,2018.农技协在精准扶贫中的作用机制——兼谈基层科协的改革[J].北京航空航天大学学报(社会科学版),31(05):31-36.

王彦雨,徐善衍,2011.农技协在农村科学技术社会化过程中的作用及新模式研究——以四川省农村专业技术协会为例[J].科技进步与对策,28(20):24-28.

曹铁毅,王雪琪,邹伟,2020.经营规模、农业技术培训与家庭农场收入——基于江苏省的调查[J].农业农村现代化研究,41(02):237-244.

第八章

科学普及促进民生

科学普及是农业社会化服务的基础性内容与支撑，在普及科学知识、弘扬科学精神、传播科学思想、倡导科学方法等方面发挥着不可替代的作用。农村专业(技术)协会是农业农村科普的重要力量，通过科普这一深受农民欢迎的社会化服务方式，不仅能提高农村群众素质、促进农业发展和农民增收，还能厚植创新沃土、推动地方新质生产力形成和乡村建设治理水平提升。本章选取具有代表性自变量和关键性因变量的邳州市农村专业技术联合会、常州市水产学会、南通市通州区农友协会、句容市茶文化交流协会、南京市江宁区蜂业技术协会、徐州市农村专业技术协会等典型案例，分别探讨其主要做法、取得成效和经验启示，经文献研究、归纳演绎与系统分析，阐明新型农业社会化服务体系建设中科学普及促进民生路径的研究进展、解决的关键问题、创新的主要方面和未来的研究展望。

第一节 实践与启示

一、科普促进产业发展

邳州市农村专业技术联合会 成立于2018年2月，位于江苏省邳州市高新技术产业开发区炮车大道1号，有个人会员108名、会员单位16家；拥有专职工作人员8名，其中负责人2名、工作人员6名。服务范围包括科学普及、科技服务、培训指导、生产托管等。年社会化服务收入约20万元，主要来源于承担项目、社会捐赠、委托服务等。近年来，联合会积极引导会员单位发展蔬菜、林果、养兔、草莓等产业，建设碧根果、地松茸、富硒大米、肉兔、草莓、红叶无絮杨等示范基地20多处，其中隆成公司、美联碧林公司等12处基地成为全市农业产业化龙头企业，被省、市科协授牌确认为科普惠农示范基地。

（一）主要做法

邳州市农村专业技术联合会致力于推动农村专业技术的发展，提高农村经济的发展水平，促进乡村产业的升级和农民收入的增加。

1. 开拓创新，主动作为，全心开展示范基地建设

全力推动多种经济作物示范基地建设。大力发展木本油料植物——碧根果，先后组织300多名“园主乡土专家”40多次外出参观考察学习，引进碧根果优质品种，采取高效立体种植模式，在11个乡镇建设示范基地。大力发展“赤松茸”，围绕50万亩银杏效益滑坡的新问题，积极组织农技会员和乡土专家，想点子、出主意，全力推广银杏林下经济新产业立体高效创新模式；精心培育“无絮杨”，针对邳州市杨树面积大，且春季杨絮影响人的身心健康，农作物丰产等问题，邳州农技协协助邀请北京、上海、南京等地的林业专家指导，经过5年的努力，在新河镇杨楼村成功建立1处“红叶无絮杨、竹柳、构树”苗木繁育示范基地，面向省内外大力推广。

2. 发挥优势,注重实效,创新开展科普惠农活动

联合多部门多举措开展农业科普宣传活动。借助江苏省、徐州市、邳州市委宣传部以及邳州市科协科普宣传平台,联合老科协、老促会、市农业农村局、市科技局等单位,积极开展“全国科普日”“全国科普周”“科技三下乡”等大型科普宣传活动。邀请农业专家来邳搞好科技培训活动。结合协会确立的工作重点项目每年开展科普展、现场观摩研讨、田间技术培训等活动,先后邀请中国林业科学研究院、江苏省林业科学研究院、河南省生物学院、江苏省农业科学院等单位100多名专家,以及常州、金坛、句容、泗洪等农企专业技术园主100多人次来邳“传经送宝”,助力邳州“三农”经济发展。加强与融媒体合作搞好农技宣传活动。依托邳州市广播电视台、邳州日报、彭城创客等融媒体,每年定期举办大型农业科普宣传。

3. 加强管理,规范运行,持续推动农技协科学发展

充分发挥老党员带头作用。坚持“党建强会”,通过加强党建工作引领协会取得良性发展,大幅提升协会的领导能力及组织能力。特别是充分发挥老党员、退休老干部在协会中作用。大力吸纳培养地方乡土人才。切实加强乡土人才队伍建设,成功推荐16名会员获得“乡村振兴技艺师”或“助理乡村振兴技艺师”称号。积极组建乡土人才数据库,在推进农业转型升级、增加农民收入方面起到了很好的“智囊团”作用。

(二) 取得成效

联合会紧紧围绕邳州市委、市政府“三农”工作大局,积极打造农业科技示范基地、促进农业科技普及推广、壮大农业科技服务力量,全力推广银杏林下经济、大蒜、碧根果、集群养兔、富硒生态大米、草莓等特色产业,推动了邳州市近百万农民走上增产增收的富裕之路。

1. 推进特色农业产业发展

联合会通过打造农业科技示范基地,带动当地农业特色产业全链条发展。在新河、车夫山、邹庄、陈楼、张楼、戴庄、占城、八路、运河、赵墩、碾庄11个镇建立碧根果示范基地16处(包括示范点近30处),总面积突破10 000亩。其中,东方集团美联碧林公司投资4亿元,发展碧根果产业基地1万亩,2018年初一期在新河镇发展2 000亩,已经进入盛果期。

在邹庄镇石东村、陈楼镇丁庄村等地设立5个示范点，探索出一条银杏林下“三层经济”发展新模式，即顶层银杏树塑形作为天然遮阳网，中层林下栽植奇异莓，底层地表种植赤松茸、竹荪、羊肚菌等食用菌，综合亩收益15 000元以上。银杏林下经济新产业已成为邳州市委、市政府乡村振兴重点工作，江苏省财政厅和林业局已立项支持。

在新河镇杨楼村、成功建立1处“红叶无絮杨、竹柳、构树”苗木繁育示范基地，面向省内外大力推广。该项目受到中国科协重视和表扬，获多部门奖励9项。

2. 促进农业科技普及推广

借助多部门力量，结合农技协自身确立的工作重点，每年组织开展科普展示、观摩、现场研讨和技术培训20场次，受益群众达30万人次。邀请农业领域专家，每年开办农业科技培训班30多场次，印发科技彩页40 000余份、发放科技图书1 000余份。依托邳州市广播电视台、邳州日报、彭城创客等融媒体，每年举办大型农业科普宣传16场次，线上线下受益群众80多万人次。其中科技创新工作者(农技副秘书长张奎昌)的创新团队、76岁的食用菌专业技术人员于洪安、72岁墙画专家宋思恩等老同志，做客邳州电视台“科学会客厅”“科学集结号”等栏目，为农业企业、全市农民普及农业科技知识，深受广大农民的欢迎。

3. 壮大农业科技服务力量

联合会吸纳、培养了大量的地方乡土人才。先后吸纳一批懂技术、善经营、会管理、专业化的农民技术人才，长年奔走于田间地头、设施农业一线，极大地促进了农民增收，带动了农业转型升级。成功推荐16名会员获得“乡村振兴技艺师”或“助理乡村振兴技艺师”称号。联合会得到长足发展，副理事长石启田历经20载成功研制出银杏外种皮生物制剂，获农业农村部批文；常务副理事长兼副秘书长张奎昌获各类专利400项。截至目前，先后有7名基地园主获评乡土人才职称，3名基地农业企业主获得江苏省、徐州市劳动模范荣誉称号。秘书长陈贤桂建言献计得到了市总工会的重视，在华瑞家庭农场创建了劳模工作室得到了徐州市委、邳州市委及有关部门的赞扬，参观学习者络绎不绝。

（三）经验启示

联合会通过开拓创新、发挥优势和加强管理等做法，取得了明显的成效，为其他地区的农村专业技术发展提供了借鉴和参考。联合会注重加强管理，规范运行，实现科学发展。联合会充分发挥老党员带头作用，通过加强党建工作来提升协会的领导能力和组织能力。同时，联合会积极吸纳和培养地方乡土人才，推荐会员获得相关技术师称号，并组建乡土人才数据库，为农业转型升级和增加农民收入提供智力支持。联合会注重服务全体会员，并根据会员的特点和需求，提供不同层次和形式的服务。既服务于专业技术人员，帮助他们提升专业技能和开拓市场，也服务于基层农民，提供技术培训和问题解决等支持。此外，联合会通过联合多部门和单位，开展科普宣传活动，提高了农民对农业科技的认知和应用能力，提升了科普宣传的覆盖面和影响力。

二、科普提升职业技能

常州市水产学会　成立于1991年8月，有个人会员35名、会员单位5家；拥有专职工作人员4名，其中负责人1名、工作人员3名。协会的职能定位为组织科学普及活动，编写学术刊物和科学普及书刊，积极传播水产科学知识，推广先进生产技术；举办各种形式的培训班和进修班，促进新技术普及和应用，努力提高会员和广大水产工作者科学技术水平；接受委托对有关科研项目进行技术论证、成果鉴定、建设项目的可行性论证和评估，为会员提供技术咨询和技术服务；收集常州市发展水产科学事业的意见和建议，积极向有关部门反映，促进水产科技进步等。年社会化服务收入约19万元，主要来源于承担项目和委托服务。近年来，协会通过开展渔业技术推广、水产职业技能培训、水产种质资源普查、水生动物重大疫病监控等服务方式，开展多元化的社会化服务。

（一）主要做法

学会通过科学普及、技术培训和疫病监控等方式，积极推动水产科技的发展与应用。致力于提高水产工作者的技术水平，推广先进生产技术，为水产行业的可持续发展作出贡献。

1. 大力开展“水产绿色健康养殖技术推广三大行动”

开展绿色健康养殖模式推广行动。依托水产标准化健康养殖年活动和美丽渔场的实施，通过打造规模化示范基地和建立示范点，推进全流程标准化养殖，推广了复合型水草栽种、良种应用和生态调控技术等，对面上养殖生产开展因地制宜和分类指导。

实施养殖尾水治理模式推广行动。一方面，在太湖流域一二三级保护区内设立了 26 个池塘养殖水质监测点，抽取 1 批次 57 个水质样本，跟踪服务 33 个尾水净化养殖示范点。另一方面，在全市水产技术培训班、塘口技术服务中，大力宣传贯彻池塘养殖尾水排放标准，倡导尾水循环利用和达标排放，鱼塘原位和异位净化养殖技术应用面积得到明显提升。

推进水产养殖用药“减量”行动。加强病虫害预测预报、统防统治、绿色防控，加快高效生态环保渔药替代，规范限量使用饲料添加剂，注重抓好防疫体系建设，全市 33 个监测点每月完成 1 次病害上报工作。继续和常熟理工学院合作开展常用渔药敏感性试验，实现精准靶向用药，减少药物使用量，确保“三个安全”，目前已完成常州市水生动物致病菌对抗生素药物敏感性检测结果报告。

2. 成功举办水产职业技能竞赛

2019 年 9 月 9 日至 10 日，水产学会协助常州市劳动竞赛委员会、常州市农业农村局成功举办了“第十六届职工职业技能竞赛水生动物病害防治员技能比赛”决赛。参加此次竞赛的对象主要是水产技术推广系统、水产养殖经营服务企业、农民专业合作社、养殖大户等从事水产养殖、病害防治等业务工作的水产从业人员。学会在宣传发动、组织培训、竞赛项目的设立、竞赛程序的确定等流程中承担了主要工作。本次竞赛全面提升了水产养殖技术人员的实战技能和专业水平。

3. 充分发挥技术示范引领作用

水产学会制定完整的技术服务方案。通过技术力量下沉，优化服务质量，提高个人业务素养，提升群众满意度，打通技术推广“最后一公里”；邀请省级以上虾蟹、常规鱼领域权威专家，对农户开展技术培训，有针对性地满足其生产技术需求；组织春季水产养殖病害防治“云课堂”，引导水产养殖生产者做好苗种繁育、养殖生产管理等工作，积极预防疾病发生；强化苏陕协作，巩固脱贫攻坚成果，为陕西平利县河蟹养殖基地免费提供优质蟹种，拓宽当地农民的致富之路。

4. 有序开展水产养殖种质资源普查

为贯彻落实《江苏省第一次水产养殖种质资源普查实施方案（2021—2023年）》部署要求，摸清常州市水产养殖种质资源家底，水产学会全面动员一切力量、落实各项举措，确保全市水产养殖种质资源普查的顺利实施。一是加强组织领导，落实普查方案。通过在市各辖区（县）成立普查领导小组和技术工作小组，制定并下发《各县区第一次水产养殖种质资源普查实施方案》，明确了普查内容、范围及时间。二是完成业务培训，明确经费预算。为确保本次普查如期完成，经多方协调，目前落实普查经费 45 万元。三是创新普查方式，加快普查进度。为加快推进水产养殖种质资源普查进度，常州市组织多个辖区采用服务外包的形式，借助第三方力量开展普查工作。

5. 稳步推进水生动物重大疫病监控

学会协助常州市在天宁区、新北区、武进区、金坛区、溧阳市 5 个辖市区科学设立了 34 个病害测报点，配备 30 名测报员，监测面积达到 3 798 公顷，监测品种包括鱼类、虾类、蟹类共计 3 大类 9 个品种。全年共监测细菌性疾病、病毒性疾病、寄生虫性疾病和非病原性疾病 39 种，鱼类疾病占发病总数的 67%，蟹类 32%，虾类 1%。2021 年累积下发水生动物疾病预测预警 8 期，保证全市无重大水生动物疾病爆发。

（二）取得成效

学会通过制定行动方案、开展竞赛和培训等方式，推动绿色健康养殖发展，提高农民技术水平，促进科学普及和种质资源普查，在可持续水产养殖方面取得了显著成效，为产业发展和科技进步作出了明显贡献。

1. 推动绿色健康养殖发展

通过全力推行“水产绿色健康养殖技术推广三大行动”，包括绿色健康养殖模式推广、养殖尾水治理模式推广和水产养殖用药“减量”行动，取得了显著的成效。通过推进标准化养殖和应用生态调控技术，养殖生产的效益和环境友好性得到提高。在养殖尾水治理方面，建立了监测点并跟踪服务示范点，推动尾水循环利用和达标排放。在养殖用药方面，加强病虫害预测预报和绿色防控，提倡高效生态环保渔药，减少传统药物使用量。这些成效为水产养殖行业的可持续发展提供了有力的支持。

2. 促进农民职业技能提升

“第十六届职工职业技能竞赛水生动物病害防治员技能比赛”决赛的成功举办，在全面提升水产养殖技术人员的实战技能和专业水平的同时，提振了基层水产技术人员的士气，激发了他们爱岗敬业、刻苦钻研的积极性，极大地推动了水产技术的普及推广。而技术服务方案的制定完善、权威专家的柔性引入，优化了技术服务的质量，提升了群众满意度，惠及培训人员 300 余人次，充分发挥了技术示范的引领作用。此外，苏陕协作的开展，为当地农户水产养殖技术的提升、产业发展和群众致富提供了有力支持。

3. 推进水产养殖科学安全发展

通过加强组织领导、完成业务培训和创新普查方式，常州市水产养殖种质资源普查工作取得了显著成效。各辖区（县）已成立普查领导小组和技术工作小组，并制定了实施方案，明确了普查内容、范围和时间。全市共组织了 13 场次培训，培训了 130 名普查员，经费预算也得到了落实。同时，通过服务外包的方式，借助第三方力量，加快了普查进度。这些举措使得普查工作有条不紊地进行，为常州市水产养殖业的发展提供了重要的数据支持和科学指导。此外，34 个病害测报点的设立，也使得常州市无重大水生动物疾病爆发。

（三）经验启示

学会通过建立健全的服务机制，加强对养殖场的科技、人才等资源下沉，确保养殖过程中的环境安全和动物健康。学会强化科学研究和技术支持，通过持续的科研，探索新的养殖技术和管理方法，并提供专业的技术指导和培训，帮助养殖户提高养殖技术水平。学会积极推动养殖绿色发展，采用环保的养殖方式，减少对水资源的污染和浪费，推广循环利用的养殖系统，提高资源利用效率。学会坚持运行机制市场化，加强对市场需求的监测和分析，及时调整养殖品种和规模，提供符合市场需求的产品。同时，加强营销工作，提高产品附加值，拓宽销售渠道，增加产品的竞争力和市场份额。

三、建设科普场馆带动农民素质提升

南通市通州区农友协会 成立于2016年11月，是由从事畜禽养殖、特种养殖、生态有机种植、设施农业，以及社会各界从事有关农业生产、经营、管理和科研、教学、农业推广等单位及农户自愿组成的非营利性农业社会团体组织。协会种养殖土地共计1万多亩、各类畜禽2万多头，特色种养殖相结合，协会接受南通市通州区科学技术协会指导、监督工作。有个人会员52名、会员单位3家；拥有专职工作人员9名，其中负责人3名、工作人员6名。服务范围主要包括科学普及、科技服务、培训指导、农业生产资料供应和农产品加工等。年社会化服务收入约11万元，主要来源于产品供销和社会捐赠。经过多年发展，协会荣获2017年度第二十九届科普宣传周活动"先进集体"、2017年度全国科普日活动"先进集体""科普惠农兴村优秀农技协"称号。协会以优化本地农业产业结构，推进现代化农业发展为目标，有效搭建政府与行业、行业与企业、行业与农户、企业与农户间的沟通平台，服务政府、服务会员、服务行业、服务企业。

（一）主要做法

协会按照"科技兴农、科普惠农"的发展思路，以"推广科技、开发人才、科技兴农、科技富民"为宗旨，充分发挥其科普示范基地作用，引导群众改变农业产业结构，使农民逐渐走上绿色农业发展之路。

1. 建设科普场馆

2017年以来，投资20余万元，新建动物标本及其衍生产品陈列展示室45平方米和科普图书室37平方米，扩建养殖展示示范基地600平方米，科普培训教育场馆80平方米。科普宣传栏也由2017年的2个发展到2021年的6个，宣传栏的面积达到了21平方米，添置投影设备1套。

2. 强化科普力量

在培养、提高自身员工科技知识，让会员拥有普及畜禽及其养殖科普技术能力的基础上，依托江苏沿江地区农业科学研究所、扬州大学等科研院所和高等院校，聘请专家学者充当科普高级宣传员，提高畜禽及其养殖科普知识的普及率，扩大普及面。两年中，先后聘请专家顾问 20 余人次，协会科教骨干队伍从 2017 年的 6 人发展到 2021 年的 15 人。

3. 拓展科普方式

为了增加了解科普知识的途径和手段，协会已经形成初具规模的计算机网络，发放科普养殖技术资料 2 300 余册，并购买科普书籍 1 000 余册，组织农户观看科普养殖视频及录像 10 余次，举办各类讲座和专业技术培训班共 20 余次，以图片、实物展览的方式举办展览会普及科学技术知识共 20 余次，开展了科普活动时间 200 余天，为会员及养殖户上门提供科学养殖技术服务和科普知识指导，先后共组织了 40 余次，受益群众 5 000 余人次。

4. 创新科普机制

协会一贯坚持“以农为本”的经营理念，视农户利益为协会的最高利益。多年来，以普及科学知识、科学技术为己任，创新运行“协会＋基地＋农户”“协会＋基地＋社员”“协会＋公司＋养殖户”3 种科普示范模式，辐射周边 3 个省 5 个地区 10 个县 40 个村，带动周边地区 200 多农户共同走上了致富的道路。

（二）取得成效

协会通过科普举措在惠农、发展和表彰奖励方面取得了显著的成效。这些成果不仅对农民的生产和增收起到了积极的促进作用，也为农业科技的应用和创新作出了贡献，同时也获得了社会各界的高度认可和表彰。

1. 带动农民增收

协会在惠农增收方面取得了显著的成效。通过科普活动帮助农民提高养殖技术水平和经济收入，对农业生产起到了积极的推动作用。在两年的时间里，累计带动了 200 多户畜禽养殖户，养殖畜禽数量达到 4 万多头，户均增收超过 1 万元。

2. 科技成果丰硕

协会在自身科技发展方面也取得了显著成果。通过在科技创新和标准制定方面的创新和努力，目前，协会已经拥有 6 个注册商标，授权专利 4 个，并有 4 个专利正在申请中。此外，协会还研制并发布了 15 个团体标准，为农业科技的推广和应用作出了贡献。

3. 社会影响显著

协会开展的科普工作，产生了深远的社会影响，获得了一系列的表彰和奖励。协会先后获得了第二十九届科普宣传周活动的“先进集体”荣誉，以及全国科普日活动和“科普惠农兴村优秀农技协”等荣誉。此外，协会负责人袁裕忠也于2016年被评为全国科普日活动的先进个人，并获得南通市第二十八届和第二十九届科普宣传周先进个人的称号。他还被授予江苏省乡土人才“三带名人”称号，并荣获南通市农业科学技术推广奖三等奖。这些表彰和奖励无疑肯定了协会在科普工作中的杰出成绩，激励着他们继续在农业科技推广和农村发展方面取得更大的进步。

（三）经验启示

协会在科技兴农和科普惠农方面积累了丰富的发展经验。首先，建设科普场馆为群众提供了展示和教育的平台，让他们有机会了解科技养殖。其次，强化科普力量，聘请专家学者作为科普宣传员，提高了科学知识的普及率。第三，多元科普方式让群众通过网络、书籍、视频、讲座、展览等多种途径了解科普知识。最后，创新科普机制，以农户利益为最高利益，通过不同的科普示范模式，辐射周边地区，带动了周边地区的农户走上致富之路。协会的实践经验表明，通过组织开展农业科普活动，可以带动农业产业的发展，提高农民的收入和生活质量。同时，科学知识的普及也有助于提高农民的科技水平，推动绿色农业的实施和农业可持续发展。在未来的发展中，应继续加强科普工作，提高科普的覆盖面和质量，为农民提供更多的科技支持和帮助，促进农业农村现代化进程。

四、科普文化融合促进经济社会发展

句容市茶文化交流协会 成立于2014年1月，位于句容市和聚路启迪绿谷科技园，有个人会员75名；拥有专职工作人员4名，其中负责人1名、工作人员3名。协会的服务范围主要包括科学普及、科技服务和培训指导等。协会以挖掘交流传播茶文化中“健康、淳美、静心、平和、宽容、自然、禅思"的精神为宗旨，弘扬中华传统文化，提升人文道德素养。倡导以"品茶、品味、品人生"为养生修心的方式，促进和谐社会建设。年社会化服务收入约 29.6 万元，主要来源于产品供销、承担项目、会员会费和委托服务等。协会定期举办特色活动，交流传播茶文化，同时还引导更多的人投身到社会公共事业，积极有效地开展社会公益活动。为提升全民素质，创建文明城市、建设和谐社会作出显著贡献。

（一）主要做法

句容市茶文化交流协会通过茶文化教育、培训与科普以及社区推广等方式，将茶道与中国传统文化结合，提升学员对传统文化的认知和兴趣。协会组织丰富多样的活动，包括茶修礼仪教学、茶席插花、书画展等，致力于弘扬中华优秀传统文化和新时代精神，并通过科技体验加强受益者的思想政治教育。

1. 党建引领高质量发展

党建"融文"促和谐。协会开展丰富多彩的文化活动 140 余场，覆盖群众近万人，开展茶隅党课，传播党的声音、讲述先进故事；开展茶隅沙龙，分享创作经验、传承茶的文化；开展茶香读书会，让茶香伴书香，营造浓厚学习氛围。党建"融智"促创新。充分发掘园区企业资源，引入数字创意与多媒体展项，通过 VR 互动、融合投影、多媒体故事墙等多种形式，赋予党建教育互动体验。打造青少年红色文化数字实践课堂，切实提高青少年爱国爱党热情。

2. 推行茶文化普及

协会通过茶修礼仪教学课程、茶席与插花活动以及茶与书画艺术展等方式，将茶道与中国传统文化有机结合，提升学员对传统文化的认知和理解。

开设茶隅讲堂。协会为学员定制茶修礼仪教学课程，以趣善诱，以茶育人，由浅入深地带领学员走进茶的美妙世界。通过学习茶修，让大家在严谨有趣的茶修中接受中国传统文化熏陶，将孝、悌、礼、敬的经典国学文化融入习茶和泡茶的活动中，加深对中国传统文化的认知，培养良好的人文素养和道德品质。

组织茶席、插花、茶与书画艺术等活动。茶道与花道老师教学员打理花材、选择器皿、色彩搭配、结构布局等，讲解茶器选择与茶叶特性的匹配，介绍茶叶冲泡重要步骤，表演茶席技艺及插花展示。协会定期举办专题书画展，提升群众业余文化生活质量，丰富容城的文化底蕴。广大书法爱好者在此进行交流，共同探讨书法的临摹与创作。活动以书画表达胸怀，弘扬中华优秀传统文化，弘扬新时代精神。

3. 组织培训与交流

协会通过定期开展茶修培训，组织学员参加茶艺师资质考试，获得专业资格证书；邀请著名茶艺老师前来主讲，科普怎样健康饮茶，传授更多有关茶的知识，提升学员对传统文化的兴趣。以茶会友，大家围坐一起畅谈茶文化，增加人与人之间的情感交流。这种茶艺培训和科普讲座有助于增加学员对茶文化的兴趣，并提升他们的茶艺水平和健康饮茶意识。

4. 开展茶文化推广

协会通过传统礼仪与传统茶文化知识的社区推广，为社区居民带来茶艺表演、茶叶品鉴，科普如何健康饮茶、茶文化咨询等公益服务，让社区居民感受、学习、继承中国传统文化，促进家庭和睦、社会和谐。为社区的老人提供精神和健康关爱，为茶艺爱好者找到解读人生的方法，为放假在家的学生播撒传统文化的种子。同时在活动中将茶道与 VR 体验相结合，更直观地了解中国传统文化与我国科技成就，在传播传统文化的同时，加强受益者的思想政治教育。

（二）取得成效

句容市茶文化交流协会紧密结合科技园区优势资源，开展以传统茶文化和数字科技体验为核心的社会公益活动，提高了学生的文化素养，获得了一系列的荣誉，并受到各级领导的关注和指导，对推动传统茶文化的传播与发展起到了积极作用。

1. 科普成果显著

协会紧密结合自身特色、立足科技园区、依托优势资源，多次开展文化与科技结合的社会公益活动，如镇江市暨句容市 2020 年全国科普日活动、第 33 届科普宣传周活动、句容市 2021 年全国科普日活动等。活动中学生们先后进行数字 VR 设备、全息投影体验，传统茶文化知识科普，消防实训演练，文化与科技结合，使学生们收益满满，获得更多新奇有趣的互动感受。协会获得众多荣誉，被句容市文明办、句容市教育局命名为“句容市中小学校外教育实践基地”；2018 年被镇江市全民阅读活动领导小组评为“最美阅读空间”；2019 年被镇江市民政局评为“4A 级社会组织”；2020 年被句容市委、市政府评为“句容市文明单位”；协会党支部 2018 年、2021 年被崇明街道党工委评为“先进基层党组织”。

2. 社会影响良好

协会以“传统茶文化＋数字科技文化体验”为核心，通过优化空间布局、完善现有课程，形成有序的系列化学习体验方案，与中小学深入合作，开展青少年茶隅课堂。将科技创新与文化创意相融合，让学生们既能体验到一线的高科技应用，又能感受到传统文化魅力，在拓宽学生视野的同时，提高了学生的文化素养。2021 年，镇江市科协、句容市科协、句容市教育局、句容市文联领导莅临协会参观指导，对协会发展提出宝贵建议。南京农业大学、南京海事学院等许多学生团队也来到协会参观学习、感受传统文化熏陶。协会一系列的工作极大地推动了我国传统茶文化的传播与发展。

（三）经验启示

作为社会组织，句容市茶文化交流协会以传播茶文化、弘扬中华传统文化为宗旨，不追求商业利益，而是注重公益性质的活动，服务于社会大众。协会党支部立足科技园区、依托优势资源、结合协会特色，将党建工作融入社会组织运行，以高质量党建引领协会高质量发展，推动茶文化的传播和科普方式的创新。此外，协会采取多种社会化服务方式，以供需直接且精准对接为目标，紧密结合自身特色和优势资源，提供全方位、多层次的科普等服务，通过数字 VR 设备、全息投影等科技手段，使大众获得更多新奇有趣的互动感受，并增加了其对传统文化的了解。

五、科普科创促进农民持续增收

南京市江宁区蜂业技术协会 成立于 2020 年，位于南京市江宁区湖熟街道耀华社区，有个人会员 55 名；拥有专职工作人员 3 名，其中负责人 1 名、工作人员 2 名。协会的服务范围主要包括蜜蜂养殖等技术研究，蜂业系列的技术培训和科普宣传，蜂业行业协调与管理、跨区域交流与合作等。年社会化服务收入约 10 万元，主要来源于承担项目。协会自成立以来，充分利用协会及基地有利资源，加强组织机构建设，形成较为健全科学的“协会+基地”科普系统。保证协会及科普基地的健康、规范运行，开展蜂业技术培训和服务、蜜蜂科普等工作，借力发展基地科普事业，把协会工作搞得更加有声有色，让更多的受众关注到蜂农这一群体，让更多的人学科学、懂蜜蜂、受益于蜜蜂。

（一）主要做法

协会通过提供全面综合服务、推动建设质量安全体系、注重科普教育发展，为农民营造了有利的生产环境，强化了农民的收入保障，并形成建立了较完善的蜂业科普教育体系。

1. 提供养蜂全面综合服务

协会在前省蜂业协会高级畜牧师、专业技术人员等技术支撑下，不定期深入蜂场为养蜂农户提供信息咨询、专业技术指导、农民培训、产品储藏以及疾病防疫、质量跟踪管理等综合服务。为减轻养蜂户负担，协会统一组织采购养殖所需的白砂糖蜂具等物资，并优惠供应给农户。同时，对外来的养蜂户，协会根据本地蜂场分布情况进行帮助与协调，避免相互干扰带来的损失。

2. 推动建设质量安全体系

面对欧盟、美国、日本等对中国动物源产品实行的贸易壁垒压力，协会积极倡议与省蜂业协会合作，在省级专家、教授的帮助下，组织讲解蜂产品市场行情和养蜂新技术，并提出大力培育优质种蜂王，按国际标准统一操作养蜂生产的质量安全体系建设设想，并详细解释了蜂产品中抗生素残留量标准。

3. 强化科普教育事业发展

协会注重学习党的精神，深入贯彻落实《全民科学素质行动计划纲要》，加强科普基础设施和阵地建设，积极推动科普教育事业的发展。2020 年，协会确定在南京市江宁区西洋湖家庭农场打造蜜蜂科普基地。目前已建成以蜂文化为主题，占地面积约 700 平方米的蜜蜂科普馆，并配套建设了养蜂示范蜂场。馆内以图片、标本、模型和实物等形式布展，向参观者介绍中国养蜂业的发展历史、蜜蜂的生物学知识、现代养蜂科学技术和蜂产品市场的繁荣等。该馆不仅具有科普教育功能，还是中小学生物学教学的课外活动场所，旨在培养中小学生对蜜蜂科学和生物学的兴趣。

（二）取得成效

协会通过全方位服务农民，提高其生产能力、降低成本和风险，助力农户融入大市场，在确保农民收入持续增长的同时，推动了科普教育的发展。

1. 促进农民收入增加

协会通过为农民提供全方位的服务，提高了农户的生产能力、降低了其生产成本、避免了不必要的风险，使得小农户能够更好地对接大市场，保障了农民收入的可持续增长。目前，协会已发展成员超 50 人，且基本为一线养蜂生产从业人员，蜂群达 5 000 群以上。

2. 推动科普教育发展

目前，协会建成了占地面积约 700 平方米的蜜蜂科普馆。该馆以蜂文化为主体，以馆为载体，整体分为 6 个区域，包括蜜蜂文化展演区、世界与中国养蜂史区、蜜蜂生物学特性区、蜜蜂与生态区、蜜蜂与蜂科技文化艺术的应用区、蜜蜂小课堂区等，并实施配套了一个养蜂示范蜂场。馆内展示了蜜蜂的起源和演化、养蜂史和蜂文化、中国养蜂业发展成就、中国蜜蜂和蜜源植物资源、蜜蜂的生物学特性、蜜蜂与科技文化艺术、蜂产品的生产、蜜蜂为农作物授粉增产、蜂产品保健和蜂疗等内容，蜜蜂文化展演区同时涵盖着科普教育的功能，可容纳百余人。蜜蜂科普馆于 2021 年荣获“全国青少年创新教育实践基地”称号。

（三）经验启示

协会在蜂业发展中发挥了积极的作用，为行业的健康发展和会员（成员）的利益提供了有效的支持。作为社会组织，协会始终将党的领导作为重要原则，并与党的政策和方针相一致，确保组织的正确发展方向。在此基础上，协会加强巩固科普基础设施和科普阵地建设，积极推动科普教育事业的发展；协会始终坚持非营利性质，以公益为宗旨，服务于广大蜂农和蜂产品产业发展，关注会员的利益，并促进行业健康可持续发展；协会将市场、问题和需求作为运行机制的导向，积极响应会员的需求，推动市场发展，解决行业中存在的问题;此外,协会十分注重会员服务,在为会员提供基础性服务的同时,积极开展各种培训、技术交流、信息发布等活动,提升会员的技术水平和经济效益。

六、科学普及推广取得“三生”效益

徐州市农村专业技术协会 成立于2015年5月,注册地位于徐州市新城区行政中心东综合楼A521室。由从事农业、农村专业技术研究、科学普及、技术推广的科技工作者、科技致富带头人和基层农技协、农村专业技术经济合作组织自愿组成,依法登记成立的非营利性社团组织。协会现有个人会员385名,单位会员6个;拥有专职工作人员9名,其中负责人3名,工作人员6名。年社会化服务收入约11.5万元,主要来源于承担项目、社会捐赠和会员会费。协会的经营范围包括统筹和指导各县(市、区)农技协开展工作;促进和指导农业支柱产业行业协会的发展,提高农民组织化程度;发展壮大各类专家团队,提升科技服务层次和水平;搭建院士、专家产学研合作平台,加快农业科技成果转化;开展农民科技知识普及、促进农民科学素质的提升;大力推广新品种、新技术,促进农民增产增效;大力实施“科普惠农兴村计划”,做好各级优秀农村专业技术协会的评审推荐工作;承担政府职能部门和主管部门交办的任务,承担会员单位及社会团体委托事项等。

(一)主要做法

自成立以来,协会带领各基层农技协和全体会员,主动作为,积极助力乡村振兴战略,为实施创新驱动、推动徐州市农业农村现代化建设作出了积极贡献。

1. 推进果树示范园区建设

协会组织果树专家深入基层一线,指导果树示范园区建设,采取以点带面,示范带动的措施,让果农增收,果业增效,扎实推进乡村振兴。指导新建优质葡萄、优质桃生产示范园30多个,果树专家与徐庄镇优质葡萄示范园、丰县套楼优质葡萄示范园、睢宁刘集果园优质桃生产示范园、铜山房村优质梨示范园等单位结对共建,并定期进行技术指导。对全市优质果树生产起到了示范带动作用。

2. 实施农业科技计划项目

积极参与市农业科技项目，探索科技兴农新途径，推动现代农业高质量发展。与徐州生物职业技术学院共同实施“高端果品生态种植技术推广与研究”项目，解决了高端果品生态种植的关键技术，为项目推广提供了第一手资料。与市蔬菜研究所共同完成“设施茄果瓜类蔬菜技术集成创新应用”项目。分别在铜山、沛县、邳州、贾汪等蔬菜产区建立科普服务站，开展高温闷棚控病、石灰氮土壤处理等试验示范。在穴盘育苗、嫁接栽培、水肥一体化等方面，开展了技术研究与推广，提高了设施蔬菜发展水平，促进徐州市高效农业的发展。

3. 推广新技术新品种

推广小麦高产新品种。充分发挥农科院专家资源，推广小麦新品种，开展以“提高生产效率，促进乡村振兴”为主题的农业产业化现场观摩培训活动，集中组织全市涉农县(市)区科协主管农村科普工作负责人，农技协联合会、家庭农场负责人、种植大户赴睢宁佳禾农业科技有限公司基地开展现场培训，徐州市小麦首席专家陈荣振现场对‘徐麦 9158’‘徐麦 35’‘徐麦 818’‘瑞华 518’‘徐农 029’等品种来源与类型、产量水平及特征做了讲解说明，对播种期、种植密度、肥水管理、病虫草害防治进行了现场培训。对提高麦农收入，确保国家粮食安全具有重要意义。推广碧根果种植、林下养殖业以及高效农业连作障碍绿色防控技术。针对设施农业中面临的重茬危害、生理性病害、土壤退化等连作问题，实施高效农业连作障碍绿色防控技术推广。

4. 开展科普教育活动

协会开展送科技下乡活动。组织农业专家深入农村开展“三下乡”服务活动，为农民提供现场指导、咨询服务，并发放科普书籍及生产技术宣传材料。积极举办科技专家科普乡村行活动，主动对接省农技协开展科技专家科普乡村行活动。积极组织农民科学素质网络竞赛。联合下发文件部署，召开会议动员，定期公布参赛人数激励等措施，发动全市农业科技工作者、农技协员、广大农民参加网上竞答。

（二）取得成效

协会在农业科技示范推广、科普培训教育、新品种新技术推广等方面发挥着不可替代的作用，极大地推动了农民收入增加、素质提升和农村生态环境改善。

1. 带动农民增收致富

协会组织开展优质甘薯推广和机械化服务，为农户提供1 500万株优质甘薯种苗，机械化作业20 000亩，带动贾汪、铜山、邳州2万亩甘薯产业发展。指导邳州农技协联合会积极推广碧根果种植产业，建立22个示范基地，面积1.5万亩，产业覆盖10多个乡镇，并向周边地区辐射。碧根果的推广带动了育苗、板材、炒货产业和林下种养殖业的发展，为当地农业探索出了一条规模化种植的新途径，为农村转型发展闯出了一条新路子，为农民依靠科技致富作出了新贡献。

2. 促进农民素质提升

几年来，协会组织的农村"三下乡"服务活动达50多场次，受益1.55万人次，发放科普专业书籍4 800余册、生产技术宣传材料1.8万余份。近两年，举办科技专家科普乡村行活动10多场次，市级培训18场次，累计培训1 800人次。发动全市农业科技工作者、农技协会员、广大农民参加网上竞答，连续三年徐州参与100万人次以上，占据全省总量的一半以上，为江苏省在全国排名作出了突出成绩。这些活动的开展极大地提升了农民的科学素质。

3. 推动农业绿色发展

协会推广高效农业连作障碍绿色防控技术，成立江苏省农技协农技普及站5个，免费提供10万元连作障碍绿色防控"荣宝"产品。为农业生产基地、种植大户、家庭农场100多亩设施大棚提供连作障碍绿色防控技术示范推广服务，针对性解决农业设施农业中面临的重茬危害、生理性病害、土壤退化等连作问题，推动徐州市农业绿色发展。

（三）经验启示

协会在农业科技示范推广、科普培训教育、新品种新技术推广等方面发挥着不可替代的作用，极大地推动了农民收入增加、素质提升、农村生态环境改善。协会采取非营利性的运作方式，不追求经济利益，而是以服务农民的需求为宗旨，促进农民的生产、生活和生态环境改善，真正实现为农民服务的目标；

协会在运行机制上以市场、问题和需求为导向，注重调研和了解农民的实际需求，以市场化思维开展工作，提供符合农民实际需求的科普服务，增加服务的针对性和实效性；协会通过多种渠道和方式，与农民建立直接联系，实现供需的精准对接。此外，协会积极利用互联网、社交媒体等新兴平台，扩大宣传范围，提高服务覆盖率。

第二节 路径与分析

一、当前的研究进展

习近平总书记强调，科技创新、科学普及是实现创新发展的两翼，要把科学普及放在与科技创新同等重要的位置。没有全民科学素质普遍提高，就难以建立起宏大的高素质创新大军，难以实现科技成果快速转化。这一重要论断，为新时代新征程推动科普高质量发展指明了根本方向。农村科普是乡村振兴的重要力量，不应仅仅是技能和知识的普及(廖丹凤 等，2022)。农村科普的任务不仅是提高农民的技术水平和经营能力，更重要的是要为农民提供一种精神体验，培养一种认识自然和社会的视角，使其形成一种态度和习惯，并树立科学意识(李翠亭，2023)。应以加快建设农业强国目标、全面推进乡村振兴为导向，对当前的农村科普进行重新审视、定位，与时俱进完善工作体系，打造基于农民生活实践的农村科普空间，丰富基于农民生活实践的线上和线下科普资源和科普场景。

中国自古就是农业大国，学术界对于“农村科普”的专题研究却一直相对薄弱。大部分成果只是关注农村科普实务工作的经验总结等，缺乏深层次问题的探讨，还停留在描述层面，很少形成系统理论(牛桂芹，2017)。为了填补这一研究空白，陈东云撰写了《中国农村科普研究》这本专著，作者在书中系统分析了农村科普发展的历史沿革、现阶段工作的现状与问题、未来发展的趋势与策略(陈东云，2012)。该书对农村科普相关概念的澄清、对农村科普历史规律的分析、对新时期农村科普发展方向的讨论等，为后续研究奠定了重要基础。

近些年，随着“三农”问题地位的提升和国内科技传播领域理论水平的发展，农村科普领域学术范畴日渐拓展，其研究内容趋于多样化，研究视角也更加广阔。为了更好地探讨农村科普的现状与问题，学术界关注了包括农村科普体系及机制建设、农民科学素质测量、农村科普政策法规、农村科普模式创新、农村科普人才培养、农村科普效果评估在内的诸多方面。这些方面涵盖了农村科普的组织、对象、规范、方法、人力、效果等多个层面，为农村科普提供了全面的理论支持和实践指导。部分学者借鉴美国农村科普体系的构成、实效与运作方式，结合中国农村实际情况，提出了增强中国农村科普实效性的对策建议（王梅奚，2017）。部分学者针对农村科普现状和问题，提出了包括政策制定、人才培养、资金投入和平台建设在内的农村科普模式创新路径（刘维帅，2017）。部分学者围绕新型城镇化发展需要，分析了农民科学素养提升的紧迫性和战略意义（朱冬雪，2016）。

科普信息化的推进发展为农村科普研究开辟了新的视角和变化。学术界开始关注农村科普 e 站、自媒体农村科普等新兴形式，探索网络平台在农村科普教育中的作用和机制。具体而言，部分学者从视觉传达的角度，评估了网络平台作为农村科普教育载体的可行性和优势（穆童，2016）。部分学者根据农业类自媒体发展情况，分析了自媒体在农村科普信息化发展中的影响因素和效果评估（石宝新，2016）。部分学者遵循互联网思维的核心理念，提出了一些改善农村科普工作的思路和对策，如用户参与、内容创新、平台整合等（汪中才等，2015）。

二、解决的关键问题

农民科学素质水平的高低直接影响着乡村振兴战略实施的效果，而科学普及是一项提高公民科学文化素质、推动经济发展和社会进步的公共服务（王法硕 等，2016）。目前，我国农村地区的科普仍存在缺乏科普资源、信息不对称、传统观念影响和缺乏科普教育机制等问题。通过发展农村专业（技术）协会，推动科学普及，进而促进农村地区的科学发展和民生改善，可解决以下关键问题。

（一）教育落后和知识匮乏

农村地区教育资源相对匮乏，教育水平较低，导致居民普遍缺乏科学知识和科学素养。这限制了他们理解当代科技进展、应对现代化挑战的能力。农技协的科普推广，能够提供系统化、易懂的科学知识，弥补教育差距，提高农民的科学素养。

（二）农业生产技术滞后

农村地区大部分居民从事农业生产，但技术水平相对滞后，缺乏先进的农业技术和管理方法。这限制了农产品质量和农业收益的提高。农技协通过推广先进的农业科技和管理模式，提供培训和指导，帮助农民掌握关键的农业生产技术，提高了土地利用效率和农产品品质。

（三）健康保健意识薄弱

农村地区普遍存在健康保健知识匮乏、健康观念薄弱的问题。居民对常见疾病的预防、健康生活方式的重要性了解不足，导致健康问题频发。农技协通过开展健康科普教育，传递健康保健知识和预防措施，增强农民的健康保健意识，促进健康生活方式的养成。

（四）环境污染和资源浪费

农村地区面临着环境污染和资源浪费的困境，如化肥农药过度使用、水土流失和固体废弃物处理等。这些问题严重影响了农业可持续发展和居民生活质量。农技协通过开展环境科普宣传活动，增加农民对环境保护的认识和理解，推广环保技术和方法，引导农民改变不良的生产和生活习惯，实现可持续农业发展。

（五）市场信息不畅通

农村地区缺乏有效的市场信息渠道，农产品销售受限，农民难以获得合理的收益。农技协通过建立市场信息平台、提供市场需求和价格信息，帮助农民了解市场动态，优化生产布局，增加农产品附加值，提高农村地区居民的收入水平。

解决这些实际问题与困难，能够为促进农民的科学素养、农业发展、健康保健、环境保护和农产品销售等方面作出重要贡献，推动农村地区民生的全面提升。

三、创新的主要方面

（一）建立科普示范基地

推动农技协科普促进民生工作，建立科普示范基地，为农业科技创新提供支持和平台。基地可以集结各方资源，包括政府、企业、科研机构等，形成一个协同创新的环境。通过提供实验室设施、技术培训、资金支持等方式，鼓励农业科技人才进行创新研究，并将研究成果转化为实际应用。同时，基地还可以与农民合作，共同探索适合当地的农业科技解决方案，并将其推广到更广泛的农民群体中。

（二）构建社会化服务网络

提高农技协科普促进民生工作的覆盖面和效果，有赖于构建社会化服务网络。这个网络可以由农技协、农业企业、科研机构、农民专业合作社等组成。每个成员都可以发挥自己的优势，共同参与科技普及和技术指导工作。例如，农技协可以负责组织培训和科普活动；农业企业可以提供先进的农业技术和产品；科研机构可以提供科学依据和技术支持；农民专业合作社可以发挥示范作用，帮助其他农民学习和应用新技术。通过这种方式，可以形成一个互相补充、协同合作的服务网络，更好地促进农业科技进步和农民收入增长。

（三）开展线上线下一体化综合性服务

适应信息化时代的需求，开展线上线下一体化综合性服务。即通过建立农技协官方网站、手机应用程序等在线平台，为农民提供科技服务和信息共享。这些平台可以提供农业技术指导、病虫害防治知识、市场行情等内容。同时，在线平台也可以与线下活动结合，例如举办线上培训班、专家讲座、现场观摩等。通过线上线下一体化的服务模式，可以更好地满足农民的需求，提高科技普及的效果。

（四）推动农业科技成果转化

促进农技协科普促进民生工作的实际效果，推动农业科技成果的转化和应用。通过建立科技成果转化基金，为科研机构和农业企业提供资金支持，鼓励他们将科研成果转化为实际生产力。同时，还可以加强与企业的合作，推动科技成果与市场需求的对接。通过这种方式，可以更好地促进农业科技创新的转化和推广，推动农业增效、农民增收。

（五）加强协会内部管理和组织建设

确保农技协科普促进民生工作的有效开展，需要加强协会内部的管理和组织建设。建立相应的制度和规章，明确各部门的职责和任务，加强沟通协调。同时，还应推行专职化管理，通过招聘专业人才来担任协会的管理职位，以确保协会内部工作的专业性和高效性。制订合理的培训计划，提供成员培训和学习机会，提升他们的专业素养和管理能力。可以邀请专家学者或行业先进单位开展培训，同时鼓励成员参与外部培训和学术交流。建立监督与评估机制，定期对协会的工作进行评估，发现问题并及时进行改进。

四、未来的研究展望

农村专业(技术)协会的科普工作在促进民生方面发挥着重要作用。未来的研究应聚焦于科技创新与知识传播、农产品安全与环境保护、农村科技服务机构建设、农村文化传承与创新等方面，为农村地区带来更多机遇和福祉，推动全面乡村振兴战略的实现。

（一）科技创新与知识传播

通过推动科技创新和知识传播，提高农民对现代农业技术的认识和掌握，从而有效提升农产品产量和质量。未来的研究可以探索如何利用新兴技术(例如人工智能、大数据分析)来加强农村专业(技术)协会的科普工作，以满足不同农民群体的需求。

（二）农产品安全与环境保护

农村专业(技术)协会可以在农产品安全和环境保护方面发挥更大作用。未来的研究可以围绕如何提升农产品质量和安全，包括农药使用管理、土壤保护和水资源管理等方面的科学指导，同时也需要加强对农民的相关培训和意识教育。

（三）农村科技服务机构建设

农村专业(技术)协会可以积极参与农村科技服务机构的建设与发展，提供更加全面和专业的科技支持。未来的研究可以关注如何加强农村科技服务机构的组织与管理，促进其能力提升和资源共享，以更好地满足农民对科技服务的需求。

（四）农村文化传承与创新

农村专业（技术）协会还可以在农村文化传承与创新方面发挥作用。未来的研究可以探索如何将先进的科学技术与传统农耕文化相结合，推动农村文化的创新和传承，提高农民的文化素质和创造力。

参考文献

廖丹凤，包书政，冯桂真，等，2022. 乡村振兴背景下农村科普机制创新初探——以中国农学会“两带两促”科技志愿服务模式为例[J]. 农学学报，(10)：87.

李翠亭，2023. 科普文化产业赋能乡村振兴的理与路[J]. 科技风，(13)：130.

牛桂芹，2017. 农村科技传播研究综述[J]. 科普研究，(06)：45.

陈东云，2012. 中国农村科普研究[M]. 北京：科学普及出版社.

王梅奚，2017. 美国农村科普发展模式的启示与借鉴[J]. 世界农业，(1)：47.

刘维帅，2017. 创新农村科普模式提升科技服务水平[J]. 吉林农业，(17)：43.

朱冬雪，2016. 新型城镇化视角下辽宁省农民科学素质建设研究[D]. 沈阳：沈阳工业大学.

穆童，2016. 利用网络平台进行农村科普教育的 UI 视觉表现形式研究[J]. 长春教育学院学报，32，(11)：66－67.

石宝新，2016. 论自媒体在山西农村科普信息化建设中的作用与对策[J]. 科技传播，(22)：180－181.

汪中才，尚国营，2015. 基于互联网思维的农村科普工作新思路[J]. 科技与管理，(31)：192－193.

王法硕，王翔，2016. 大数据时代公共服务智慧化供给研究——以“科普中国＋百度”战略合作为例[J]. 情报杂志，35，(8)：179－184.

第九章

品牌打造帮农销售

品牌化战略是提升农业农村产业竞争力的重要有效手段，也是农业社会化服务成效显现的重要载体。品牌化不仅凸显产业、产品的独特性，增强市场识别度，还体现生产经营主体对品质的承诺和文化价值的传承。品牌建设的关键议题与农业社会化服务密切相关，包括提高农民组织化程度、确保产品质量安全、创新销售模式等，基于社会团体牵头的新型服务模式，为打造"农"品牌、帮助"农"销售提供了实操性的策略与指导。本章选取具有代表性自变量和关键性因变量的南京市江宁区横溪街道绿色蔬菜产业协会、邳州市车辐山镇农业新技术推广协会、溧阳市青虾养殖协会、启东市高效设施农业协会、响水县西兰花产业协会、南京市六合区大圣水芹专业技术协会、南通市通州区进鲜港水芹专业技术协会、响水县特色农产品种养技术协会等典型案例，分别探讨其主要做法、取得成效和经验启示，经文献研究、归纳演绎与系统分析，阐明新型农业社会化服务体系建设中品牌打造帮农销售路径的研究进展、解决的关键问题、创新的主要方面和未来的研究展望。

第一节 实践与启示

一、依托科技优势,打造特色品牌

南京市江宁区横溪街道绿色蔬菜产业协会 成立于2017年07月,位于南京市江宁区横溪街道宁光社区,有个人会员52个;拥有专职工作人员6名,其中,负责人1名、工作人员5名。服务范围包括组织开展绿色蔬菜产业、现代生态农业相关农技宣传和教育培训;开展多种形式的学术交流与技术合作;举办各类科技咨询、技术服务、科普展览以及市场营销活动。年社会化服务收入300余万元。协会通过农产品供销业务,既帮助农户找到了产品销路,取得了收益,又有利于自身的发展和壮大。协会法人代表张静是一名返乡创业女大学生,创建了晟鲜果蔬种植家庭农场,在发展自身事业的同时,也不忘带领周边农户共同致富,通过绿色蔬菜产业协会,很多农户得到了帮助。张静获得了首届江苏省农民女状元、江苏省青年农民致富带头人、江苏省乡土人才、全国妇联建功标兵等荣誉。

(一)主要做法

1. 引进和推广新品种新技术,引领产业趋势

协会一贯重视引进和推广新品种、新技术。仅2021年度协会就引进和推广新品种2个,包括'苏蜜518'西瓜和'镇甜2号'甜瓜;示范和推广新技术2项,包括西瓜嫁接苗种子处理技术、土壤杀菌和地力保持技术。协会先后发布农业新成果、新技术20项,包括'苏蜜1667''苏蜜6号''草莓番茄'等瓜菜新品种,瓜菜水旱轮作、南瓜吊蔓栽培、土豆稻草覆盖栽培、水芹旱地湿栽等新技术。协会还在基地组织召开了"横溪西瓜发展座谈会"活动,邀请省、市、区种子站领导专家,就横溪西瓜新品种引进与推广、西瓜产业发展事宜进行座谈交流,了解西瓜产业的发展趋势。

2. 以农民培训提升品牌之能

在新型农业技术应用与推广方面，协会邀请江苏省农业科学院、南京农业大学、南京市蔬科花卉研究所的专家老师，免费为当地农户开展技术培训，现场指导，并编印和发放相关种植材料。2021 年共计开展培训与观摩活动 9 次，培训农户 390 人次，发放技术材料 500 多份。2021 年 4 月 2 日，在南京市蔬菜科学研究所的指导下，在示范基地开展了蔬菜产业技术体系培训和观摩活动，约 60 名农户参加了活动。活动邀请了基地专家李英老师进行授课，一方面向大家示范展示了蔬菜生产上的新品种、新技术，另一方面解答了现场农户提出的在蔬菜生产中遇到的具体问题。

3. 实施订单合作，稳定销售渠道

协会结合自身市场渠道优势，与周边 20 户农户建立了订单合作关系，主要产品包括西瓜、甜瓜、蔬菜、葡萄等，通过订单合作，按高于市场批发价的价格收购农户生产的产品，进行统一包装，统一张贴“静上心来”标志，通过微信群接龙、店面销售、展会销售、单位团购等形式进行线上、线下多渠道销售。

4. 重视营销推广，打造品牌知名度

为促进横溪西瓜品牌知名度进一步提升，2021 年 5 月，在横溪西瓜上市期间，协会组织了一期“团长汇—品鉴横溪西瓜”活动，邀请了南京诸多小区的团购群团长约 30 人，走进横溪，考察基地，品鉴西瓜。通过此次活动的举办，有效宣传了横溪西瓜地理标志农产品品牌，同时也增加了线上客户的忠实度，极大地促进了产品销售，带动了周边农户产品销售。

（二）主要成效

1. 向周边农民传播了种植技术，增加了农民收入

协会给农民带来了新品种和新技术，辐射带动周边农户 100 余户，辐射面积达 1 000 多亩，带动 20 户农户实现增收 1 000 元/户。2021 年，协会各种农产品销售额达 200 万元，利润 60 万元，其中收购 20 户农户产品 80 万元，实现农户增收 1 000 元/户。

2. 强化了横溪的产业优势，提升了品牌知名度

相比于国内或省内诸多西瓜著名产地，横溪西瓜规模虽然不算大，种植面积 4 万亩左右，但在整个西瓜产业体系名气却不小，先后获得了农业农村部和工商总局“双地理标志”认证。即使横溪西瓜价格比普通西瓜售价贵上一倍，仍年年供不应求。横溪西瓜的名气还带动了其他瓜果蔬菜的畅销，绿色蔬菜产业协会让更多的农产品分享了横溪品牌带来的好处。

3. 推动产学研紧密结合，加快了科技成果的转化

南京有着丰富的农业科研资源，如江苏省农业科学院、南京农业大学和南京市蔬菜花卉研究所等机构，他们都会不断推出蔬菜新品种和新技术，有着科技成果转化的需求。协会作为科研院所和农户之间的桥梁，有效地促进科技成果的转化，实现了科技成果的社会价值；农户也第一时间获得了新品种和新技术，不但促进了蔬菜生产水平的提高，而且还走在了市场的前面，获得了很好的经济效益。

（三）经验启示

南京市江宁区横溪街道是闻名遐迩的西瓜之乡，地域优势明显。在建设社会主义新农村和乡村振兴的大潮中，协会紧紧围绕横溪西甜瓜以及绿色蔬菜产业，通过品牌的升级强化产业优势，带动周边农民走上富裕道路。在品牌打造过程中，做到既要有好产品，又要有好销路。首先是打造好的产品，协会的主要做法是充分利用南京的科技资源，高起点发展绿色蔬菜产业。一是不断引进和推广新品种，以市场需求为导向，引进科研单位最新推出的当家品种，在起步阶段就做到先人一步。二是强化农业科技服务，提升农民种植水平，协会不但引进新技术，而且邀请高校和科研院所的专家老师，免费为当地农户开展技术培训，现场指导，通过示范，使得周围农户真正掌握新技术。其次，新产品和新技术造就了好产品，好产品还得叫得响，协会在产品销路上也做足了文章。一是继续巩固传统销售渠道，利用自身市场渠道优势，与周边农户建立了订单合作关系，保证产品的销路；二是搭乘互联网的快车，通过微信等新零售渠道来开拓市场，比如引入社区团购，邀请南京诸多小区的团购群团长现场考察，有效宣传了横溪西瓜地理标志农产品品牌。

二、积极培育品牌,带动农户致富

邳州市车辐山镇农业新技术推广协会 成立于2012年,现有会员61个,其中单位会员15个、个人会员46个。单位会员主要由新型农业经营和服务组织、农业龙头企业、职业学校等组成,个人会员主要由种养殖大户、科技志愿者、农村专业技术人员组成。近年来,协会紧紧围绕乡村振兴这条主线,为农业、农村、农民服务,在服务中不断创新,走出了一条乡村振兴先行军的路子。年社会化服务总收入达100万元,其中以产品销售收入为主,达到99万元,接受社会捐赠1万元。协会紧紧围绕强农富民的宗旨,积极开展各项新技术的推广和利用,为会员牵线搭桥,推广更多的技术,真正为乡村振兴多作贡献。2022年协会被评为"3·5"学雷锋助春耕全国农技协科技志愿服务联合行动优秀组织单位。

(一)主要做法

1. 示范引领出品牌

协会成立以后,经过几年的发展,会员逐渐扩大,发展到300多个,由于会员文化程度和个人思想观念的不同,在农业技术推广过程中效果并不是很明显,严重地阻碍了协会的工作开展。经过三年的探索,总结出了优质会员(龙头农业企业)、科技示范户(新型农业经营和服务组织)和技术指导员一条龙服务的新路子。即在农业技术推广过程中,利用文化程度高、思想先进、肯钻研的会员或者农业龙头企业先行示范,然后由会员自行选择示范户进行带动,技术指导员跟进指导,效果明显改善。

2. 外引内联推品牌

协会与徐州生物工程职业技术学院、徐州蔬菜研究所、徐州市农业科学院、邳州市农业农村局、邳州市科协、山东金乡大蒜协会、江苏车辐中等专业学校联合,利用请进来、走出去的方法,为会员牵线搭桥争取项目合作、生产资料或种子支持、进行技术讲座和技术指导、农产品信息获取和销售等。例如,江苏多福山农业科技有限公司与徐州生物工程职业技术学院合作种植超级稻;徐州蔬菜研究所与邳州市杨滩蔬菜种植合作社合作推广日光温室补光灯和黑地膜铺设防雾除草技术、黄瓜长季节栽培技术;任庄村与山东金乡大蒜协会合作施行大蒜套种辣椒技术;邳州宗红新农业公司与徐州农科院合作种植甜糯玉米;邳州润沃家庭农场与江苏车辐中等专业学校合作开展校企合作稻虾共作生态种养殖、生产优质大米。通过大专院校、科研院所与会员的联合,会员得到了技术、品种上的有力支持。同时,协会组织会员到金乡、盱眙、寿光、贾汪、荆州等地参观学习交流、开阔眼界,聘请专家进行授课和现场解疑。协会还组织科技示范户下载由江苏农业农村厅主办的农技耘 APP,通过 APP 进行学习和了解更多的政策、信息、种植技术等。通过合作,带动了本地稻虾共作、大蒜套种辣椒、日光温室蔬菜、优质稻米等农业产业的迅猛发展。在邳州市车辐山镇车辐山村有着万亩稻虾共作基地,是邳州市"稻虾共作"模式的发源地。

3. 集体商标创品牌

农技协鼓励、引导各农业企业和新型农业经营服务组织注册商标和参加各种农产品的评比,增强农产品的知名度和品牌意识。率先在国家知识产权局注册了"阖乐祥源""福山""九彩瑞穗谷"等六大类商标供协会会员使用。协会先后组织江苏多福山农业发展有限公司、邳州市润沃家庭农场等参与农产品质量评比,先后获得了"江苏首届优质草莓文化节尚文堂杯金奖"、第五届"前黄"杯优质好大米金奖、第二届中国"好米榜"金奖 2 个和银奖 1 个,另外还获得了江苏百姓品米会金奖。协会会员还注册了易康源、果蔬脆、山岳等商标,为农产品品牌培育打下了基础。

4. 重视自主创新、强化产业本土特色

在和科研单位、大专院校合作的基础上,协会自主创新种植技术,通过不断地试验总结,先后总结并推广了日光温室黄瓜套种苦瓜技术、大蒜—鲜食玉米—樱桃萝卜—大蒜高效种植技术,成功推广了大蒜机械化种植技术。协会会员发表论文 2 篇,被江苏农业科技报和农家致富杂志采用文章 2 篇。

5. 科学技术带品牌

在科技推广的过程中,少不了宣传和培训。协会配备了教室和电脑、投影仪等教学设备、图书阅览室为会员和科技示范户使用,购置了图书和音像制品 100 多种 5 000 余套,根据农时印刷各种宣传页 50 000 多份、宣传册 20 000 多本发放到会员和示范户手中,聘请专家进行培训 6 场次。农业新技术推广无止境,随着生产技术的不断提高,还需要大量的时间去推广。

（二）主要成效

1. 促进了当地农业产业的发展

邳州市车辐山镇地处苏北地区，不少农户在农业技术和市场信息的获取等方面处于弱势地位。协会通过“龙头农业企业＋科技示范户＋技术指导员”模式，为广大农户提供一条龙服务，提高了农民的组织化程度，从而为做大做强当地农业产业奠定了组织基础。并且鼓励、引导各类农业经营主体创建品牌，构建以品牌主粮为主、兼顾特色农产品的农业产业格局，促进了当地农业产业的发展。

2. 增加了农民收入

在农业技术推广过程中，利用文化程度高、思想先进、肯钻研的会员或者农业龙头企业先行示范，然后由会员自行选择示范户进行带动，技术指导员跟进指导，效果明显改善。日光温室黄瓜套种苦瓜技术、大蒜—鲜食玉米—樱桃萝卜—大蒜高效种植技术，亩均收入分别增加 1.5 万元和 0.8 万元。大蒜机械化种植技术，不仅为蒜农减轻了劳动强度，还为蒜农节省成本 300 元/亩。会员的收入高于农民收入 36％以上。

3. 促进了农业的可持续发展

稻虾共作综合生态种养模式是协会重点推动的农业项目，就是以种植水稻为中心，稻草还田养小龙虾的种养模式。通过这种种养方式，与同等条件下水稻单作相比，能使得化肥和农药使用量减少 80％以上，饵料系数降低幅度 40％以上，有效降低农业面源污染，保护水土资源环境，促进了农业的可持续发展。

（三）经验启示

协会在农业技术推广过程中，围绕农产品品牌的打造，为协会和会员和周边农户提供了大量服务。协会的做法有两个特色。第一，协会利用文化程度高、思想先进、肯钻研的会员或者农业龙头企业先行示范，然后由会员自行选择示范户进行带动，技术指导员跟进指导。这种技术推广模式，使得广大农户的学习变得简单易行、有很强的操作性。协会则致力于先进技术的引进和自主创新，并采取多种形式宣传和培训，以此作为示范户带动的技术补充。第二，协会鼓励、引导各农业企业和新型农业经营服务组织注册商标和参加各种农产品的评比，提高本地产品的知名度。

三、推进产供销一体化,打造区域特色农产品名片

溧阳市青虾养殖协会 成立于2011年5月,位于溧阳市社渚镇,有会员210个,其中单位会员10个、个人会员100名;拥有专职工作人员7名,其中,负责人2名、工作人员5名。协会于2013年5月成立党支部,是溧阳市基层协会首家成立的党支部。协会以青虾供产销为主导产业,户有增收为目标,精准对接养殖户,按照"巩固面积、优化结构、科技支撑、打造品牌、拓展市场"的发展思路,大力推进虾苗供应、青虾养殖、市场销售等链条式产业,确保产业富民真正富在根子上,富在关键处。年社会化服务总收入达80万元,主要是租赁收入。在协会和有关单位的努力下,2014年7月,社渚青虾荣获"中国地理标志";2016年11月,社渚镇被中国渔业协会授予"中国青虾第一镇"殊荣。

(一)主要做法

1. 成立党支部,发挥战斗堡垒作用,打造党建名片

协会党支部不忘初心、牢记使命,以习近平新时代中国特色社会主义创新理论为指导思想,充分发挥党支部的战斗堡垒作用,带领广大人民群众走上共同富裕的道路。2020年初,由于新冠疫情,各村道路被封养殖户被困,青虾销售成了大问题。在这千钧一发的时刻,协会迎难而上,主动找到镇政府,最后经镇政府多方协调,主动安排数十辆车进村以市价收取青虾,司机轮流上岗并按照规定隔离,进出测量体温,最大程度地减少养殖户的损失。解决养殖户困难的同时,协会党支部同样心系疫区人民,一方有难,八方支援,支部12名党员捐款共计6 400元。

2. 依靠科技,提升产业高度,打造科技名片

自成立伊始,社渚镇党委和溧阳市科协高度支持协会的工作。为了改良青虾品种,协会与中国水产科学院淡水渔业研究中心合作,成立"博士工作站",引进"太湖一号"青虾良种,建立了11个省级青虾良种繁育基地、3个原种繁育场,并创建了2个万亩和9个千亩以上青虾养殖示范基地。

仅这些是远远不够的,协会深知养殖技术才是根本。为了让社渚镇及周边的养殖户能够学会养殖技术,每年协会都会举办养殖技术培训班,在中国水

产科学院淡水渔业研究中心徐跑主任的支持下，傅洪拓教授、刘波博士、蒋速飞研究员每年都会莅临现场，亲自传授良种培养、水质调控、饲料引用等相关知识，共计免费培训上千人次。

然而，在2016年前后，协会发现“太湖一号”已经远不能满足市场需求，为了跟上市场发展，协会与中国水产科学院淡水渔业研究中心深度合作，深度开发“博士工作站”，推出了“太湖二号”青虾。和“太湖一号”相比，“太湖二号”具有个体大、生长快、抗病性强等特点，成功养殖后，亩产效益由原来的2 000～3 000元增加到4 000～6 000元。

3. 注重产业延伸，推进产供销一体化，打造产销一体化名片

随着青虾协会运转逐渐成熟，协会逐渐意识到，仅仅掌握养殖技术是不够的，养殖户想要走上富裕的康庄大道，更要将销售的话语权抢夺过来，于是，在协会的努力下，社渚镇青虾交易市场成立了。从前是养殖户跟着市场走，而社渚镇青虾交易市场成立后，就是养殖户引导市场了。从此，养殖户将青虾产供销一体化这个产业链牢牢地攥在了自己手中。

4. 注重生产标准化，精心打造知名品牌，打造生产标准化名片

随着“溧阳青虾”这张名片越做越大，协会更不敢放松在食品安全上的投入，协会成员在用药安全方面更加谨慎，做到“小心用，不滥用”。2019年年初，协会找到江苏省青虾产业技术体系的刘波博士团队。该团队针对青虾饲料利用率不高、营养素需求数据库不全、抗应激能力差等问题，在蛋白质、氨基酸和脂肪酸等营养素需求等研究基础上，结合各项技术，集成创新，历时一年，推出了“太湖二号”青虾专用料。青虾专用料的应用，促进了产业健康发展。

协会在注重养殖户利益的同时，也在全力保障消费者的权益。突出质量兴农、绿色兴农。目前，溧阳青虾质量的筛选标准为体色透亮，无附着污物，无异味，附肢齐全，体型饱满，活力强，规格整齐，质量规格达到260尾/千克以内，根据市场培育和发展状况，进一步细分高端产品的级别，以满足更高级的消费层次，严格实行市场准入制度，100%执行到位，采取“三统一”措施，即统一苗种供应、统一技术服务、统一产品收购，从而确保产品生产全过程的规范化、标准化，提升消费者的满意度，提升品牌含金量。

（二）取得成效

1. 做强做大了青虾产业，打造了“溧阳青虾”名片

20 世纪初，溧阳市社渚镇的青虾产业初具规模，青虾养殖技术也日趋成熟，在这个基础上，社渚镇因势利导，积极做大做强青虾产业，协会全方位参与到青虾产业的建设当中。“溧阳青虾”这个品牌已经成为常州十大农产品品牌，养殖面积扩大到了 65 000 亩，年产值更是达到了 6 亿元，形成了以青虾为核心的完整的产业链，社渚镇也荣获“中国青虾第一镇”称号。

2. 帮助农民增收

10 多年来，协会会员已由最初的 20 余人发展到至今的百余人。协会利用科技进步给农户带来收入的提高，推出了“太湖二号”青虾，跟“太湖一号”相比，“太湖二号”的亩产效益大幅增加。除此之外，青虾产业还给相关产业带来更多的就业机会。

（三）经验启示

协会在党的领导下通过发展青虾产业带动农民致富。协会在三方面不断发力，一是坚持技术高起点，协会紧跟市场，引进青虾良种，建立青虾良种繁育基地和养殖示范基地，向农民传授先进技术；二是掌握销售话语权，为了让养殖的好处真正归于农民，协会帮助成立了社渚镇青虾交易市场，推进产供销一体化，把销售的主动权掌握在虾农自己手上；三是积极推进生产标准化，协会通过采取“三统一”措施，即统一苗种供应、统一技术服务、统一产品收购，保证了产品的质量安全，促进了青虾产业的健康发展。

四、培育地理标志品牌，助力县域乡村振兴

启东市高效设施农业协会 成立于 2010 年，有会员 119 个，其中单位会员 38 个、个人会员 81 个，单位会员主要由新型农业经营和服务组织、农业龙头企业、职业学校等组成，个人会员主要由种养殖大户、科技志愿者、农村专业技术人员组成；拥有专职工作人员 3 名，其中负责人 1 名、工作人员 2 名。服务范围包括科学普及、科技服务、培训指导等。协

会年社会化服务收入13万元，主要来自社会捐赠。协会以技术培训、信息发布、新技术、新模式引进、吸收推广为宗旨，积极发挥自身农业人才优势、农业科技信息优势，把农业科学普及、农业科技下乡，推动科学种田、科学养殖的农业科技社会化服务，助力启东乡村振兴作为协会的日常工作重心，通过参加全国科技周、全国科普日活动与协会的日常农技下乡、农技培训相结合，采取巡回科普展览、科技讲堂、田间指导等多种形式常年开展农业科技社会化服务，取得不俗的社会效益。近年来，协会紧紧围绕乡村振兴这条主线，为农业、农村、农民服务，在服务中不断创新，走出了一条乡村振兴先行军的路子。

（一）主要做法

1. 汇集本土农业科技精英，促进农业产业发展

协会共有单位会员38个，包括江苏藏缘农业发展有限公司、启东百信无公害蔬菜园区、启东市琰丰蔬菜专业合作社、启东市苏合农副产品销售专业合作社、南通银鑫食品有限公司等一批启东农业战线上各方面都走在前列的农业龙头企业、示范合作社。单位会员所拥有的面积总和超过1.6万亩，其中既有以农业生产为主的设施基地，也有以休闲观光为主的设施基地，还有综合开发、多种经营并举的设施基地，会员单位已成为启东农业科技社会化服务的典范基地；协会个人会员有81名，包括启东市农业局的相关领导、各镇（乡）政府主管农业的负责人、各镇（乡）农业综合服务中心的农技人员、特色农业种植场主、农业种植大户，他们都是启东农业科技的领军者和践行者，农业科技普及、传播的社会化服务典范。协会2010年成立时，隶属农业局，汇集了启东农业科技线上的顶级精英，组织坚强有力，设施基地实力雄厚，专业技术队伍完备。2016年底，按照协会与政府脱钩的精神，协会成为独立的社会团体法人，业务仍接受农业局主管。有力促成了从技术到专家，从企业到产业，从基地到乡村的现代农业产业发展模式，形成科普合力，积聚产业优势。产业综合效益显著提升，成为全市推进乡村振兴、促进产业兴旺的助推器与新引擎。

2. 强化科技支撑作用，助力农业产业转型升级

10年来，协会每年都组织2～3次农业新品的推介培训和科学种植指导，

先后推广了'京科糯''苏玉 2 号''金冠 220'玉米新品、'高雄 3 号'毛豆新品等近 20 个农业品种的引进、推广、示范种植,前后共发放科普宣传资料约 2 万份;每年选 2～3 家单位成员,进行科技下乡活动,把最新的农业科技送到田间地头;协会出资组织编写、印刷了"U 形浅槽栽培山药教材"等科普读物,指导广大农户进行山药等标准化种植和推广;2018 年,协会创建了"启东农业合作有为产业社员群"微信群,利用这个方便的信息交流传播平台,把有价值的、新的农业科技信息、技术转发到群,以作交流、学习、探讨,先后发布了约 200 条农业科技信息。

3. 打造地理标志品牌,助力产业可持续发展

大力推进生产标准化,持续打造以绿皮蚕豆等国家地标为核心的区域公共品牌。从 2015 年起,协会组织精兵强将,先后通过走访、研究、资料收集,从启东的水文、地理、气候等各方面着手,本着科学、严谨的作风,编写标准文本先后向农业农村部成功申报了启东绿皮蚕豆、启东沙地山药、启东青皮长茄、启东芦稷、启东洋扁豆 5 个"国家农产品地理标志",并通过无偿授权使用社会化服务形式,将这一启东的国家地理标志农产品在历史传承的同时不断发扬光大。

（二）取得成效

1. 促进了当地农业特色产业的发展

协会先后向农业农村部成功申报并获批了启东绿皮蚕豆、启东沙地山药、启东青皮长茄、启东芦稷、启东洋扁豆 5 个"国家农产品地理标志"。协会帮助基地、企业成功打造了 32 个南通市级农业产品知名品牌、商标和特色产品,有力助推了南通农业产业转型升级。仅绿皮蚕豆一项,就覆盖启东市辖区内的汇龙等 12 个镇,年种植面积 10 000 公顷,年总产 10. 5 万吨,年销售额 2. 1 亿元左右。

2. 完善了农业技术推广的基层运行机制

协会汇集了启东农业科技线上的顶级精英,业务接受农业局主管,事实上成为县级农业技术推广中心在基层的技术推广落脚点,完善农村基层农业技术推广机制。这种做法为市场经济中的小农户带来了稳定的技术来源,有力地支持了农业产业升级。

（三）经验启示

协会以加强技术推广普及,提高产业组织化程度,为乡村振兴、农业繁荣、农村兴旺、农民增收作贡献为宗旨，组织搭建产业平台，引进推广先进适用技术与品种，并推动设施农业取得了跨越式的发展，有力支撑了农业产业升级。一是政府的扶持使得协会实力雄厚。协会汇集了启东农业科技线上的顶级精英，再加上一批启东农业战线上各方面都走在前列的农业龙头企业、示范合作社，不管是技术队伍还是示范基地，都实力雄厚，增强了协会的组织力。二是协会主导打造地理标志品牌。政府授权协会申报“国家农产品地理标志”，协会以此为契机推进生产标准化，打造地理标志品牌，并无偿授权让会员使用。

五、唱响特色品牌，铺就农民就业增收大道

响水县西兰花产业协会 成立于2017年3月，有会员226个，其中单位会员12个、个人会员214个；拥有专职工作人员8名，其中负责人1名、工作人员7名。协会年社会化服务总收入达145万元，其中以租赁收入为主，达到105万元。协会努力当好县委、县政府和县农业农村部门发展西兰花产业的参谋助手，积极开展西兰花产业发展的科研、咨询、认证、评审等活动，普及西兰花科技知识，传播推广西兰花种植、加工、销售的先进经验，创新发展西兰花全产业链。2017年响水县西兰花通过国家绿色食品认证，荣获全国名特优新农产品称号；2018年获得国家知识产权局商标注册证和“中国西兰花之乡”称号；2020年再获国家农产品地理标志登记证书。

（一）主要做法

1. 打造标准化生产基地，引领西兰花规模种植

2020年，响水县西兰花产业协会联合盐城市农科院“萤火虫农业科技服务团队”，共同打造西兰花农产品地理标志核心示范区，该项目占地400亩，位于双港镇洪南村境内。在一年多的精心培育中，协会完善基地农田水利设施、整理疏浚沟渠、田间道路和喷滴灌系统，开展西兰花新品种、新技术试验和示范推广，实现栽培管理标准化、全程智能质量控制、特色产品开发等关键技术创新，健全和完善了产学研结合机制，着力解决全县西兰花主导品种国产化稀缺、绿色增效技术模式推广就位难、核心竞争力受制于人的突出问题。基地以

“品种优质化、生产绿色化、产品品牌化、产业高效化”为导向，以“合作共赢、优势互补、资源共享、共同发展”为原则，促进了基地与农户、研究与应用之间的全方位合作。通过基地试验，西兰花品种在种植日本‘寒秀’‘炎秀’的基础上，引进‘台绿’系列、‘浙青 70’等新品种，筛选出适宜响水土壤栽培的国产品种，降低对国外种子的依赖性。

2. 强化“宝青冷链”建设，助推西兰花产业发展

宝青冷库是响水县委、县政府为做大做强西兰花产业而建设的一项惠民工程，是农产品地理标志保护工程。该项目由县灌江控股集团投资 4 000 万元，占地 72 亩，总建筑面积 1.5 万平方米，总库容为 4.95 万立方米，单次可存贮西兰花 8 000 吨，全年可存储西兰花 5 万吨。第二届“中国・响水西兰花节”活动期间，组委会安排到宝青冷库观摩，嘉宾们观看了西兰花加工生产线、西兰花系列产品，对冷库西兰花收购、加工、包装、冷藏、出售各环节的有序进行给予了充分肯定，宝青冷库成了西兰花节热门看点。宝青冷库为完善西兰花产业链、提高产业附加值作出了很大贡献。

3. 举办西兰花节，提高响水西兰花声望

2020 年 9 月 22 日，首届响水西兰花节在响水县九丰农博园隆重开幕，2021 年 10 月 29—30 日第二届响水西兰花节成功举办，两届活动精心打造丰收歌会、直播代言、公益跑、产品展示、高峰论坛五大主题活动，好戏连台，精品不断。活动还组织观摩了西兰花标准化生产基地、现代农业科技示范展示基地、冷藏保鲜物流中心、工厂化育苗中心、西兰花深加工和科技集成中心等西兰花产业发展现场。

西兰花节活动邀请了国家、省、市有关部门和协会的领导、专家、企业界人士、媒体记者参加。西兰花节的举办，不仅是贯彻落实习近平总书记提出的中国要强，农业必须强；中国要富，农民必须富；中国要美，农村必须美指示精神的具体体现，也是展示响水县西兰花产业发展丰硕成果，为勤奋高歌、替丰收喝彩、给农民点赞。响水是农业大县，西兰花作为响水的主导产业，它是一朵“致富花”，已成为响水的一张响亮名片。

4. 加强产研结合，提升响水西兰花品牌质量

近年来，协会在县委、县政府正确领导下，在省、市、县有关部门指导下，与相关科研院所、加工企业合作，加大西兰花特色产品的技术集成创新和新产品的研发，建立西兰花深加工基地，完善西兰花生产、冷藏、加工、销售全产业链，把资源优势转化为产业优势，与沪、苏、浙、皖4家农业科学院紧密合作，成立了长三角（响水）西兰花产业研究院；与2个国家级、3个省级产业技术研究机构及盐城市农业科学研究院建立了长期合作关系。研发的“青花菜产业开发关键技术集成与示范推广”成果，获得江苏省农业丰收奖一等奖、全国农牧渔业丰收奖三等奖，“江苏响水西兰花机械化生产模式与典型案例”在全国推广。依托科研院所，响水全面推广种苗商品化、全程机械化、水肥一体化、防控绿色化等轻简栽培技术，通过“农业投入品监管信息平台”对西兰花生产过程进行监管；应用遥感技术在“农业大数据平台”上建立“响水西兰花一张图”，着力打造引领特色农业发展“响水样板”。

特定的自然条件和科学严谨的栽培方式，成就了响水西兰花出类拔萃的品质，花球圆紧，蕾粒细匀，色泽浓绿，口感脆甜，不仅畅销北京、上海等各大城市，还远销日本、韩国、美国、以色列等国家和地区。

（二）取得成效

1. 做大做强了西兰花产业

在协会和相关部门的努力下，西兰花产业逐渐做大做强。2017年西兰花产业通过国家绿色食品认证，荣获全国名特优新农产品称号；2018年获得国家知识产权局商标注册证和“中国西兰花之乡”称号；2020年再获国家农产品地理标志登记证书。2016年以来，全县西兰花种植面积从1 000亩发展到今天的10万亩，年产量达12.8万吨，全产业链总产值突破10亿元。年种植面积在50亩以上的规模种植主体全县有151户，西兰花产业带动农民创业就业3.5万多人。

2. 增加了农民收入

在协会的积极推动下，以西兰花为主的绿色蔬菜全产业链在响水快速发展，“龙头企业＋基地”“龙头企业＋合作社＋农户”“能人大户＋基地”等联农带农模式，为当地农民带来了更多的就业致富途径。仅西兰花生产大镇南河镇，就有100多户靠种植西兰花年收入10万元以上。西兰花产业不仅丰富了城里人的菜篮子，还带动了3.5万农民一同致富。

3. 培养了乡土人才

乡村振兴最终还是要依靠本土人才。响水县重视乡土人才队伍建设，制定了明确的传承目标和任务计划，并认真组织实施。作为其中一支重要力量，协会采取“走出去，请进来”、办班讲授、田头诊断、现场手把手指导等行之有效的方式，开展乡土人才的培训培养。省人社厅公布《2022 江苏省省级乡土人才建设发展项目评审结果》，响水县西兰花产业协会被确定为江苏省乡土人才传承示范基地。

（三）经验启示

西兰花产业是响水县富民增收的特色主导产业。协会成立以来，加大西兰花社会化服务力度，强化“宝青冷链”建设，打造西兰花标准化生产基地，协助举办西兰花节，加强产研结合和培训指导，把协会办成了西兰花科技工作者、种植加工和经营者、管理工作者之家。协会成功的关键有这两点：一是政府的大力支持。响水县打造西兰花农产品地理标志核心示范区、县灌江控股集团投资 4 000 万元强化“宝青冷链”建设、举办西兰花节等。这些普通协会或企业难以落实的事情，在政府的支持下，办得有声有色，有力地促进了西兰花产业的发展。二是注重本土人才的培养。除了科研人才和成果的引进，协会还通过办班培训、田头诊断、现场指导方式，开展本土人才的培养，建立了一支用得上留得住的西兰花人才队伍。

六、小产业建设大品牌

南京市六合区大圣水芹专业技术协会 成立于 2017 年 11 月，位于南京市六合区马鞍街道大圣村圣陵路 8 号，有会员 55 个，其中单位会员 2 个、个人会员 53 个；拥有专职工作人员 4 名，其中负责人 2 名、工作人员 2 名。年社会化服务收入 9.5 万元，其中会员会费 2 万元、承担项目 7.5 万元。自成立以来，协会在农村科学普及、信息传播、成果推广、科技服务、技术交流、销售服务、发展经济、政策宣传、法律普及、精神文明建设等方面发挥了积极作用，成为先进农业生产技术的推动者、农村普及科学技术的志愿者、带动农民科技致富的领头雁，为乡村振兴贡献了才智。2020年协会被江苏省农技协评为“全省农技协先进单位”。2011年水芹基地被江苏省科协授予“省级科普惠农服务站”称号，2021年协会被省科协评为“农村科普工作先进单位”。2022年大圣水芹专业技术协会被评为“中国农技协百强农技协”。大圣村连续三年入选全国乡村特色产业亿元村，带领村民走出了一条“芹”能致富路。

（一）主要做法

1. 挑起水芹品牌建设的“大梁”

“大圣水芹”产地位于南京六合区马鞍街道。因为该地区以前有个大圣乡，所以种植的水芹被称为“大圣水芹”。“大圣水芹”在当地的种植历史已经有100多年，种植和采摘主要集中在秋冬季节，以其“细、长、白、嫩、脆、香”的特点，显著区别于其他地产水芹而享誉大江南北。

大圣水芹专业技术协会积极对全街道水芹种植情况进行摸底调查，从种植类型、规模、产值、效益一一登记造册，授权南京摩利知识产权代理有限公司代理大圣水芹国家地理标志申报服务工作。协会与谱尼测试集团股份有限公司签订检测协议，由其代为对产地的土壤、水、产品进行检测并出具报告。目前申报评审工作全部结束，等待国家市场监管总局的最后公示。初步提出“水芹产品进市场、地标品牌到餐桌”的服务理念，在科协组织与农民、城乡市民之间搭建服务平台，不断培育壮大农产品品牌影响力。

2. 搭建服务水芹产业的“桥梁”

在六合区科协的指导下，协会主动与区、街农业部门联系，争取科技入户对规模水芹种植全覆盖，2020年连续确立30户科技示范户，组织街道3名农技员挂钩30户示范户，送科技入户到田头，不仅指导技术，还为每户争取到400多元物化补贴，受到水芹种植户的好评；同时，主动与区、街农业部门联系，牵线水芹合作社，争取蔬菜有机肥替代项目，既为800亩水芹争取了财政补贴，又减少了水芹种植过程的化肥使用，取得了显著成效。不仅如此，还发挥会员之家的作用，针对水芹销售市场行情不好的问题，协会积极帮助水芹种植户销售水芹，先后引进经销商2个，帮助销售水芹数百吨，协会秘书长还带领部分农户把水芹先后销到云厨驿站、盒马鲜生等超市。同时，协会配合街道农业服务中心，先后在街道文体中心、大圣村、园区培训中心举办水生蔬菜优质高效栽培技术培训 5 次。

3. 充当水芹科技创新的“红娘”

协会立足农民实际，主动配合马鞍现代农业产业园区，积极主动与扬州大学联系，特聘江解增教授为马鞍水芹科技特派员，江教授平均每个月来实地指导 1 次。与此同时，紧密与南京市蔬菜研究所合作，配合他们开展水芹收割机械研发，2020 年成功研发第一台水芹收割样机，对于解决农民冬天水芹在水中收获的辛劳、提高水芹收割功效发挥巨大作用。此外，协会适应形势需要，不断创新服务模式，配合马鞍现代农业园区做好水芹试验示范基地建设，新建 200 亩水芹综合试验示范基地，牵线南京市农学会与马鞍现代农业园区合作，将在该试验基地建设南京市第一个水芹种质资源圃，全省率先开展水芹高质量两无化种植示范；10 月 18 日，省农业农村厅在六合区召开秋播工作现场会，与会嘉宾观摩了大圣水芹高质量两无化种植示范基地，给予了好评。

目前，基地主要推广水芹品种达 4 个（大圣水芹、湖南深山野水芹、金坛水芹、扬大水芹）。主要推广技术有 4 个，即水芹多茬栽培技术、有机水芹种植、水芹大棚栽培、水芹与小龙虾连作混养技术。其中水芹多茬栽培、水芹与小龙虾连作混养技术和大棚栽培是自主开发的技术。

4. 力争成为服务农民的“栋梁”

为了更好地服务农民，协会苦练内功，抓住一切机会壮大自己。2021 年，协会获得省科协给予的“省科普惠农兴村计划项目”，项目得到奖补项目支持总金额为 7.5 万元。协会印制了水芹绿色食品、有机食品操作规程，建设了科普宣传栏，购置水芹湿栽种苗，添置专业设备，装修了陈列室。项目的实施，对于提升协会的服务能力和水平发挥了积极作用。

（二）取得成效

1. 形成了完整的水芹产业体系

大圣村致力于完善水芹产业体系，在充分利用金盛利水芹净菜加工中心、原大圣供销社商场等平台的同时，引进水芹净菜加工包装、水芹等农产品展示展销及电商平台建设、水芹物流仓储中心等项目，主动对接合作企业，配套加工水饺、面条、调料包、健康饮品、茶食零食等系列产品，实现产品多元化、集群化，延长水芹产业链。

2. 农民水芹种植效益明显提高

协会的服务促使水芹种植效益明显提高，去年，水芹亩均产值突破万元达13 000多元，亩均纯收入近8 000元，亩均纯收入过万元的田块占40%以上，产值和效益分别比2年前高66.7%、60.0%，农民收入明显提高。

（三）经验启示

大圣村种植水芹已有一百多年的历史，气候、土壤、水质各方面都非常适合于水芹生长。协会大力打造水芹品牌既是带领农民致富的重要举措，也是对历史的传承。协会不忘建会时的初心和使命，在上级科协正确领导和指导下，挑起水芹品牌建设的“大梁”，搭建服务水芹产业的“桥梁”，把水芹产业发扬光大，并总结出以下经验。一是标准化生产。协会制定了水芹生产技术操作规程，还有绿色食品、有机食品的操作规范等标准，然后对种植户每年都进行2～3次的技术培训，推行标准化生产。二是不断提升协会的服务能力和水平。自主开发水芹多茬栽培、水芹与小龙虾连作混养技术和大棚栽培等技术；利用省科协给予的“省科普惠农兴村计划项目”提升服务能力。

七、会社融合，打造精品农产品

南通市通州区进鲜港水芹专业技术协会 成立于2015年，位于南通市通州区金沙街道金北村，注册资本200万元。拥有专职工作人员4名，其中负责人1名、工作人员3名。协会骨干会员为田梦合作社，2020年流转土地1 092亩，托管农田3 492亩，采用全程机械化种植、信息化管理、智能化作业模式种植优质粮食。年社会化服务总收入1 000多万元，主要来源于产品供销、委托服务等。协会长期开展农业技能培训、农业科技推广、农产品加工销售等服务，通过承担农技推广体系改革建设农业科技示范基地、江苏省绿色防控基地、江苏省粮食种植“全程机械化+综合农事”服务中心等项目建设，采取做给农民看，带着农民干，领着农民富的方式，为促进乡村振兴作出了较大贡献。2020年11月，全国农机事故应急演练及全省农业领域安全现场会成功在进鲜港水芹协会召开；2021年荣获全国新型农业科技社会化服务组织称号。

（一）主要做法

1. 注重人才培养，引领产业兴区

在通州区农业农村局及金沙街道党工委号召下，2012 年进鲜港水芹协会理事长瞿炎返乡创业。他在金北村流转农田进行优质农产品种植，两年的艰苦努力得到了很好的经济效益，使周边农民对规模农业有了近距离接触，很多人慕名前来学习，他经常鼓励村民参加农机作业、农机维修技能培训。先后有 26 人通过培训考核，拿到农机驾照和维修证书，其中拥有无人机驾驶证的 5 人，高级农机修理工 3 名，高级农机经纪人 1 名。在瞿炎的鼓励和帮助下，他们有的加入协会成为农机驾驶员，有的也流转土地，开展规模化粮食种植。到了 2020 年底，瞿炎在村里先后扶持建立了 11 家家庭农场，共流转土地 4 000 余亩。这些农机手在帮助协会和田梦合作社开展工作之余，还共同服务全村 9 800亩土地，充分解决了农村土地无人耕种以及农作物秸秆综合利用的难题。粮食种植的规模经营也初见成效。

2. 推进合作互助，创新服务组织

田梦合作社的成立，促进了农机社会化服务的发展。2015 年，瞿炎带领村民成立南通市通州区进鲜港水芹专业技术协会，当时流转土地 400 余亩种植优质稻麦。田梦合作社成立之初，全程机械化作业能力不全面，特别是受天气影响，粮食烘干、农产品存储等问题制约了土地流转面积再扩大。为了稳定种植业收入，继续扩大土地流转规模，帮助其他大户共同发展，减少分散式基础设施投入，田梦合作社在 2017 年建设了农业基地，增加了农机机库、烘干设施、粮食仓储等设备的投入，服务能力大大提高。基础设施的建设保障了粮食安全，更增强了协会及周边大户继续流转土地的信心。

3. 引进和推广新品种、新技术，创新种植模式

新村科技日新月异，农业种植也不能一成不变。为提高种植效益，改善农业生产工作环境，协会主动引入先进技术，承担基层农技推广体系改革建设项目，购买先进机械，用科技武装农业。经过理论学习和实践，掌握了大量的实用技术。服务中心先后与江苏沿江农科所、区农业农村局、种子公司等部门和单位合作，开展水稻种植新技术示范推广和农药新品种试验。通过总结经验，整理出一套适合本地区推广使用的种植新模式，并制定了一批行业执行标准。

协会通过田梦致富大夫学堂传授理论知识，在田间地头带领大家边学习边实践，为农户提供培训服务，惠及周边乡镇乃至其他新市区的农民近 1 260 人次。

4. 实施标准化生产，产出精品农产品

随着社会的发展，人民生活水平不断提高，对农产品的要求从关注价格逐步转变为关注质量，甚至是关注农产品的文化。协会始终坚持：一个消费者认可的品牌，是对一种标准的认可，只有不断坚持统一标准、统一质量，才能获得市场。协会带领协会成员，坚持使用江苏省绿色防控技术种植水稻，采用统一供应农资，统一收获加工，保证了农产品的质量。

（二）取得成效

1. 产品畅销带来了农民收入的增加

瞿炎加工的大米获得国家级无公害产品认证、国家级绿色食品检测认证，并加入江苏省食品安全追溯体系。注册大米品牌“缘梗粒”、芹菜品牌“进鲜港”两个商标，分别获得南通好大米荣誉称号和申请到国家地理标志商标，拿着这些成绩单不断到上海、苏州、南京等大城市进行推广销售，获得了大量的采购订单，并在电子商务平台开展宣传销售活动，取得了较好成绩。2020 年的年生产总额近 1 100 元，在粮食市场价格不稳定的情况下，保证了农民收入。

2. 能够提供优质高效的全程机械化综合服务

全程机械化加综合农事服务中心的打造，将协会从单纯的农机作业服务和粮食种植，向全程机械化作业服务加粮食烘干仓储、农产品加工转变。协会提升农机规模，完善培训设施，通过开展农事作业培训，建立规章制度，为全程机械化、一站式服务提供了标准。业务骨干协调各项事务，合理安排下一期的工作安排。现在各个环节都能很好地衔接，各个成员都能充分发挥主观能动性，优质高效地服务周边农业主体。2020 至 2021 年，服务中心累计服务作业 57 204.54 亩。

（三）经验启示

协会依托骨干单位田梦合作社，致力于芹菜和水稻品牌的打造，成为会社融合的典型。一是在生产过程中引入各种先进机械。全程机械化加综合农事服务中心的打造，提高了农机利用率和农机所的服务收入，更为周边农业规模化发展困难，缺少劳动力、缺少专业人才的状况提供了解决方案。二是实施标准化生产。带动周边的家庭农场及种粮大户与江苏沿江农科所、通州区农业农村局、种子公司等单位合作,形成了一套节本增收的种植模式,并制定了一批行业执行标准,坚持标准化生产。

八、纵横联合,发展特色农产品

响水县特色农产品种养技术协会 成立于 2009 年 8 月,会员有盐城市粮油站和响水县粮油站、畜牧兽医总站、耕保站、植保站等单位会员 15 家,还有七套、南河、张集、小尖等镇(区)的种养大户 35 户。拥有专职工作人员 2 名,其中负责人 1 名、工作人员 1 名。服务范围主要是帮助会员提高种养殖技术、引进特色品种、发展响水特色农产品、增加农民收入等。年社会化服务总收入达 81 万元,主要由会员会费和委托服务、产品销售等服务性收入构成。协会成立以来,通过全体会员的共同努力,采取“协会+合作社+农户”的发展模式,以服务合作社成员为载体,走出了一条协会得到发展、合作社增加积累、农户收入提高的发展之路。

(一)主要做法

1. 不断引进新品种,强化产业特色

在生产经营中,协会深知优良的农产品品种和先进的生产技术对提升农业产业结构、增加农业产量、增加农民收入、增强抗风险能力非常重要,于是先后帮助兴旺小杂粮合作社、大千农作物等 4 家农民专业合作社引进黑大麦、黑花生、黑小麦、紫心甘薯等新奇特品种 15 个,帮助春龙养兔合作社、金鹰珍禽合作社等农民专业合作社引进獭兔、珍珠鸡、海鸭等优良珍禽品种 10 个。

2. 推广新技术,促进产业发展

协会以国家级示范合作社——兴旺小杂粮为依托,先后为产旺村引进黑大麦、黑豆等 5 个新品种,推广玉米杂粮杂豆套种技术,并在播期安排、种植模式、田间管理、病虫害防治、产品销售等环节提供指导,推广面积 400 亩以上,亩收益 2 000 余元,惠及农户百余户。作为技术指导单位参与了黑大麦良种繁育、机插秧高产示范方和优质高产蛋鸡养殖示范区建设,先后和全县 100 多家农民专业合作社建立了技术帮扶协议,组织专家技术人员进行现场指导1 000多人次,举办养殖、种植类培训班20多期。协会还通过网络为农户发布农产品供求信息,收集好的种养和经营方法,结合本地实际情况,制定了全方位发展特色农产品的措施。

3. 强化品牌建设,提高产业知名度

协会非常重视推进农产品品牌的建设工作,成功申请"灌河四鳃鲈鱼"地理标志就是一个佐证。生长于灌河口的"灌河四鳃鲈鱼"是灌河特有鱼种,是江苏省名特产之一。协会作为响水县唯一地理标志商标——"灌河四鳃鲈鱼"持有人,致力于"一个商标振兴一个产业、一个产业致富一方百姓"的梦想,在取得县政府授权的情况下,成功申报地理标志商标"灌河四鳃鲈鱼"。2014年作为技术方参与灌河四鳃鲈鱼试验养殖取得圆满成功,2015年起开始扩大规模,形成规模优势,四鳃鲈鱼成为响水一大特色农产品。

除此之外,协会还积极推动当地农民专业合作社创建品牌。协会帮助全县16家农民专业合作社开展农产品"三品"认证工作,先后取得绿色食品8个、无公害农产品11个。通过采取"统一供种供肥、统一生产管理、统一品牌包装、统一产品购销"的"四统一"模式,带领农民走向产业化、特色化的农业发展之路。

(二)取得成效

1. 建立了有特色的农业产业

受限于自然和区位等条件,响水县传统上就是以粮食作物为主的农业大县,农民主要种植粮食作物。协会依托兴旺小杂粮合作社,先后引进黑大麦、黑花生、黑小麦、紫心甘薯等新奇特种植品种,在现有的产业基础上发展特色农业,既容易转型,见效也快。

2. 增加了农民的收入

在协会的推动下,会员单位特色农产品种植面积有了显著提升,约占会员单位总种植面积的1/5,达30 000多亩;会员中畜禽数量超万头(羽)的规模养殖场达10个,入会农民人均纯收入达12 000元以上,超过平均水平20%,畜禽品种得到明显改良。

(三)经验启示

协会成立十多年来,在县科协的指导和帮助下,通过全体会员的共同努力，采取“协会＋合作社＋农户”的发展模式，以服务合作社成员为载体，走出了一条协会得到发展、合作社增加积累、农户收入提高的发展之路。有以下特点。一是特色农产品多种经营。在杂粮种植的基础上，不断增加或变更动植物品种，增收的同时也增强抗风险能力。二是推进农产品品牌化。协会作为响水县唯一地理标志商标——“灌河四鳃鲈鱼”持有人，推动了四鳃鲈鱼的规模化养殖。除此之外，协会还积极推动当地农民专业合作社创建品牌。

第二节 路径与分析

一、当前的研究进展

品牌是支撑地区农业及其企业和组织发展的重要基础，当某一区域范围内拥有知名品牌的农产品，就能够给本地区农业产业带来巨大的社会价值和经济价值。同时，地区、企业和组织拥有知名农产品品牌，能够提升自身形象，打开跨区域市场，促进合作的快速达成，促进产业发展提质增速。学术界关于品牌打造联农带农的研究领域已有丰富成果，学者们从农产品品牌的概念和内涵、农产品品牌的建设与发展、社会化服务组织打造农产品品牌的案例研究等方面进行了深入的研究和探讨。

（一）农产品品牌的概念和内涵

国内学者主要从以下 3 个角度对农产品品牌概念和内涵进行界定研究。首先，最具有代表性的是部分学者从独特自然环境资源、悠久生产加工历史视角来界定农产品品牌。如郑秋锦等(2008)对农产品品牌概念进行界定，认为是指基于独特自然资源和悠久种养历史的农产品，经区域政府扶持和农业产业组织等营销主体经营管理，形成带有明显区域特征的、经授权被区域内农业生产经营者使用的农产品品牌。农产品品牌的表现形式主要有集体商标和证明商标、地理标志、无公害农产品标志。李亚林(2010)界定农产品品牌为基于独特自然资源和悠久种养加工历史的农产品，经长期发展而被市场公认的、具有较高知名度和美誉度的农产品品牌。同时李亚林指出，农产品区域品牌是区域内农业生产经营者共同享用的公共品牌。胡正明等(2010)指出，区域品牌必须以“区域名产品名”来命名，必须包含区域、产品和品牌等三要素，且区域与产品不可分离，继而指出只有在地域刚性，依靠特有的无法替代的自然资源发展起来的地方农产品及其加工产品才能称之为“区域品牌”。第二，部分学者从农业产业化视角来界定。刘丽等(2006)认为，农产品品牌是基于农业产业集群，以产业化为载体，以区域为核心，通过创建统一优质农产品品牌行动，增强区域农产品的竞争力，促进区域经济增长。吴菊安(2009)认为，农产品品牌是以地理标志为主的、由区域内生产经营者共同使用的农产品品牌标志，包括无公害产品、绿色食品和有机食品等标志，其形成是基于区域农业产业集群之上的消费者对原产地形象的总体认知。郭红生(2006)认为，农产品品牌是指基于区域内农业产业集聚而形成稳定持续的竞合体，由地域内农业生产经营者共同使用的公共品牌标志。另外，还有部分学者从市场竞争力视角来界定农产品品牌的概念。马清学(2010)认为，农产品品牌是某区域内的众多农产品生产经营者竞合的结果，是该区域内某类农产品的知名度和美誉度的总和。

（二）农产品品牌的建设与发展

农产品品牌是农业农村现代化发展的标志之一，强化农产品品牌建设在乡村振兴战略中具有重要的意义(唐晓翠，2019)。我国有关农产品品牌建设和发展的研究主要集中在以下 3 个方面。一是农产品品牌的建设探索。霍学喜(2018)指出，农产品外观的差异性较小，消费者很难形成购买的主要判断标准。刘金花等(2016)研究发现，品牌的建设能够把同一类农产品汇聚在一起，按照统一的标准、品质等要求，提高农业集约化程度。赵淑杰(2007)指出，农产品的品牌化建设，既有利于消费者识别特定农产品，建立起消费群体的产品信任，又有利于提升农产品的知名度和市场竞争能力，更有利于增加农产品的销售份额，帮助农民走上富裕的道路。二是农产品品牌的发展战略研究。李敏(2010)指出，农产品品牌的创建更像是一套系统工程，要突出优势，持久创新，全面带动地区经济、企业及其农产品的发展。杨艳会(2013)、梁乐(2015)、刘晓珂等(2015)等学者通过对各省、市、区的农产品品牌发展进行研究，总结得出创建农产品品牌应与当地的区域特色和文化相挂钩。同时，马清学(2010)、李建军(2016)、侯红梅(2021)等学者围绕区域特色、农业产业链、产业集群等视角，探索出农产品品牌的发展模式主要有民营企业独创品牌模式、政府主导下的单一品牌模式、产业品牌联动模式、区域品牌带动模式。三是农产品品牌竞争力提升对策分析。李莎(2014)指出，农产品市场竞争越来越激烈，品牌能够提升农产品在市场中竞争能力，便于消费者的快速识别。赵晓玲等(2019)、韩丽娜(2019)、王文龙(2018)等学者分别对某一地区运用定性研究或实证研究等方法分析了农产品品牌竞争力的提升策略、影响因素及其评价研究，并提出提升农产品品牌竞争力的对策。

（三）社会化服务组织打造农产品品牌的案例研究

社会化服务组织打造农产品品牌的案例研究主要体现为基层组织和主体打造农产品品牌的做法和成效，学者们通过案例分析总结经验和教训，提出启示和建议。这类文献鲜有发表于高水平期刊上，证明了其研究的角度、深度、影响度等方面可能存在些许不足。小部分影响力较高的相关文献做出了以下结论。孔祥智(2016)指出，良好的品牌可以提升合作社农产品市场竞争力，不仅能够帮助合作社赢得市场，获得经济效益，也能够提升合作社的知名度，促进合作社发展壮大。苑鹏(2014)指出，农产品品牌竞争的时代已经到来，合作社若在市场竞争中不被淘汰，必须了解市场需求，制定品牌战略，依靠品牌夺取市场。王文龙(2016)指出，只有深刻认识中国地理标志农产品品牌建设的不足，全面提高地理标志农产品质量控制能力，壮大农业龙头企业，充分发挥专业合作社、行业协会的作用，大力发展生态农业、农产品加工业和冷链物流业，加强品牌营销，并根据不同地区、产品特点，因地制宜地采取合理的发展战略，中国才能有效提高地理标志农产品品牌竞争力。

总体而言，现有的案例分析类文献大多存在着案例总结不充分、启示不深刻、建议不切实际和范式化等问题，存在继续深入分析、创新开拓探索的空间。加强品牌建设，是当前农产品市场国际化、信息化、高端化飞速发展的时代需求，是关系到我国合作经济组织乃至现代农业转型升级、全面深化农村改革的关键问题之一(梅强，2019)。本章从深入分析社会化服务组织打造农产品品牌的现实案例入手，充分总结模式，提出深刻建议，为实现品牌农业促进发展、联结小农户广泛参与、发展红利多方共享等目标创新性提出可复制的方式方法和易推广的实现路径。

二、解决的关键问题

实践证明，通过打造农产品品牌，农产品从普通农产品转变为具有独特品牌形象和认知度的产品，可以逐渐建立起消费者对产品的信任感，使其在市场上更具竞争力；同时还可以提高产品的附加值，获得更高的销售价格。农产品品牌化不仅有利于单个农产品生产者的发展，也能够提升整个产业的竞争力。当一个地区的农产品以品牌化的形象统一推广，形成集体品牌效应时，将极大地提升农产品产业在市场上的议价能力和影响力。农业专业（技术）协会通过打造农产品品牌，解决的问题包括以下几个方面。

（一）农民组织化程度低

改革开放以来，我国农业采取了家庭经营为基础、统分结合的双层经营体制，充分调动了农民生产的积极性。但是随着市场经济改革的深入，小农户和现代农业如何衔接的问题越来越突出。虽然中央和地方政府一直支持土地流转以实现规模经营，但小农户还是会大量存在。以江苏为例，江苏现有耕地6 127.7万亩，人均耕地约为0.72亩，土地流转率虽已超过60%，但大量的小农经营将长期存在。农民在个体经营模式下习惯于独立经营和自主决策，对组织化经营模式的接受度较低。大量的小农户习惯于独立经营和自主决策，形成了较为分散的农业生产格局，这种传统农业生产模式限制了农民组织化的提升。农民组织化程度低导致缺乏规模经营和合作，农民往往无法充分利用现代化技术来提高生产效率，也无法抗拒市场的风险，限制了农业的发展。如何提高农民的组织化程度，就成为对接现代农业生产的首要问题。

（二）农产品质量安全很难保障

农产品涉及食品安全和质量问题，消费者对于农产品的品质和安全性要求越来越高。建立一个可信赖的品牌需要投入大量资源来确保产品的质量和安全。不管是初级农产品还是加工农产品，农产品质量监管体系是否完整对品牌建设具有极大影响。小农户由于规模较小，生产技术和管理水平相对较低，技术设备条件受限，对农产品质量安全有一定的影响。农产品质量安全保障涉及农业生产产前、产中和产后每一个环节。目前我国农业标准化水平较低，农民在农业生产中对标准化要求的认识和理解还相对较低，很多农民对标准化生产的要求和操作程序不够熟悉。此外，一些农民的技术水平相对较低，难以满足农产品标准化生产的技术要求。即使实施标准化生产，往往只注重产前、产中标准实施，而忽视了产后标准实施，导致生产、加工、流通各环节不能实现有机结合，从而导致农产品质量很难保障。

（三）农产品销售难问题

相比其他行业，农产品的附加值相对较低，而且存在大量的同质化产品，导致农产品市场竞争激烈。消费者在同质化的产品中选择时，价格成为主要的衡量标准，这加剧了市场竞争的激烈程度。随着消费者对食品安全和品质的关注增加，对农产品质量标准的要求也在提高。为了满足市场需求，农产品供应者必须提供更好的质量和安全保障，这也加大了市场竞争的压力。对于小农户来说，除了竞争激烈外，通常还面临销售渠道单一的问题，只能依靠传统的农贸市场或个人零售渠道，缺乏更广阔的销售渠道和渠道多样化。

三、创新的主要方面

农村专业（技术）协会作为一支重要的农业社会化服务力量，通过打造农产品品牌推动区域农业产业的发展，为农民创造更多的经济效益和发展机会。在具体的操作上，他们重点做好了以下 3 个方面的工作。

（一）强化协会的公益性，增强协会凝聚力

农产品品牌大多有较强的地域性，协会通过品牌打造可以把区域内的农户聚集到一起，提高农民的组织化程度，发挥规模经济效应，具有很强的公益性。国家和地方政府都非常重视农业，不断加大对农业的投入，给予农业各种优惠政策，这都给农业协会的公益性带来了支持。在实践中，有以下一些做法。一是由带有公益性质的政府农业技术研究或推广部门给协会提供技术支持，比如科研院所、地方农业推广部门等，把协会作为农业第一线的技术推广落脚点，完成国家赋予的支持农业的职能。二是授权协会申报地理标志商标，协会通过无偿授权使用这一社会化服务形式惠及更多的农户。三是政府以打造区域农产品品牌为切入点，加大对农业基础设施的投入。

（二）注重生产标准化，保障农产品质量安全

农产品的生产受自然条件的影响比较大，生产过程中又要涉及农药、化肥

等生产资料的运用，农产品的质量安全比较难把握。农产品标准化是农产品品牌建设的基础与保障，农产品标准化生产，能够保证农产品质量的提高，创出自己的优良品牌。协会参考相关法规和标准，结合农产品的特点和市场需求，制定了适用于当地农户的标准化生产指南和技术规范。同时，通过各种渠道和媒体进行宣传，向农户普及标准化生产的重要性、方法和好处。组织专家和技术人员开展培训活动，向农户传授标准化生产的知识和技能。这包括如何正确使用农药、化肥，如何合理施行灌溉和管理土壤等方面的技术指导。协会还与一些农业示范基地合作，建立标准化生产的示范基地，并邀请农户参观学习。无论是产前的生产资料供应，还是产中的生产环节及技术服务、产品的分级加工等环节都有系列标准，并加以严格规范施行，有力地促进了优质农业的发展。

（三）创新农产品营销模式，提升品牌影响力

农村专业（技术）协会作为农产品品牌营销的平台载体，通过农产品营销的创新不断提升产品的品牌价值。通过创新的营销策略，可以提升农产品的市场竞争力和消费者认可度，促进农产品的销售和增收。一是开拓多元化销售渠道。除了传统的农贸市场和超市销售渠道，还探索线上渠道，如电商平台、社交媒体销售等。利用互联网技术和物流配送，扩大农产品的市场覆盖面。二是通过举办农产品采摘活动、农场参观、农产品品鉴会等形式，让消费者亲身参与其中，了解农产品的生产过程和质量优势，提升对农产品的认可度和信任感。三是农产品营销创意活动。通过举办农产品创意展览、农产品美食节、农产品烹饪比赛等活动，吸引消费者的兴趣和参与。结合当地文化、旅游资源等特点，打造特色农产品的品牌形象和市场吸引力。四是农产品数字化营销。利用互联网、社交媒体和大数据等技术手段，进行农产品的数字化营销。可以通过在线广告、微信公众号、短视频等形式，向更多消费者传递农产品的信息和价值。

四、未来的研究展望

推进农产品品牌化建设，是传统农业向现代农业转变的重要标志，也是当前助力乡村振兴的重要举措。打造农产品品牌的过程也是为农户提供社会化

服务的过程，在此过程中小农户得以对接现代农业生产，发展高产、优质和高效农业，为市场提供了安全高质量的农产品。未来，通过农业社会化服务推动农产品品牌建设领域的研究应该朝着品牌文化、品牌数字化、品牌的社会责任等方向努力。

一是农产品品牌文化研究。农产品是自然生长的产品，更是人类活动的产物，承载着特定的文化内涵。农产品品牌的地域文化研究探讨了特定地区与农产品之间的紧密联系。这包括了地理、气候、土壤条件对农产品特性的影响，以及地方传统、历史、文化背景对农产品生产和加工的影响。地域文化研究帮助我们了解农产品的地方特色和独特性，为品牌建设提供文化符号和故事。

二是农产品品牌的数字化研究。数字化技术在农业生产和供应链管理中的应用正在迅速发展。研究可以关注如何利用物联网、大数据分析和人工智能等技术来提升农产品的生产效率、质量控制和溯源能力，以及如何将这些技术创新融入品牌传播，增强品牌的科技形象。

三是农产品品牌的社会责任研究。未来的研究可以关注农产品品牌对环境保护、农民福利、乡村振兴等方面的积极影响，以推动农产品品牌的可持续发展和社会责任履行。

参考文献

郑秋锦，许安心，田建春，2008. 农产品区域品牌的内涵及建设意义[J]. 产业与科技论坛，(02)：88－89.

李亚林，2010. 湖北省农产品区域品牌发展研究：现状、原因及发展对策[J]. 湖北社会科学，(10)：66－69.

胡正明，蒋婷，2010. 区域品牌的本质属性探析[J]. 农村经济，(05)：89－92.

刘丽，周静，2006. 基于产业集群农产品区域品牌建设的几点思考[J]. 农业经济，(11)：52－53.

吴菊安，2009. 产业集群与农产品区域品牌建设[J]. 农村经济，(05)：39－41.

郭红生，2006. 区域农产品品牌的文化营销[J]. 商场现代化，(33)：91－92.

马清学，2010. 农产品区域品牌建设模式研究[J]. 河南师范大学学报(哲学社会科学版)，37(01)：142－144.

唐小翠，2019. 特色农产品品牌建设与乡村振兴战略[J]. 广西师范学院学报(哲学社会科学版),40(03):104-108.

霍学喜,2018.委员:提升三重标准为中国农产品保驾护航[J].前进论坛,(04):49.

刘金花,刘洁,吉晓光,2016.基于原产地效应的地理标志农产品品牌建设研究[J].农业经济与管理,(02):74-79.

赵淑杰,2007.新时期我国农产品品牌建设问题之探讨[J].农业经济,(02):65-66.

李敏,2010.我国农产品品牌发展战略定位和策略[J].改革与战略,26(02):90-92+107.

杨艳会,2013.黑龙江省农产品品牌建设的现状与对策[J].中国林业经济,(05):61-62.

梁乐,2015.河南省农业品牌建设研究[J].郑州航空工业管理学院学报,33(05):29-32.

刘晓珂,罗演,郑业鲁,等,2015.广东省农产品品牌建设现状及对策研究[J].山东农业科学,47(02):139-142.

李建军,2016.关于现代农业发展的伦理反思[J].兰州大学学报(社会科学版),44(05):78-83.

侯红梅,2021.地方特色农产品品牌塑造模式创新研究——以四川省为例[J].商业经济研究,(06):138-141.

李莎,2014.河北省农民专业合作社品牌建设研究[D].河北:河北农业大学.

赵晓玲,赵艳,2019.基于顾客价值的寒地黑土农产品品牌竞争力评价研究[J].佳木斯大学学报(自然科学版),37(04):651-654.

韩丽娜,2019.河南省农产品区域品牌竞争力提升的对策分析[J].农业经济,(03):128-130.

王文龙,2018.中国地理标志农产品品牌竞争力提升路径研究[J].青海社会科学,(05):110-116+124.

孔祥智,2016.合作社与农产品质量安全[J].中国农民合作社,(09):38.

苑鹏,2014.中国特色的农民专业合作社发展探析[J].东岳论丛,35(07):106-112.

梅强,2019.农民合作社品牌建设:五大升级一以贯之[J].中国农民合作社,(08):12-13.

第十章

数智助推业态更新

现代信息技术尤其是数智化技术的应用，是农业社会化服务高质量发展的重要支撑，也是乡村产业提档升级、业态更新的“触发器”与“助推器”。数智化技术与社会化服务的深度融合，不仅提升了农业生产效率、增强了农产品市场竞争力、推动了一二三产业融合发展，还显著降低了生产成本、提高了农产品质量、增加了农民综合收入，从而促进了闭环服务体系的加速形成，为实现农业产业链延伸和价值提升开拓了新路径。本章选取具有代表性自变量和关键性因变量的南京市江宁区农村专业技术协会、常州市瓜蔬农技协会、宿迁市宿豫区亲耕田农业专业技术协会、宝应县有机水果种植协会、连云港市毛皮动物养殖协会等典型案例，分别探讨其主要做法、取得成效和经验启示，经文献研究、归纳演绎与系统分析，阐明新型农业社会化服务体系建设中数智助推业态更新路径的研究进展、解决的关键问题、创新的主要方面和未来的研究展望。

第一节 实践与启示

一、构建一体化平台，推进无人机绿色植保

南京市江宁区农村专业技术协会 成立于2016年3月，位于南京市江宁区天元路189号，会员已经发展到100多人，其中60%以上拥有中高级农业技术职称。协会以聚焦农业生产薄弱环节为重点，构建专业化服务团队，近5年来，植保专业化统防统治已成为协会的特色服务项目，共有专职技术顾问6名，专业机手10名，其中无人机专业操控手6名，拥有植保无人机8架；自走式喷洒机2台；担架式、背负式弥雾机各50台的植保设备，具备了植保专业化统防统治日作业5 000亩以上的能力。年社会化服务总收入达40余万元，主要由承担的项目、委托服务等收入构成。协会发挥科协组织的优势，不断提升服务能力与水平，有效提升农民科技文化素质，促进农业增效、农民增收和农村增绿。2021年被评为江苏省新型农业社会化服务组织典型案例。

（一）主要做法

1. 提前谋划布局，强化组织保障

每年6—7月，协会通过区农业农村局组织的项目专家评审或竞标两种遴选方式敲定项目的实施主体，落实承担全区一定比例的水稻病虫害专业化统防统治任务，紧接着协会与该项目的服务对象（基本上都是种田大户）签订协议。2016—2020年，服务范围涉及7个街道58家种田大户。

2. 科学调配农药，助推绿色植保

每年7月上中旬、7月底至8月上旬、8月中旬参照当地植保部门的病虫防治要求，在江苏省植保植检站和江苏省新农药新技术推广（协作）网联合推广的绿色防控产品中选择统防统治农药品种，其规格满足安全、经济、适用的条件（大包装为主），同时，剂型也完全符合飞防与弥雾的要求。

3. 专家靠前指导，提升服务成效

2016—2020年，每年6月开始启动统防统治项目技术顾问专家组的日常工作，聘用了农业系列技术专家6人，根据各自的专业特长定点到最需要发挥作用的地区，一个专家联系1～2名施药机手，负责该项目服务区防治的技术指导、业务咨询、防效评价、施药档案等。7—9月施药机手的工作都处在病虫防治一级响应状态。每次用药，施药机手要根据防治田块的大小、环境、农户需求等选择施药器械(符合飞防条件的优先安排飞防)；农户具备自防能力并提出自防申请的，施药机手可以进行技术指导和药剂供应，由农户自行防治，最后施药机手要将这部分用工补贴让给农户；每次病虫防治时，施药机手都要在技术顾问的指导下建立包括防效评价在内的水稻统防统治档案，并及时上报农技协进行归纳整理。

（二）取得成效

1. 实现“双减”目标

5年的统防统治，平均防治次数3.5次，幅度3～5次。比全区大面积平均防治次数减少2次，在农药品种及用量安排上，配方中的生物农药占比50%以上；实现了最大化击杀靶标前提下的剂量最小化。据5年的统防统治数据统计，平均每亩农药成本45.7元，比全区平均配方药每亩减少20元。

2. 防治效果凸显

几年来的实践证明，严格按照农技协配方、用药次数及防治时期的田块，没有出现一例责任事故。虽然近年来一些田块稻纵卷叶螟偏重发生，褐飞虱局部大发生，但农技协服务的大部分田块仍然实现了“三无”目标，即无白叶、无白穗、无冒穿。

（三）经验启示

协会以“唯实”为原则，大力推广社会化服务。按照决策科学、治理精准、服务高效的指导思想，梳理出农业生产薄弱环节，以提升管理服务水平为出发点，构建专业化技术服务团队，聚焦无人机植保、智能农业等领域历史数据量化呈现，现场指导农户，面对面、手把手地解释疑惑、把脉开方，帮助农户解决技术难题，提升生产效率。

以“唯先”为主轴，创新绿色植保新流程。构建闭环植保专业化统防统治链条，依托无人机、自走式喷洒机，担架式、背负式弥雾机等技术的使用，形成“发现—化解—评价—巩固”的闭环链条，形成问题建议“收集—交办—办理—反馈”闭环处理机制，打造一支优秀的“专家+服务对象”的植保团队。

二、业态创新，打造地方发展“新引擎”

常州市瓜蔬农技协会 成立于2003年，位于常州市武进区奔牛镇，有会员农户524个，推广农户2 000多户，总服务种植面积达2万亩；现有专职人员15名，其中负责人5名、工作人员10名。协会致力于西甜瓜和高档蔬菜优良品种的开发、生产、销售、生产管理技术推广等服务，近几年来，服务内容已扩展到为农户提供生产设施搭建、维护等。协会目前掌控的西甜瓜品种有85个，包括台湾玉姑、火炬哈密瓜、新疆8424西瓜等；中高档蔬菜品种30多个，包括西兰花、宝塔花菜、救心菜等。协会年社会化服务总收入达50余万元，主要来源于项目承担、产品供销、会员会费和社会捐赠等。2021年被评为江苏省新型农业社会化服务组织典型案例。

（一）主要做法

1. 发展设施农业，打造增收“新引擎”

协会为不同规模、层次的农户提供相应的生产设施，从最高档的玻璃温室，高档的联栋塑料温室、联栋大棚到钢架大棚、普通钢架大棚等设施大棚的搭建，以及后期的使用指导，维修等服务。让农户没有后顾之忧地正确合理使用生产设施，为农业生产带来便捷，从而提高了农业生产效率，加快了农产品疾病防治、农作物成长。

2. 扎实开展农业技术培训，实现技术追踪服务

对会员农户进行培训，工作人员围绕瓜蔬高产技术、病虫害防治、采收注意事项及收摘后如何施肥、修剪等内容进行详细讲解，使农户直观、系统地掌握相关技术要点，并对农户提出的问题进行现场解答。培训内容丰富，具有很强的针对性和实用性，得到农户的一致好评。通过培训进一步提高了农户的种植、管理技能，为促进农业产业化发展，推动乡村振兴工作奠定了坚实的基础。

对会员农户，统一提供种子、幼苗及相应的农药。实行技术管理跟踪服务，每个农场每周至少配备 2 人次的现场实地技术指导、答疑。每季度举行至少 3 次的互相以及对外的观摩、培训。针对农户普遍存在的高频率问题，进行详细解说、解答，并提供改善措施。

3. 建立区域性配套服务，畅通电商渠道

对优质会员农户实行贴牌生产，对产品进行分类包装，配送至各高档超市、酒店、优质水果店等居民消费场所。农户自身的销售渠道，以及农户之间的销售资源共享，并积极拓展网络销售渠道，包括抖音直播带货、微信网络商城、淘宝商城、京东商城等主流网商。

（二）取得成效

1. 技术创新成果显著

协会积极引进和推广先进的瓜蔬种植技术和设备，帮助农户提高生产效益和品质。通过技术培训和示范基地的建设，推动了种植技术的普及和应用，提升了整个瓜蔬行业的技术水平。

2. 品牌建设取得突破

协会致力于帮助会员企业打造品牌形象，推动瓜蔬产品的品牌化。通过品牌推广活动和参加相关展会，协会提升了产品的知名度和竞争力，帮助企业拓展销售渠道，增加了销售额。

3. 反映良好

农户普遍反映协会的服务质量和效果良好，协会成为他们在经营管理中的重要支持力量。

（三）经验启示

1. 加强技术培训和交流

协会组织定期的技术培训和交流活动，提升会员的技术水平和管理能力，促进技术的传播和应用。

2. 推动科技创新和研发

协会组织科技研究和创新项目，引进先进的栽培技术和设备，提高瓜蔬生产的效益和品质，增强企业竞争力。

3. 强化品牌建设和电商营销

协会协助农户打造品牌形象，提供市场调研和推广策略支持，帮助企业拓展市场和电商渠道，提高产品的竞争力。

4. 提供政策咨询和服务

协会及时了解和传达相关政策信息，为农户提供政策咨询和指导，帮助企业顺利开展生产经营活动。

三、零差价“互联网+”农业社会化服务

宿迁市宿豫区亲耕田农业专业技术协会 成立于2014年10月，位于宿迁市宿豫区华东农业大市场E区121号，有单位会员23个、个人会员16 855个；拥有专职人员28名，其中负责人2名、工作人员26名。服务范围包括开展农业技术推广、培训，促进科学管理；提供产前、产中、产后系列服务，为涉农企业会员搭建交流平台；推广农业科技成果，普及农业科学知识等。协会年社会化服务总收入达8 500余万元，主要来源于产品供销等。协会是江苏省农技协理事单位，曾获中国农技协“龙头协会”称号等荣誉。协会成立以来，始终坚持以科学技术为纽带，创新“互联网+”服务手段和“专业协会+合作社+公司”服务模式，根据会员需求，一站式提供科学普及、技术培训指导、土地托管、优质农资统配统供、机械化作业、订单生产、农产品统一品牌销售、电子商务等服务。

（一）主要做法

1. 梳理产业链，构建零差价服务平台

协会对全球三产优质资源进行整合，包括上游农资企业、中游社会化服务企业（包括农技指导、农机作业、金融贷款、农业保险、无人机植保）、下游农产品回收和销售企业、模式输出（输出农业产业链对接田联网会员）。

2. 整合资源，构建“田联网+企联网”

田联网利用种植大数据，把有地者联合起来，抱团取暖，增加对外谈判筹码并获取更多产业链优质资源，田联网的规模和大数据是亲耕田的核心竞争

力。目前,田联网已有500多万亩耕地的规模(包括宿迁服务耕地30多万亩,江苏省服务耕地面积300多万亩,湖北、安徽、湖南、河南、江西、山东、河北其他7个省服务耕地200多万亩),合计2.6万名农场主,田联网是种植户的"娘家",更是农户的"代言人",核心目标就是为农民降本增效,为农民谋福利,为农业谋发展。

企联网利用农业产业链优质资源大数据,整合上游农资企业(种肥药企业,包括龙平高科、安徽荃银、大北农、湖南希望、中化集团、中农发集团、金正大、新洋丰、深圳诺普信、广西田园等国内前十名企业)、中游社会化服务企业(十多家金融机构、人寿人保等保险公司、社会化服务组织等)和下游农产品加工销售企业(米厂、面厂、饲料厂、粮库等企业,包括五得利、中粮、益海嘉里、上海光明米业、大北农、希望集团、山东六合)。

协会对资源进行整合,形成"双轮驱动"的创新格局。田联网的大数据规模不断扩大,企联网的会员也会随之增加,并且对田联网的服务会更贴心、更周到。

3. 利用"互联网+",打通农业产业链

(1) 供销服务　供农民所需("议价"农资集采零差价,一年一亩省100元)+销农民所产("溢价"订单农业,更高价格销售出去),实现降本10%以上,增收10%以上。

(2) 生产服务　亲耕田五环种植高产栽培技术的输出,使种地科技化、流程化、标准化,让种地更加简单,更加高产,实现增产10%以上。

五环种植模式指的是"行情+良种+营养+植保+管理"。

行情是指,根据行情分析,市场上什么产品紧俏,或者什么产品卖价高,或者亩产高的品种进行选择。

良种是指,根据播种方式和时间,包括土壤和土壤墒情选择因地制宜的品种。

营养是指,每个作物在每个生长周期需肥规律是不同的,测土配方是最科学的施肥方式方法。

植保是指,像给孩子打疫苗一样防患于未然,让作物少生病甚至不生病,让食品更安全。

管理是指,关键点控制,作物在每个生长阶段的生长指标是不同的,如何完成这一指标成为高产和优质的关键。

（3）信用服务　农业贷款（生产经营的流动资金）＋因灾减产的农业保险＋智慧化农业的农产品质量信用（全程溯源＋食品安全认证）。

（二）取得成效

开展产业链闭环服务和产业链其他服务，包括金融贷款、农业保险、机械化作业、农产品销售等社会化服务。

通过启动农业产业链惠民工程，让更多种植大户会员实现农业产业链闭环服务，让种地更简单，农民更幸福，作物更健康，食品更安全。

（三）经验启示

协会打造农业全产业链服务商，为农民提供产前、产中、产后一站式服务，并且零差价提供产业链服务。核心目标就是为农民降本增效，为农民谋福利，为农业谋发展。

在具体实践中探索出"一二三"模式。即一个平台（农业产业链 C2F 零差价菜单式服务平台）；二个组织，构建"田联网＋企联网"；三个服务，企联网为田联网的会员提供产业链服务，包括供销服务、生产服务、信用服务。协会成立以来，始终坚持提供多形式、多元化、可全程化的服务，累计服务面积达 500 多万亩，实现了服务组织与农民利益的有效链接，初步形成了全程覆盖、区域集成、配套完备的新型农业社会化服务体系。

四、创建系列电商平台，开启果业多元服务模式

宝应县有机水果种植协会　成立于 2006 年 9 月，位于宝应县夏集镇果园场，有单位会员 4 个、个人会员达 180 个，辐射服务果园面积近万亩、农户近千人。现有专职人员 7 名，其中负责人 3 名、工作人员 4 名。服务范围包括政策宣传、技术培训、咨询服务、市场营销、行业管理、维权监督等。协会年社会化服务总收入达 683.5 万元，主要来源于产品供销、委托服务等。会员都能享受到红利。协会成立后，积极探索集科技服务、生产种植、果品包装、快递物流、加工营销、乡村旅游于一体的全

产业链新型服务体系，形成了多元化助力果业发展的创新路径。近年来，协会获评“全国优秀农村专业技术协会”“江苏省龙头协会”“江苏省农业科技成果转化基地”“县优秀农业服务组织”等称号，“水月”牌果品获中国农业高新科技成果博览会“优质产品奖”。

（一）主要做法

1. “果服务”——以科技为魂，创建水果种植科技服务体系

开展科技“保姆式”服务。协会先后与南京农业大学、扬州大学、南京长江果品产业研究院等加强科技合作，长期开展科技服务进场入户活动，积极推行科技“进组入户”的工作机制和“专家＋农技人员＋科技示范户”的服务模式，开展“科普 e 路游学”活动。一方面，在线上对果农提供水果种植技术指导、果田管理、行情监测、果病诊断、果树种植知识学习等培训和答疑；另一方面，在线下由果树专业技术服务人员对果农进行手把手的指导，帮助果农高效解决种植过程中面临的各方面问题，成为果农的贴心“保姆”。

开展科普“大讲堂”服务。为了让果农接受现代科技生产理念，结合新型农民培训工程项目，积极开展科技入户行动，科研院校专家教授定期来场进行技术讲座，科普宣传讲师团每月举办 1 次科技大讲堂活动，为广大果农提供自我充电平台，帮助其提高经营管理和种植技术。

2. “果交易”——以电商为本，搭建种植经营网络服务平台

“果交易”是面向水果产业链中生产资料生产企业、农资经销商、水果经销商等各个生产经营主体提供交易的电商服务平台，协会为果农从生产企业或农资经销商直接购买所需的肥料、农药等物资，还帮助果农进行水果交易。

一是为果农提供“一站式”采购服务。该平台集合了众多供应商，从采购的供给，到采购的后续服务，还具备对信息整合的能力，它能将最符合你采购计划的信息推送给供应商，就近满足选购、配送及节约管理等要求，以此让果农省去了大量资源以及成本，合理搭配资源，解决果农采购所需。平台通过收取一定的保证金，保障交易双方权益合法，保证商品质量，平摊物流费用，让每一位果农享受最大的服务红利。

二是为果农建立“网点式”销售服务。在夏集镇人民政府的支持下，通过调

研实践，乘着互联网直播销售的东风，打通线上线下互联互通的销售通道。果园场成功建立苏南苏中苏北三大水果销售实体网点和互联网网站，占领了整个江苏水果销售市场，实现果园场“水月”牌果品线上线下同时交易。

3. “果旅游”——以办节为媒，开启乡村农旅融合服务载体

推行农旅融合发展新模式。开启以果品种植为载体、创意休闲农业为主题的乡村农旅服务。“果旅游”业务主要是借助果产品以节为媒，举办“乡村桃花旅游节”“水果采摘节”，展现特色果园、观光农田、水乡荷园三大亮点。开发了稻香人家（休闲小憩）、渔舟唱晚（水产养殖）、多彩花岛（湖中苗木）、湖舍人家（精品农舍）、金蝉脱壳（研发加工）、春华秋实（果蔬认领）、丰收果园（果林种植）、怡然自得（休闲生活）、桃花坞（服务休闲）、桃花庵（生活管理）10 个综合性农业休闲观光项目，实现农旅有机融合，开启乡村农旅服务业新模式。果园场获省“特色田园乡村”，省四星级乡村旅游区，是扬州市唯一一家以果品经济为载体的农业观光休闲游，也是宝应县乡村旅游的一道风景线。每年接待游客 15 万人次以上，实现经济总收入 1 000 多万元。

（二）取得成效

近几年来，协会以基于系列电商平台的多元化服务为模式，开启社会化服务新路径，促成了科技化生产、信息化沟通和市场化运作的良性产业格局，提高了果园果品产业竞争力，在提高生产效率、改变交易方式、促进融合发展上创造了良好的社会效益和经济效益。协会与南京农业大学、扬州大学、江苏长江果品研究院等合作进行果品新品种和绿色生产关键技术的研发工作，在产业融合发展和业态更新上取得了显著的成效。

（三）经验启示

协会为解决农业生产比较效益偏低、市场竞争力不足等问题，组织会员抱团发展，精准实施品牌战略，完善全产业链条，走出了特色产业引领富民强县的路子。

1. 组织化是产业做强的重要基础

协会在夏集镇人民政府的支持下，通过组织农户开展种植、管理、销售等方面的一站式指导帮助，解决了农户种植无序、成本浪费、销售无门等问题，实现了农户与协会的共建共赢。

2. 数智化是产业做强的必由之路

协会对内抓品质建设，探索出科学普及、培训指导为一体的社会化服务新路径，促成了科技化生产、信息化沟通和市场化运作的良性产业格局，实现果园场“水月”牌，常态化开展农残检测，对检测合格、规范经营的主体发放产地追溯码，强化农民诚信意识。对外突出品牌推介，依托农旅融合模式，拓展线上线下推介渠道，提升了“宝应果品”的品牌影响力。

3. 全产业链一体化是产业做强的重要手段

协会构建了集生产、加工、销售、流通于一体的全产业链体系。为果农建立“网点式”销售服务，拓展了销售渠道。

实践表明，一个县瞄准一个产业，做强做大，就能带动农民持续增收，为乡村增人气聚财气。

五、创新业态，发展特种养殖产业

连云港市毛皮动物养殖协会 成立于2014年8月，位于连云港市赣榆区赣马镇大高巅村，有会员432户，涵盖万头水貂养殖示范场27个、种狐改良站24个、毛皮产品销售市场1个。服务范围包括提供毛皮动物饲养营销信息服务、开展品种改良技术创新咨询交流、举办相关业务培训维护会员合法权益等。协会会员共饲养水貂120余万只、乌苏里貉18.6万余、北极狐13.2万余只。年社会化服务总收入8.6万元，主要来源于会员会费、产品供销等。经过近年艰苦努力，协会进入全国先进行列，先后在金盾出版社出版了《北极狐四季养殖新技术》《乌苏里貉四季养殖新技术》，并在国家级报刊上发表科技论文81篇，取得了优异的成绩。2012年被市科协表彰为百名教授兴百村优秀科教项目，2014年被市科协表彰为科协工作先进单位，2014年被连云港市人民政府授予“科普示范基地”，2015年被江苏省科协、省财政厅授予“科普惠农兴村”先进单位，2017年被连云港市民政局文明办授予“十佳社会公益组织”。会长顾绍发被江苏省科协、省财政厅评为“科普惠农兴村”带头人，被中国创业促进会授予中国毛皮动物养殖业创业致富优秀个人。

（一）主要做法

1. 引推新品种新技术，发展新业态

协会积极为会员牵线搭桥，先后引进美国短毛黑貂、丹麦天鹅绒白貂、米黄色水貂、咖啡色水貂、黑十字水貂、蓝宝石水貂、铁灰色水貂、芬兰种公狐、吉林白貉 9 个新品种，推广创新北极狐四季饲养新技术、乌苏里貉四季饲养新技术、水貂四季饲养新技术，使用狐狸及水貂颗粒饲料、全价预混料、褪黑激素等 6 项新技术，推广北极狐产仔联体笼、水貂产仔联体笼、自动饮水器、新式搅拌机、自动喂食车 5 项新设备。组织全区 60 多名养殖户在柘汪镇响石村召开水貂养殖现场会，参观学习柘汪镇响石村万头水貂养殖基地水貂改良的成功经验，提高会员对水貂进行品种改良重要性的认识，发动全体会员对水貂品种进行改良，探讨新技术推广、貂笼更新使用效果。水貂改良后提高经济效益，使用新貂笼大幅度降低饲养员的劳动强度，使用褪黑激素使水貂提前 45 天成熟。

2. 聚焦收入增加，提高农民素质

协会把实用养殖技术培训作为中心工作。先后聘请吉林农业大学教授朴厚坤、中国农科院研究员闫新华、北京农业大学教授陈锦、青岛农大教授苏振渝等全国知名专家教授 4 次来连对 620 名养殖户进行技术培训，现场解答养殖户生产中遇到各种难以解决的难题，并免费向养殖户赠送《北极狐四季饲养新技术》《乌苏里貉四季饲养新技术》等书籍。先后组织会员 40 多人到辽宁锦州、山东临沂、青岛、潍坊、烟台等地参观考察，学习外地先进养殖经验，改进本地饲养方法，提高毛皮动物质量。

会长顾绍发作为一名残疾人，从 2002 年至今，区残联每次举办农村残疾人实用技术培训班，他都积极为残疾学员授课，他的讲解通俗易懂、联系实际、实用性强。他还带领残疾人学员到他的养殖场实地参观学习，一方面向残疾人传授养殖技术，更重要的是，通过自己成功的事实，使残疾人树立自尊、自信、自强、自立的观念，树立依靠科技增产增收、脱贫致富的意识，引导残疾人自觉学习文化技能，不断增强发展能力，积极参加生产劳动。

3. 创新服务机制，推动共同发展

协会成立以来，通过“协会＋基地＋会员”的方式，把会员生产的毛皮产品

和销售市场连接起来，形成“拳头”打出去，帮助会员解决分散饲养过程中自己不能解决的难题，化解市场风险，增加了会员经济效益。协会先做给会员看，后带着会员干，再帮助会员销，最终实现会员共同富裕的宗旨。协会就像一个家，会员们其乐融融，感受到大家庭的温暖。协会将进一步致力于连云港市毛皮动物养殖业的发展，为促进农民增收、振兴连云港市农村经济、促进农业社会化服务提档升级作出应有的贡献。

（二）取得成效

1. 经济社会效益显著

以连云港市赣榆区为例，养殖高峰期时毛皮动物产品已突破 3.6 亿元，占赣榆区畜牧业的 1/3。目前，毛皮动物养殖在连云港农村成为第六大产业，发展为江苏省毛皮动物养殖规模最大的养殖基地，带动周边省、市、县成千上万农户走上毛皮动物养殖致富道路。

2. 无私奉献撒播致富种子

在协会的带动下，本区厉庄镇的王儒俊、城西镇的王信济、城头镇的董自通、黑林镇的温庆苗等十余名残疾人，分别建立了自己的种植养殖场，有的还办起了废品收购站，他们在为社会创造财富的过程中实现自己的人生价值。

3. 创新模式，带动更多人致富

协会的职能集毛皮动物养殖、品种改良、技术创新、设备更新及毛皮产品购销为一体，为养殖户提供产、供、销一条龙服务，向养殖户提供优质种狐、种貂，提供饲料和药品，提供疾病防疫服务，残疾人养殖的产品成熟以后，协会全部按市场价统一收购，每年利润年终分红，保证养殖户无后顾之忧。

（三）经验启示

1. 加强行业组织建设

建立行业协会或组织，可以促进行业内企业的交流合作，共同应对行业挑战，推动行业的发展和创新。代表行业与政府部门沟通，反映行业问题和需求，争取政策支持和利益保障，维护行业的合法权益。制定行业准则和规范，促使行业内企业遵守规则，规范经营行为，减少违规行为的发生，提升整个行业的形象和信誉。

2. 推动技术创新和研发

通过组织科技研究和创新项目，引进先进的养殖技术和设备，提高养殖效益和产品质量，增强企业竞争力。通过国内外合作和交流，引进适应市场需求的新品种和新技术，提高产品的竞争力和附加值。

3. 推动绿色发展和业态更新

鼓励养殖企业采取环保措施，推动绿色养殖和循环经济发展，提高企业的可持续经营能力。

第二节 路径与分析

一、当前的研究进展

农业新业态作为乡村振兴的突破口，对地区高质量发展具有重要的战略意义。相较于传统小农经营模式，农业新业态背景下的农业发展模式具备规模化和集约化等特征，对农产品保障水平提高、农业服务增强、农业创新等方面需求迫切。

王安鹏等(2020)指出，农业新业态是指传统农业业态发展到一定阶段，通过产业创新与融合，特别是互联网等现代科技，产生的农业新型产业形态。结合我国农业发展现状，农业新业态可以分为创新型、服务型、社会化和工厂化4种类型，其中较为成功的具体形式有订单式众筹农业、定制农业、休闲农业、创意农业和智慧农业。一方面，新业态的发展为我国农业创新模式提供更为广阔的市场，基于互联网衍生的新业态与科技有着天然的耦合性，两者的结合将会颠覆传统农业发展(丁少群 等，2018)。另一方面，农业新业态在发展过程中也出现了许多问题。如谢天成等在《农村新业态发展现状、问题及对策研究》中指出，农业新业态发展过程中主要制约因素有，概念与内涵不明确、人才紧缺、用地政策不明、金融服务与基础设施不足以支持发展；发展规范化不足，存在盲目性与无序性，标准化相对滞后等。

大多学者对于创新模式培育新业态的研究大多集中在生态农业、生态休闲农业、旅游业、农业保险创新发展模式、农业技术服务模式创新的案例研究。王安鹏等(2020)分析农业新业态下几种农业生产模式，发现我国农业保险在服务新业态下农业经营主体方面存在诸多不足,并据此从产品设计、保险服务、政策补贴等方面提出了推进农业保险创新发展的具体路径。陈志祥等(2020)借鉴我国台湾生态休闲农业的先进经验,并提出其对广东农业新模式新业态的创新启示。杨兴虎等(2018)认为,农业技术服务模式创新是农业社会化服务体系的重要领域,决定了农业科技的创新能力与成果转化能力,是一个具有综合性、系统性的研究领域,分析了武威市凉州区农业社会化服务体系的建设现状和存在的问题,并结合实际提出了技术服务模式创新的建议。

二、解决的关键问题

(一)技术壁垒

农业创新模式培育新业态需要依靠先进的科技和技术手段,但是在农村地区普遍存在技术水平较低的问题,农民对新技术的接受和应用能力有限,技术壁垒成为制约农业创新的一个重要因素。

(二)资金困难

农业创新模式培育新业态需要投入大量的资金用于科研、技术推广、设备购置等方面,然而农村地区的资金来源有限,农民和农业企业往往资金困难,无法支持创新模式的推广和应用。

(三)市场需求不确定

农业创新模式培育新业态需要与市场需求相匹配,但是由于市场需求的不确定性,农业企业在创新模式培育时往往面临市场风险。一些新业态可能在初期受到市场欢迎,但随着时间的推移,市场需求可能发生变化,导致创新模式无法持续盈利。

(四)人才短缺

农业创新模式需要具备相关的专业知识和技能的人才支持,但是农村地区普遍存在人才短缺的问题。缺乏专业人才的支持,制约了农业创新模式的培育和应用。

三、创新的主要方面

“大国小农”是我国基本国情农情,农村劳动力转移为土地适度规模经营提供了条件，但受土地和劳动力成本上涨等因素制约，土地规模经营之路面临着较大风险，同时广大小农户如何与大市场形成有效对接，仍然是摆在农业农村现代化道路上的一道难题。通过利用信息化技术和创新的经营模式，可以推动农业的现代化发展，提高农民的收入水平和生活质量，实现农业的可持续发展。通过对5家农业社会化服务典型案例的研究分析，归纳出通过农业社会化服务以数智助推业态更新的创新路径如下。

（一）加强农业平台建设，推动农业农村现代化与信息化融合

宿豫区亲耕田农业专业技术协会通过构建“田联网＋企联网”零差价服务平台，形成“双轮驱动”的创新格局。“田联网”整合种植大数据，把有地者联合起来，抱团取暖，增加对外谈判筹码并获取更多产业链优质资源。当前田联网规模500多万亩耕地，合计2.6万名农场主。“企联网”着力对全球优质资源进行整合，构建农业产业链菜单式服务平台，包括上游农资企业、中游社会化服务企业（农技指导、农机作业、金融贷款、农业保险、无人机植保）、下游农产品回收和销售企业、模式输出（输出农业产业链对接），为农民提供产前、产中、产后一站式服务，实现了服务组织与农民利益的有效连接。通过不断地服务方式创新，实现了信息共享、农机设备共享、服务功能拓展，实现社会化服务由单一环节向全程服务转化。随着田联网大数据规模的不断增加，企联网的会员也随之增加，进而对田联网的服务也会更贴心、更周到，初步形成了全程覆盖、区域集成、配套完备的新型农业社会化服务体系。

（二）发展一二三产融合特色产业，以新业态探索农民增收新路径

宝应县有机水果种植协会与南京农业大学、扬州大学、江苏长江果品研究院等合作进行果品新品种和绿色生产关键技术的研发工作，在产业融合发展上取得了较好的经济和社会效益。打造“农业＋旅游”，每年的乡村桃花旅游节、采摘节、美食节、丰收庆典游客如潮，每年接待游客15万人次以上，实现旅游收入300多万元。协会的建设发展既带动了果园场特色田园乡村建设，又增加了农业产值、果农收入，形成以果品为主导的特色产业，经济、社会、生态效益已经显现。农旅融合模式吸引了大量游客，也为百姓提供了致富门路。他们既可以在景区工作，收入得到保证，同时还可以兼顾自家的农活。

（三）紧握人才，助推农业农村新产业新业态发展的第一动力

南京市江宁区农村专业技术协会围绕市场需求和新产业新业态的发展开

展年训和短训，积极调动离开工作岗位一线，尤其是已经退休的专家和学者的积极性，建立一支强大的技术顾问团队，全身心地投入项目技术指导与答疑解惑工作中。该技术顾问团队包括植保领域、智能农业、机械工程、市场营销等方面的专家，人们在农业生产上遇到的各种问题基本都能迎刃而解。协会不仅提供实用技能培训、政策咨询、资金支持等服务，还注重对农村的主要劳动力进行多领域的技能培训，培养思想新、观念新、技能新的“三新”农民。同时，大力支持返乡大中专毕业生、退役士兵、“三新”农民创新创业，使他们成为带动农业农村新产业新业态发展的生力军。

四、未来的研究展望

新阶段，农业社会化服务在“数智助推业态更新”领域的研究应该从技术创新、绿色可持续发展、农产品质量与安全、农村发展与农民收入增加等几个方向展开。

（一）技术创新

随着科技的不断发展，农业创新模式更加注重技术创新，推动农业生产方式的转型升级。例如，利用人工智能、大数据、物联网等新兴技术，开展智能农业研究，实现农业生产的智能化和精细化管理。

（二）绿色可持续发展

未来的农业创新模式应更加注重绿色可持续发展，探索生态友好型的农业生产方式。例如，开展有机农业、农业生态系统恢复等研究，减少农业对环境的负面影响，并提高农业的可持续性。

（三）农产品质量与安全

随着人们对食品安全和质量的要求越来越高，未来的农业创新模式应该更加注重农产品的质量与安全。例如，开展农产品溯源技术研究，提高农产品的质量追溯能力，增强消费者对农产品的信任度。

（四）农村发展与农民收入增加

农业创新模式也应该更加注重农村发展和农民收入的增加。例如，推动乡村产业结构调整，发展农村旅游、农产品加工等产业，提高农民的收入水平。同时，加强农民职业技能培训，提高农民的就业能力和创业能力。

参考文献

王安鹏,王翌光,丁少群,2020.农业新业态下我国农业保险创新发展模式的探究——助力决胜攻坚脱贫[J].保险职业学院学报,34(05):63-66.

丁少群,樊夏朵,2018.适应新型农业经营主体保障需求的农业保险创新发展路径研究[J].保险理论与实践,(10):76-93.

陈志祥,曾文胜,刘文兵,2020.台湾生态休闲农业对广东农业新模式新业态创新启示[J].中国农村科技,(02):74-76.

杨兴虎,宁虎学,孙丽娜,2018.武威市凉州区新型农业社会化服务体系建设"三大"技术服务模式创新与集成应用研究[J].农业科技与信息,(07):93-94+96.DOI:10.15979/j.cnki.cn62-1057/s.2018.07.038.